ULRICH SCHULTE

DIE GRÜNE MACHT

WIE DIE ÖKOPARTEI
DAS LAND VERÄNDERN WILL

ROWOHLT POLARIS

Originalausgabe
Veröffentlicht im Rowohlt Taschenbuch Verlag, Hamburg, Februar 2021
Copyright © 2021 by Rowohlt Verlag GmbH, Hamburg
Covergestaltung Hauptmann & Kompanie Werbeagentur, Zürich
Coverabbildung Tobias Schwarz/Getty Images
Satz aus der Minion bei Pinkuin Satz und Datentechnik, Berlin
Druck und Bindung CPI books GmbH, Leck, Germany
ISBN 978-3-499-00552-7

Die Rowohlt Verlage haben sich zu einer nachhaltigen Buchproduktion verpflichtet. Gemeinsam mit unseren Partnern und Lieferanten setzen wir uns für eine klimaneutrale Buchproduktion ein, die den Erwerb von Klimazertifikaten zur Kompensation des CO_2-Ausstoßes einschließt.
www.klimaneutralerverlag.de

*Für Gudrun, Luise
und für meine Mutter*

INHALT

EINLEITUNG
*Stage Diving, ein Besuch im Schweinestall
und eine These* **11**

GESCHICHTE
*Von der Latzhose zum Einreiher:
Wie die Grünen wurden, was sie sind* **16**

ANNALENA BAERBOCK
Senkrechtstarterin ohne Höhenangst **28**

ROBERT HABECK
*Weltdeuter, der anders sein will
als andere* **38**

TEAMPLAY
*Leiden und Leidenschaften in
einer Doppelspitze* **49**

KONKURRENZ
*Das Brodeln unter der polierten
Oberfläche* **58**

KONTROLLE
*Umgeschriebene Interviews,
ängstliche Abgeordnete und
gespielte Lässigkeit* **64**

ALLIANZEN
Ein Gespräch mit dem Soziologen Armin Nassehi über Fortschritt, Systemlogiken und stolze Porsche-Cayenne-Fahrer **80**

KARRIEREN
Warum man sich die Wege ehemaliger Grüner genau anschauen sollte **92**

EIGENSTÄNDIGKEIT
Alles kann, nichts muss oder das grüne Strategie-Einmaleins **99**

LECHTS ODER RINKS
Die grüne Selbstverortung und die ominöse Mitte der Gesellschaft **106**

SCHWARZ-GRÜN
Chancen und Grenzen einer sehr angesagten Koalitionsoption **112**

AMBIVALENZ
Warum es den Grünen nützt, entschieden unentschieden zu sein **122**

VERFASSUNGSSCHÜTZER
Ein Lob der Polizei: Wie aus den Straßenkämpfern Patrioten wurden **130**

BÜNDNIS 90 / DIE WEISSEN
Von wegen bunte Vielfalt: Warum die Grünen ihrem eigenen Anspruch nicht genügen **138**

PLASTIKSPRACHE
*Über politische Sprechrooter und den
Versuch, es anders zu machen* **145**

REALITÄTSCHECK
*«Die lassen doch alle Flüchtlinge rein»
und andere beliebte Vorurteile
über die Grünen* **154**

VERZICHT
*Die Gretchenfrage: Rettet uns das
grüne Wachstum?* **185**

CORONA
*Welche Schlüsse die Grünen aus
der Pandemie ziehen* **196**

FRIDAYS FOR FUTURE
*Was die Klimaaktivistin Luisa Neubauer
den Grünen vorwirft* **206**

AUSBLICK
*Was wäre, wenn: Annalena Baerbock
im Kanzleramt und eine intellektuelle
Flurbegradigung* **215**

DANK 225

ANMERKUNGEN 226

EINLEITUNG

Stage Diving, ein Besuch im Schweinestall und eine These

Kennengelernt habe ich Robert Habeck im April 2012, als ich ihn im Landtagswahlkampf in Schleswig-Holstein begleitete. Es war früh am Morgen, wir fuhren bei einem Bauernhof in Langenhorn vor. Habeck schlenderte mit dem Bauern durch den Stall, stellte Fragen zum Betrieb, nahm für die Fotografen ein Ferkel auf den Arm. Was man eben so macht als Politiker, der gewählt werden will. Aber etwas war besonders. Als die beiden in den Stall gingen, waren sie beim «Sie», als sie wieder rauskamen, duzten sie sich wie alte Freunde. Das war der Moment, in dem ich erkannte: Dieser Politiker bringt etwas Ungewöhnliches mit, auf den muss ich achten.

In einer halben Stunde vom Sie zum Du mit einem nordfriesischen Bauern, trotz des offiziellen Anlasses, trotz der Journalist*innen – das schaffen nur wenige. Zumal die Grünen in der Region lange einen Exotenstatus hatten. Sie galten als eine Kleinpartei für Ökospinner, CDU wählen gehörte hier quasi zur Religion. Dieser unprätentiös auftretende Grünen-Politiker drehte das Bild, nicht nur im Schweinestall, sondern in dem ganzen Bundesland. Zwar machten ihm die Piraten, damals noch eine junge, angesagte Partei, schwer zu schaffen. An dem Apriltag sprangen sie in einer Umfrage nach oben, während die Grünen absackten. Habeck verzweifelte fast, als er neben mir im Auto sitzend die Umfrage aufs Smartphone bekam. Mein Text erschien deshalb unter der Überschrift: «Habecks Scheißtag».[1] Dennoch erreichte er am Ende mit seinen Grünen ein starkes 13,2-Prozent-Ergebnis. Wenig später war Habeck – Schriftsteller, promovierter Philosoph, vier Söhne, spät in die Politik eingestiegen – stellvertretender Ministerpräsident.

Noch mehr war anders, damals in Schleswig-Holstein: Habecks Wahlkampf war ein gutgelauntes Angriffsspiel. Junges Team, eine Fohlentruppe. Plakate mit positiven Botschaften, nicht das übliche «Schwarz-Gelb muss weg». Videos fürs Netz, mit übersteuerten E-Gitarren unterlegt. Beim Auftakt in einer Kieler Diskothek warf sich Habeck von der Bühne in die ausgestreckten Arme seiner Parteifreunde. Ja, Sie lesen richtig: Ein Politiker machte Stage Diving. Es sollte nicht das einzige Mal bleiben.

Inzwischen ist Habeck Bundesvorsitzender der Grünen – in einer Doppelspitze mit Annalena Baerbock. Sie lernte ich während der Jamaika-Sondierungen im November 2017 näher kennen, als ich sie für ein doppelseitiges Porträt begleitete – kurz bevor sie Parteichefin wurde. Sie wirkte auf mich tough, überlegt, sehr kontrolliert und bemerkenswert unzynisch für eine Politikerin. Darf man einen Kompromiss ablehnen, der beim Kohleausstieg unambitioniert ist, aber Geflüchtete vor dem Ertrinken im Mittelmeer bewahrt? Das eine gefährdet Leben, das andere rettet welche. Ich spürte in vielen Momenten, wie es in Baerbock arbeitete, wie sehr sie mit sich rang.[2]

Unter den beiden feiern die Grünen stetige Erfolge, in Umfragen, bei wichtigen Landtagswahlen, beim Mitgliederzuwachs. Viel spricht dafür, dass sie in der nächsten Bundesregierung sitzen. Eine These dieses Buches ist: Mit Habeck und Baerbock hat etwas Neues begonnen, für die Grünen, aber auch für das ganze Land. Es ist ein riesiger Feldversuch. Gelingt es, progressive Politik aus der Mitte heraus zu machen? Sind ökologische Reformen vielleicht doch hegemoniefähig? Aber was passiert, wenn Grüne Deutschland regieren?

Habeck und Baerbock zielen auf die ganze Gesellschaft, auf uns alle, nicht mehr nur auf totalüberzeugte Ökos. Sie sparen sich Belehrungen und die üblichen Hau-drauf-Rituale der Politik, setzen stattdessen auf eine einladende Sprache. Sie haben es geschafft, dass die Grünen so geschlossen agieren wie nie. Die Streitigkeiten von linken Grünen und Realos, die die Partei lange lähmten, sind auf wundersame Weise beigelegt. Was für ein Wandel: Als sich die Grünen vor gut 40 Jahren gründeten, verstanden sie sich als «Anti-Parteien-Partei». Sie schickten strickende Vollbartträger in die Parlamente, demonstrierten gegen Atomkraftwerke und Castoren und rebellierten gegen das System. Man könnte denken, die Grünen von heute seien eine andere Partei. Wie selbstverständlich bezeichnen sie sich als Verfassungsschützer, loben die Polizei und schreiben ein feierliches Zitat aus der Verfassung über ihr Grundsatzprogramm: «... zu achten und zu schützen ...». Staatstragend und radikal zugleich sein – so lautet die Maxime der modernen Grünen.

Aber geht das überhaupt? Ist das mehr als ein hübscher Werbeclaim? Man sollte, so viel vorab, nicht alles glauben, was Grüne erzählen. Sie sind zum Beispiel weniger radikal, als sie behaupten. Ihre Wähler*innen verhalten sich so widersprüchlich wie wir alle. Sie fahren Rad und kaufen Bioobst, buchen aber im Sommer wieder die Flugreise nach Teneriffa, schlechtes Gewissen inklusive. Der hohe Anspruch, ökologisch verträglich zu leben, ist im Alltagsstress schwer zu erfüllen. Natürlich wissen die Grünen das genau. Wie kaum eine andere Partei nehmen sie deshalb Rücksicht auf die Ambivalenzen der deutschen Mittelschicht. Das hat Folgen, über die sie am liebsten schweigen. Ihre Politik reicht nicht, um die engagierteste Vorgabe des Pariser Klimaschutzabkommens zu erfüllen, die Erderhitzung auf 1,5 Grad zu begrenzen. Ob die Grünen ihr Versprechen einlösen, eine große ökosoziale Wende herbeizuführen, ist mehr als fraglich.

Ihr Ziel, daraus machen Habeck und Baerbock keinen Hehl, ist das Kanzleramt. Wenn nicht nach dieser Bundestagswahl, dann nach der nächsten. Ob man es nun dreist, naiv oder selbstbewusst findet: Habeck und Baerbock formulieren einen Führungsanspruch für das ganze Land. Sie fordern die Union im Kampf um Platz 1 im deutschen Parteiensystem heraus. Wer das vor ein paar Jahren vorhergesagt hätte, wäre ausgelacht worden. Und noch etwas ist neu: Angesichts verunsicherter Volksparteien, die an Bindungskraft verlieren, stehen die Grünen, die stets zu apokalyptischen Deutungen neigten, plötzlich für etwas anderes – für Stabilität, Ruhe, Optimismus. Winfried Kretschmann ist in Baden-Württemberg seit Jahren das Sinnbild des beliebten Landesvaters. Veränderung als Fundament für Halt – so lautet das Motto, das Habeck und Baerbock während der Corona-Pandemie verkündeten. Darin steckt beides, Sicherheit und Erneuerung. Die heutigen Großkrisen, so die Botschaft, lassen sich nur durch Wandel in den Griff kriegen. Aber funktionieren ihre Konzepte?

Dieses Buch ist ein Realitätscheck. Nicht alles, was die Grünen wollen, ist praxistauglich. Und die gutgelaunte, lässige Performance der Parteichef*innen, die schönen Bilder, sind meist mehr Schein als Sein. Die Grünen sind längst nicht so lässig, wie sie uns glauben machen wollen.

Für dieses Buch habe ich interessante Menschen getroffen, die eine spannende Sicht auf die Partei haben. Jens Spahn, der konservative Gesundheitsminister, gibt einen Ratschlag, wie die Grünen echte Patrioten werden können. Luisa Neubauer, das prominenteste Gesicht der deutschen Fridays-for-Future-Bewegung, erklärt den Frust der Jugend über die Grünen. Der Soziologe Armin Nassehi, einer der wichtigsten Gegenwartsanalytiker unserer Zeit, macht sich Gedanken über ungewöhnliche Allianzen.

Immer mal wieder werde ich Sie, liebe Leser*innen, mit hinter die Kulissen der Bundespolitik nehmen. In diesem Buch sind viele Beobachtungen aus dem Innenleben der Grünen verarbeitet, über die ich als Hauptstadtkorrespondent der Berliner *taz* seit über einem Jahrzehnt berichte. Ich habe Hunderte Gespräche mit Politiker*innen geführt, unzählige Parteitage verfolgt, gefühlt Tausende Male mit Pressesprecher*innen verhandelt. Ich stand daneben, als Habeck und Baerbock als Parteichef*innen gewählt wurden. Ich bin mit dem wahlkämpfenden Jürgen Trittin über eine bayerische Alm gestapft,[3] habe mit einer Thüringer Lehrerin über ihre frühere Schülerin Katrin Göring-Eckardt geredet[4] und mit Claudia Roth über grüne Machos gelästert. In manchen Momenten komme ich mir als Grünen-Reporter der *taz* vor wie in einer echten Beziehung. Ein grüner Ministeriumsmitarbeiter fragte mich nach einem Text, in dem ich seiner Partei vorwarf, öffentlicher Kritik zu schnell nachzugeben, in vorwurfsvollem Ton: «Was hättet ihr denn gemacht?» Ich erklärte ihm dann freundlich, aber bestimmt den Unterschied zwischen einer kritischen Zeitung und einer Partei.

Dieses Buch erzählt deshalb nicht nur viel über die Grünen, sondern auch etwas über die Regeln, nach denen Parteien und Journalismus funktionieren. Wenn Sie sich gut informiert, vielleicht sogar unterhalten fühlen, wäre ich glücklich. Zögern Sie bitte nicht, mir Ihre Anregungen, Ihre Kritik oder Ihre Fragen zu schicken.

Ulrich Schulte
Berlin, 30. September 2020

GESCHICHTE

Von der Latzhose zum Einreiher:
Wie die Grünen wurden, was sie sind

«Guten Morgen!» Reinhard Bütikofer winkt kurz mit der Rechten, während er gemächlich auf mich zu schlendert. Ein Straßencafé in Berlin-Moabit, direkt neben dem U-Bahnhof Birkenstraße, weißes U auf blauem Grund. Ein Bücherschrank lädt zum Tauschen ein («Nimm 1, bring 1»), mehrere Spatzen fliegen Attacken auf Krümel neben Tellern, mit an Todesverachtung grenzendem Wagemut. Bütikofer, schwarzer Übergangsmantel, darunter Sakko und weinrotes Poloshirt, besorgt am Tresen Cappuccino und Croissants. Wir haben uns verabredet, um eine Frage zu besprechen: Wie wurden die Grünen, was sie sind?

Ein Frühstück mit ihm ist nicht die schlechteste Idee, um Antworten zu bekommen. Bütikofer, der in der Partei wegen seiner Belesenheit geschätzt wird, war schon fast alles bei den Grünen. Mitglied im Stadtrat von Heidelberg, Landtagsabgeordneter in Baden-Württemberg, Parteivorsitzender in Berlin, Europaabgeordneter und sieben Jahre lang Chef der europäischen Partei.

Der erfahrene Stratege sieht in der Geschichte der Grünen drei Phasen. Erst Protestpartei, dagegen und in Vollopposition. Dann, mit ersten Landeskoalitionen ab 1985 und Rot-Grün im Bund, Projektpartei, darauf fokussiert, einige Ideen in Regierungsverantwortung durchzusetzen. Und nun, als dritte Phase, Orientierungspartei für das große Ganze, mit dem Anspruch, hegemoniefähig zu sein. In Baden-Württemberg ist das bereits gelungen: mit Winfried Kretschmann als erstem grünem Ministerpräsidenten der bundesdeutschen Geschichte.

Protestpartei also. Bütikofer lehnt sich auf seinem Stuhl zurück. «Hätten es die Grünen anfangs nicht verstanden, gehörig aufs Blech zu schlagen, hätte niemand zugehört.»[1] Es sei in der ersten Phase darum gegangen, Themen Respekt zu verschaffen, die bis dahin als irrelevant, ja: inakzeptabel und abstoßend galten. «Wir mussten einen Diskursraum erkämpfen.» In der Tat, die Gründungsgeschichte der Grünen spielt in einer anderen Zeit. Der Bundeskanzler heißt Helmut Schmidt und hält Ökologie für «eine Marotte gelangweilter Mittelstandsdamen». Der Kalte Krieg ist sehr lebendig. Deutschland ist in Ost und West geteilt, in alternativen Bürgerbewegungen herrscht Angst vor dem Atomtod, ausgelöst entweder durch Raketen oder ein havariertes Kernkraftwerk.

Am 12. Januar 1980 ist die Lehrerin Eva Quistorp mit einer Freundin in einem Citroën 2CV aus Westberlin in Karlsruhe angekommen, nach 700 Kilometern Fahrt. In der Stadthalle findet sie jede Menge Strickpullis und Typen mit langen Wuschelhaaren vor. Fritz Kuhn, Student in grün gebatikten Latzhosen, ist da. Joseph Beuys, der weltberühmte Künstler, der die Idee einer ökologischen Partei unterstützt. Und natürlich Petra Kelly, die eloquente junge Frau, die zur Ikone der Gründungsjahre wurde.

«Es war unglaublich voll», erinnert sich Quistorp im Schwarzen Café,[2] einem Treffpunkt für Student*innen und Alt-68er neben dem Berliner Savignyplatz. Quistorp, eine schmale Dame mit langen, roten Haaren, redet schnell und ohne Pause, die Bilder von damals hat sie noch lebhaft vor Augen: Zigarettenrauch hängt in der Luft, Wortfetzen schwirren umher, Gedrängel in den Gängen zwischen den Sitzreihen. «Alle redeten durcheinander und wollten irgendeinen Antrag einbringen, den sie für superwichtig hielten.» Beim Gründungsparteitag in der Karlsruher Stadthalle haben sich diejenigen versammelt, die eine andere Welt wollen. Eine friedlichere und ökologischere Welt, mit klaren Flüssen, sauberer Luft, mehr Rechten für Frauen und, natürlich, ohne Atomstrom.

Mit dem Namen, den sie sich gibt, beweist die junge Partei ihren Riecher für Selbstvermarktung: Die Grünen. Grün steht seit jeher für Hoffnung. Grün sind frische Triebe im Frühling, grün sind die Wälder, die die Deutschen so lieben, grün wird die Ampel, wenn es losgeht. Goethe ließ sein Arbeitszimmer grün streichen, weil er sich mit Farbenlehre befasst hatte und um die wohltuende Wirkung fürs Auge wusste. Der Liedermacher Wolf Biermann schrieb in den 1960ern das Gedicht «Ermutigung», einen Hit der alternativen Szene, in dem er dazu aufruft, sich nicht verhärten zu lassen. «Das Grün bricht aus den Zweigen / Wir wolln das allen zeigen / Dann wissen sie Bescheid.»[3] Der Name «Die Grünen» beschreibt nicht nur den Markenkern der Partei – er öffnet Assoziationsräume einer besseren Welt. Genau so ist er gedacht. Selbst die Redensart «Grün hinter den Ohren» passt wunderbar zu den Anfängen, an die sich Kuhn, heute Oberbürgermeister in Stuttgart, so erinnert: «Man kann die Geschichte der Grünen nicht nur als Erfolgsstory erzählen, es war auch verdammt zäh und anstrengend.»[4] Grabenkämpfe und erbitterte Auseinandersetzungen gehörten von Anfang an dazu. Der Gründungsparteitag wurde von einer knochentrockenen Organisationsdebatte dominiert, die mit Visionen einer besseren Welt nichts zu tun hatte. Es ging darum, welche Gruppen und Listen wie mitmachen durften. Der ideologische Humus, auf dem die Grünen wuchsen, sind die Diskussionen der 1970er. 1972 erscheint die vom Club of Rome in Auftrag gegebene Studie «Die Grenzen des Wachstums». Die Kernthese: Der Mensch kann nicht immer mehr verbrauchen, konsumieren und zerstören, ohne die Erde unbewohnbar zu machen. Ein 1975 veröffentlichtes Buch des CDU-Politikers Herbert Gruhl wird zum Bestseller. Titel: «Ein Planet wird geplündert». Es stellt das bisherige politische Denken auf den Kopf. Der Mensch dürfe sich nicht mehr am eigenen Standpunkt orientieren, fordert Gruhl – sondern an den Grenzen des Planeten. Das Buch trifft den Zeitgeist. Das ökologische Bewusstsein wächst. Überall in der Republik protestieren Bürgerinitiativen gegen Umweltzerstörung und den Bau von Atomkraftwerken. Die Bewegung manifestiert sich zunehmend im politischen Betrieb. Ende 1977 beteiligt sich eine Grüne Liste Umweltschutz an den Kommunalwahlen in Niedersachsen, im Mai 1978 folgt eine Grüne Liste in Schleswig-Holstein. Im Oktober kandidiert eine Grüne Liste bei den Landtagswahlen in Hessen.[5] Zum Anlass für die bundesweite Parteigründung wird dann aber die Wahl zum Europaparlament 1979, die eigentlich kein grünes Kernanliegen darstellt.

Bei einem Treffen am 17. und 18. März 1979 in Frankfurt-Sindlingen wird die «Sonstige politische Vereinigung Die Grünen» ins Leben gerufen.[6] Sie ist der Vorläufer der Bundespartei – ein wilder Haufen aus Ökolog*innen jeglicher Couleur. Quistorp erinnert sich in dem Café am Savignyplatz an eine «Mischung aus Pfarrern, Grafen, Bauern, Unternehmern, Feministinnen und Anti-Atom-Aktivist*innen». Sie sagt: «Der Habitus war eindeutig bürgerlich.» Einer der bekanntesten Protagonisten ist Gruhl, der wenige Monate zuvor unter großer Medienaufmerksamkeit aus der CDU ausgeschieden war und die «Grüne Aktion Zukunft» (GAZ) gegründet hatte. Gruhl, ein biederer Familienvater, bringt konservative Umwelt- und Naturschützer mit.

Die Versammlung beschließt ein Programm und stellt eine Liste auf. Sie kürt Petra Kelly zur Spitzenkandidatin, die wie geschaffen ist für die Rolle im Rampenlicht. Kelly wird zur Ikone der grünen Gründungsjahre. Intelligent, eloquent und gut aussehend, hat sie keine Probleme, es in die Medien zu schaffen. Sie ist überzeugte Europäerin und verfügt über Verwaltungserfahrung, weil sie für die Europäische Gemeinschaft arbeitet. Wichtiger aber ist, dass sie um die Macht der Bilder weiß – und um die Macht guter

Geschichten. Wenn Kelly in Mutlangen für Frieden demonstriert, trägt sie einen Stahlhelm, den sie mit Blumen geschmückt hat. Ihr Austritt aus der SPD erfolgt nicht still und heimlich, sondern mit einem offenen Brief an den Bundeskanzler. «Petra fiel mir sofort auf», erinnert sich Quistorp. «Eine zarte Frau, die fließend Englisch und Französisch redete und schnell zwischen den Sprachen hin- und herwechselte.» Die charismatische junge Frau, stets elegant gekleidet, entfaltet Strahlkraft weit über das grüne Milieu hinaus, auch, weil sie ganz anders auftritt als ihre Mitkämpfer*innen. Viele Deutsche verbinden Atomkraftgegner*innen damals mit heftigen Schlachten gegen die Polizei, mit wütendem Protest und Revoluzzertum. Petra Kelly begründet ihre Kritik an der Atomkraft anders. Sie redet über ihre kleine Schwester Grace, die an Augenkrebs erkrankte und – wie Kelly glaubt – auch an den Folgen der Strahlenbehandlung starb. Sie gründet eine Stiftung für krebskranke Kinder. «Nicht als Streetfighterin, sondern als helfender Engel zog Petra Kelly in die deutschen Wohnzimmer ein», analysierte *taz*-Autor Jürgen Gottschlich.[7]

Die Grünen, die 1983 zum ersten Mal in den Bundestag einziehen, wollen anders sein als die anderen Parteien. Sprecherposten und Mandate rotieren, um die Macht Einzelner zu begrenzen. Die Bonner Fraktion tagt öffentlich, vor den Augen der erstaunten Journalist*innen. Und der Sinn für Symbolik und Marketing bleibt: Die Abgeordnete Marieluise Beck überreicht Kanzler Helmut Kohl im Bundestag einen abgestorbenen Tannenzweig als Statement gegen das Waldsterben.

Bütikofer stockt mitten im Erzählfluss. «Hey!» Ein Spatz pickt eine Croissanthälfte von seinem Teller und macht sich davon. Bütikofer springt auf und erobert sein Frühstück auf dem Bürgersteig zurück. Wenn man so will, waren die Grünen in ihren Anfängen so wie der Spatz. Klein, laut, auf Krawall gebürstet. Sie hatten keine Chance, aber sie nutzten sie. «Die ersten Grünen», sagt Bütikofer, «waren eine Allianz der Außenseiter.» Joschka Fischer sei Außenseiter gewesen, Gruhl auch, die Müslis nicht weniger, Leute aus K-Gruppen ebenso.

Die zweite Phase, die der Projektpartei, beginnt für Bütikofer mit der Atomkatastrophe in der Sowjetunion. Protest sei ein Charakterzug der Grünen geblieben, sagt er. «Tschernobyl war aber das erste Thema, bei dem die grüne Position eine Mehrheit in der Bevölkerung hatte.» Der GAU, nur scheinbar weit weg, sorgt auch in Deutschland für Angst. Eltern rufen ihre Kinder bei Regen ins Haus. Nicht nur Waldpilze werden zur unkalkulierbaren Gefahr, auch der Salatkopf aus dem eigenen Garten.

Die Grünen realisieren, dass sie in Regierungen mehr bewegen können als auf der Straße. «Wir wollten gestalten und unsere Ideen konkret durchsetzen, nicht mehr nur kritisieren, was nicht geht», erzählt Bütikofer. «Und zwar auf allen Ebenen, in den Kommunen, in den Ländern und im Bund.» Es sei in der zweiten Phase auch darum gegangen, Kompromissfähigkeit gegenüber politischen Gegnern zu lernen. Mit der dominanten Dagegen-Haltung der ersten Jahre allein hätten die Grünen in der Zeit nicht mehr reüssieren können. «Die Phase gipfelte in und endete mit Rot-Grün im Bund.» Aber zuerst gelingen Regierungsbeteiligungen in den Bundesländern. Joschka Fischer wird das erste Kabinettsmitglied der Grünen überhaupt, nämlich Minister für Umwelt und Energie in einer rot-grünen Landesregierung in Hessen. Das Foto, wie er am 12. Dezember 1985 in weißen Turnschuhen und Sportsakko den Amtseid leistet, wandert in die Geschichtsbücher. In Niedersachsen wird Jürgen Trittin, ein spröder Typ mit Schnurrbart, 1990 Minister für Bundes- und Europaangelegenheiten, unter einem aufstrebenden SPD-Ministerpräsidenten, einem gewissen Gerhard Schröder. Fischer und Trittin geht es um das, was Bütikofer sagt: Kompromissfähigkeit demonstrieren, Verantwortung tragen, Antworten liefern. Trittin trägt in Niedersachsen die Daimler-Teststrecke mit, die Erdgaspipeline, die Emsvertiefung – Projekte, die die Grünen-Basis hasst.

Im Sommer 2012 habe ich mit Ex-Kanzler Schröder über Trittin und seine Art, Politik zu machen, gesprochen. Während wir in seinem Büro in Hannover sitzen, bläst Schröder den Rauch der obligatorischen Zigarre über den Tisch – und lobt Trittin über den grünen Klee. Für seine Ernsthaftigkeit, seine Sachkenntnis. Trittin, betont Schröder, habe sich einen «staatsmännischen Habitus» erarbeitet. Zur gemeinsamen Regierungszeit in Niedersachsen sagt er: «Wenn es um die Wurst ging, dann stand Trittin.» Nie würde der grüne Stratege die Koalition platzen lassen, lieber mutet er seinen Leuten Verbiegungen bis an die Schmerzgrenze zu. Die Grünen lernen rasch, dass Regieren Biegsamkeit erfordert. Auch in anderen Bundesländern etablieren sich rot-grüne Koalitionen, etwa in Berlin ab 1989, teils ist auch die FDP dabei, etwa in Brandenburg 1990 oder Bremen 1991.

Die Professionalisierung der Grünen geht mit schmerzhaften Trennungen einher. Mehrere Faktoren, etwa die verlorene Wahl kurz nach der Wiedervereinigung, sorgen dafür, dass der realpolitische Flügel bei internen Grabenkämpfen die Oberhand gewinnt. Anfang der 1990er kommt es zu einer Austrittswelle linker Grüner. Darunter ist zum Beispiel Jutta Ditfurth, eine wortgewaltige Intellektuelle, bis dahin ein prägendes Gesicht der Partei. Sie kämpft gegen Regierungsbeteiligungen und setzt auf eine Strategie gesellschaftlicher Gegenmacht. Auf dem Parteitag in Neumünster im April 1991 kündigt sie mit einer leidenschaftlichen Rede den Austritt der ökologischen Linken an – und gründet kurz darauf mit anderen Enttäuschten eine gleichnamige, wenig erfolgreiche Kleinpartei. Auch die Ökosozialisten Rainer Trampert und Thomas Ebermann verlassen die Grünen. Der Journalist Günter Bannas beobachtete damals für die FAZ die Abspaltung. «Das Ausscheiden des Fundi-Flügels (…) war für den Zusammenhalt der Organisation entscheidend», sagt er. Der Flügel habe über viele Parteitage hinweg eine knappe, aber stabile Mehrheit gegenüber Joschka Fischer und Otto Schily gehabt. «Mit dem Abgang der bekanntesten Köpfe fehlten dieser Strömung die guten Redner und Taktiker, so konnte sich die Partei mehr in Richtung Regierungsverantwortung bewegen.»[8] Bei der Bundestagswahl 1998 erringen SPD und Grüne die Mehrheit. Helmut Kohl dankt nach 16 Jahren im Kanzleramt ab. Der Oggersheimer konnte große Verdienste vorweisen, er trieb die europäische Integration und die deutsche Wiedervereinigung maßgeblich voran. Doch am Ende haben die Deutschen genug von Kohl, dem sie den Spitznamen «Birne» verpassten. Er steht nur noch für Stagnation und Bräsigkeit. Die Grünen machen sich mit Feuereifer daran, die Republik zu formen. Schröder wird Kanzler, Fischer Außenminister, Trittin Umweltminister. Die Premiere befeuert eine erstaunliche Wandlung. Der Turnschuhträger Fischer mutiert in Rekordzeit zum Staatsmann im perfekt sitzenden Einreiher.

Die Grünen fahren in der Koalition einige Erfolge ein. Der Atomausstieg wird verabredet, ebenso die Ökosteuer, die auf den Verbrauch nicht erneuerbarer Energien erhoben wird. Deutschland wird liberaler durch die Reform der Staatsangehörigkeit, nach der in Deutschland geborene Kinder ausländischer Eltern bei der Geburt bis zum 23. Lebensjahr die doppelte Staatsbürgerschaft erhalten, und die Gleichstellung homosexueller Partnerschaften. Aber die Grünen beweisen auch ihre ideologische Flexibilität. Zum einen werfen sie ihre pazifistische Grundhaltung über Bord. Deutschland beteiligt sich unter grüner Führung am Kosovokrieg. Der Einsatz, bei dem deutsche Tornados mitflogen, wurde von vielen Expert*innen als völkerrechtswidrig eingestuft, weil ein UN-Mandat fehlte. So gesehen tragen die Grünen die Verantwortung für einen Dammbruch, der bis heute in den internationalen Beziehungen nachwirkt.

Der unumstrittene Leitwolf der Grünen ist Fischer. Vehement wirbt er für den Kriegseinsatz und bringt seine Partei schließlich hinter sich. Bei einem Sonderparteitag in Bielefeld im Mai 1999 bewirft ihn eine Demonstrantin mit einem Farbbeutel, der an seinem rechten Ohr platzt. Fischer erleidet einen Riss im Trommelfell, hält aber dennoch wenig später im schmutzigen Jackett die entscheidende Rede. «Auschwitz ist unvergleichbar. Aber (...) ich stehe auf zwei Grundsätzen, nie wieder Krieg, nie wieder Auschwitz, nie wieder Völkermord, nie wieder Faschismus.»[9] Unvergleichbar, aber ein impliziter Vergleich ist es sehr wohl. Fischer wird für diese moralische Anmaßung im Nachhinein scharf kritisiert, doch auf dem Parteitag funktioniert das Argument. Die Mehrheit der Delegierten stimmt für den Einsatz.

Eine zweite, vielkritisierte Entscheidung der Grünen spielt in der Innenpolitik. Mit der Agenda 2010 und den Hartz-IV-Gesetzen krempelt die Regierung die deutsche Arbeitsmarkt- und Sozialgesetzgebung um. Die neuen Regeln sollen mehr Menschen in Arbeit bringen und die Wirtschaft wettbewerbsfähiger machen, aber sie haben schwerwiegende Folgen: Rot-Grün erschafft den größten Niedriglohnsektor Europas. Ein neues Prekariat aus schwerarbeitenden Menschen entsteht, die trotz Vollzeitjob keine Familie ernähren können. Außerdem nehmen Absturzängste in der Mittelschicht dramatisch zu, diese Verunsicherung der Gesellschaft wirkt bis heute nach. In den Folgejahren leidet vor allem die SPD darunter, dass sie neoliberale Ansätze mit der Sprache des Klassenfeindes durchgesetzt hat – von Gerhard Schrödert stammt der Satz: «Es gibt kein Recht auf Faulheit.» Mit den Grünen wird vergleichsweise gnädig umgegangen. Dabei sind sie mit Begeisterung dabei und sehen sich sogar als Reformmotor. Katrin Göring-Eckardt, die damals Fraktionsvorsitzende ist, bejubelt die Agenda 2010 als «revolutionäre Umbruchphase», sie fordert die Abschaffung der

Pflegeversicherung und schwärmt von «Bewegungsangeboten» für Arbeitslose. Supermarktregale einräumen als Bewegungsangebot? Das kann nur jemand so sehen, der es selbst nicht machen muss. Die grüne Bilanz im Bund ist, kurz gesagt, mindestens ambivalent.

Bei den Grünen sorgt das Regieren zudem für eine Ernüchterung, die sich auch in dem legendären Vergleich Schröders ausdrückte: «In einer rot-grünen Konstellation muss klar sein: Der Größere ist Koch, der Kleinere ist Kellner.» Bütikofer formuliert es an jenem Junimorgen so: «Wir realisierten unter Gerhard Schröder die Begrenztheit des Einflusses, den ein Juniorpartner in der Regierung hat.» Man könne Akzente setzen, aber nicht die Richtung vorgeben.

Bütikofer ist inzwischen bei der dritten Phase der Grünen angekommen. Ausgehend von der Analyse, dass Union und SPD als Orientierung gebende Kräfte zunehmend ausfallen, es in der komplex gewordenen Gesellschaft aber großen Bedarf an Weltdeutung, Werten und Sinn gibt, sieht er eine neue Rolle für die Grünen. «Orientierungspartei, das ist der nächste, natürliche Schritt.» Winfried Kretschmann und die Grünen in Baden-Württemberg hätten es vorgemacht. «Sie sind dort die hegemoniale Kraft, die für Sicherheit, Beständigkeit und zugleich für Fortschritt und ökologischen Aufbruch steht.» Kretschmanns Grüne sind im Südwesten in der Tat das, was jahrzehntelang die Baden-Württemberg-CDU war. Die politische Kraft, an der keiner vorbeikommt, die den Staat repräsentiert und gestaltet wie keine andere.

Seit 2011 regiert Kretschmann in Stuttgart, und bei der Landtagswahl im März tritt er wieder an. Der Hanna-Arendt-Liebhaber mit Bürstenhaarschnitt ist der erste Ministerpräsident der Grünen überhaupt und bisher der einzige. Für die Landes-CDU, die seit den 1950ern ununterbrochen den Ministerpräsidenten stellte, war Kretschmanns Erfolg ein Trauma, das sie bis heute nicht überwunden hat. Kretschmann ist für Baerbock und Habeck ein Vorbild.

Von Bütikofer stammt das Bonmot, die Grünen müssten Kretschmann kapieren, nicht kopieren. Er sagt: «Annalena und Robert haben Kretschmann verstanden und diese Herangehensweise auf Bundesebene zur politisch sehr attraktiven Wirkung gebracht.»

Orientierungspartei, das ist – wohlgemerkt – ein Ziel, ein grüner Wunsch, bei dem gesunde Skepsis angebracht ist. Orientierung geben, hegemoniefähig sein, das wollen ja alle. Aber wie gelingt es? Bütikofer weist in dem Straßencafé zu Recht darauf hin, dass den Grünen der gesellschaftliche Wandel in die Karten spielt. «Von den grünen Themen, die früher als randständig galten, hängt heute die Zukunftsfähigkeit der Gesellschaft ab.» Dann muss er los, seine Wohnung liegt um die Ecke, die nächste Videoschalte wartet nicht.

Da ist etwas dran: Engagierter Klimaschutz, davon bin ich überzeugt, ist kein luxuriöses Add-on mehr, dem man sich widmen kann, wenn die «echte Politik» erledigt ist. Vielmehr handelt es sich um eine existenzielle Notwendigkeit, von der alle Politik abhängt. Themen, die früher als postmaterielles Sahnehäubchen galten, entpuppen sich als sehr materiell – und haben immense Folgen für die Ökonomie. Das Geschäftsmodell der deutschen Landwirtschaft droht durch die Dürresommer einzubrechen. Die brutale Hitze wird zur Herausforderung fürs Gesundheitssystem, den Städtebau und die Arbeitsplatzgestaltung. Auch Gleichberechtigung und Diversität, wofür Grüne seit jeher kämpfen, sind heute entscheidend für ökonomischen Erfolg: Kaum ein Dax-CEO würde noch abstreiten, dass eine vielfältige Personalpolitik, die Frauen, Männer und Migrant*innen zusammenbringt, entscheidend für die Zukunft deutscher Unternehmen ist.

Die Geschichte ist gut zu den Grünen und ihren Themen.

Wie weit der Weg ist, den sie von der Anti-Parteien-Partei ins Jetzt zurückgelegt haben, lässt sich an einem Abend in Januar 2020 beobachten. Die Grünen haben zu einer großen Party in eine ehemalige Fabrik in Berlin-Weißensee eingeladen. 40 Jahre Grüne,

30 Jahre Bündnis 90, das sind gleich zwei Gründe, zu feiern. Deckenstrahler leuchten die Halle grün aus, Kellner*innen reichen Kanapees, Sekt und Störtebeker-Pils. Claudia Roth umarmt jeden, der nicht bei drei auf den Bäumen ist. Auch der Bundespräsident ist da, Frank-Walter Steinmeier hält die Geburtstagsrede. Allein das zeigt, wie sehr die Grünen Teil der bundesrepublikanischen Ordnung geworden sind. Steinmeier witzelt, dass es ja für Gründungsgrüne «der grelle Albtraum» sein müsse, dass er, «das amtgewordene Establishment», zur Party komme.[10] Wohlwollende Lacher. Viele der Anwesenden sind Abgeordnete oder Minister*innen und fahren im Alltag Dienstwagen. Sie verdienen gut, haben Mitarbeiter und lenken die Geschicke der Republik. Aber mit ein bisschen Rebellentum kokettieren sie gerne.

Die Grünen, sagt Steinmeier, hätten die Ökologie neben dem Sozialen, dem Liberalen und dem Konservativen «als vierten Fixpunkt in unserer politischen Landschaft etabliert». Für sie sei Ökologie immer mehr als Umweltpolitik gewesen. Ihnen gehe es um die Veränderung der gesamten Gesellschaft, hin zu mehr Nachhaltigkeit, Demokratie und Gleichberechtigung. Die Grünen haben also amtlich, mit Siegel aus dem Schloss Bellevue, dass sie aufs Ganze zielen.

Ein paar entscheidende Fragen bleiben allerdings offen im Bemühen um Hegemonie: Brechen die Grünen bei der Bundestagswahl 2021 trotz ihres Umfragehochs ein, wie es bei vorherigen Wahlen der Fall war? Taugt Klimaschutz als einende Klammer für eine Gesellschaft, oder polarisiert er eher? Wie bringen die Grünen notwendige Veränderungen und den in der Bevölkerung verbreiteten Wunsch nach einem Weiter-so unter einen Hut? Um Fragen wie diese wird es im Folgenden gehen. Zunächst aber widme ich mich den beiden Menschen, mit denen der grüne Erfolg oder Misserfolg untrennbar verbunden ist. Den beiden Vorsitzenden, Annalena Baerbock und Robert Habeck.

ANNALENA BAERBOCK
Senkrechtstarterin ohne Höhenangst

Vor der Feuerwache in Amberg, Schießstätteweg 13, ist die Hölle los. Der 326-PS-Diesel des 18 Tonnen schweren knallroten Monsters, auch «Teleskopgelenkmast TGM 32» genannt, brüllt auf. Annalena Baerbock kneift im Sonnenlicht die Augen zusammen, dann wird sie im Korb neben Stadtbrandrat Bernhard Strobl hydraulisch in die Höhe gestemmt, hinein in diesen unverschämt blauen, bayerischen Himmel, bis sie kaum noch zu sehen ist. Ein Feuerwehrmann in dunkelblauem Poloshirt grinst. Dann geht es wieder abwärts, recht schnell.

«Und, keine Höhenangst, Frau Baerbock?» – «Nö.» Die Grünen-Vorsitzende taucht unter dem Geländer durch. «Tolle Aussicht. Die haben Solarzellen auf dem Dach, vorbildlich.»

Halten wir also fest: Um diese Frau muss man sich in luftiger Höhe keine Sorgen machen. Was ganz gut passt, denn dorthin wollen die Grünen ja: nach ganz oben. Regieren, das große Ganze im Blick behalten, nicht nur in Amberg, einer Stadt in der Oberpfalz, sondern in ganz Deutschland.

Baerbock ist im August 2020 unterwegs auf einer Sommerreise, sie und ihr Co-Chef Robert Habeck touren durchs Land. «Zu achten und zu schützen», unter diesem Motto stehen ihre Besuche bei Energieversorgern, Wasserwerken und Betrieben. Der Zitatschnipsel aus dem ersten Artikel des Grundgesetzes klingt feierlich und staatstragend. So sehen sich die Grünen heute. Sie wollen den Staat und seine Institutionen schützen, indem sie ihn reformieren: Klimaschutz im Grundgesetz verankern, Jobs durch Elektromobilität schaffen, frustrierte Arbeitslose durch eine neue Grundsicherung mehr teilhaben lassen, in diese Richtung soll es gehen. Nur Veränderung schafft Halt, das ist ihre Botschaft. Baerbock hat dafür den passenden Slogan erfunden: Die Grünen müssten staatstragend und radikal zugleich sein. Ihnen geht es um neue Allianzen, um die Mitte der Gesellschaft. Auch Stadtbrandrat Strobl, mit dem Baerbock nun angeregt plaudernd die Garage besichtigt, sieht nicht so aus, als habe er stets die Grünen gewählt.

Der Aufstieg der Annalena Charlotte Alma Baerbock, Jahrgang 1980, vollzog sich ebenso rasant wie der hydraulische Lift in den bayerischen Himmel. Mit 28 war sie Landeschefin in Brandenburg, mit 32 Bundestagsabgeordnete, mit 37 Bundesvorsitzende. In diesem Amt schaffte sie es in Rekordzeit von der sachkundigen, aber völlig unbekannten Klimafachfrau der Fraktion zur prominenten Spitzenpolitikerin. Wie ist ihr das gelungen? Wichtige Grüne stimmen wahre Loblieder an, wenn man sie auf Baerbock anspricht. Neben ihrem «unübersehbaren wie unverzichtbaren Ehrgeiz» schätze er drei Qualitäten an Annalena besonders, sagt Reinhard Bütikofer.[1] «Erstens: ihre Kampfkraft. Sie stellt sich auch dann einer notwendigen Auseinandersetzung, wenn manche der Truppen, die sie dafür braucht, noch zögern.» Zweitens: ihre Hartnäckigkeit. «Sie lässt sich nicht schnell frustrieren; sie bleibt dran, auch wenn etwas scheinbar nicht vorangeht.» Und, drittens: ihr Bestehen auf Sachkunde. «Annalena gibt sich bei Themen, ob sie sie gut kennt oder nicht, nicht mit der Oberfläche zufrieden. Sie gräbt tiefer.»

Politisiert wurde sie als Jugendliche. Baerbock beschreibt ihr Elternhaus als eine Art Hippiehaushalt. Sie wächst in einem alten Bauernhaus in dem 2300-Einwohner-Ort Schulenburg bei Hannover auf, mit ihren zwei Schwestern und zwei Cousinen. Ihre Mutter ist Sozialpädagogin, ihr Vater Maschinenbauingenieur. Was Baerbock erzählt, klingt nach einem linksliberalen Bullerbü. Wie die Eltern sie in den 1980ern zu Menschenketten gegen die Pershing-

II-Rakete mitnahmen oder zu Anti-Atomkraft-Demos. Wie sie in den 1990ern ein Anschlag auf eine Flüchtlingsunterkunft empörte, direkt neben der Bushaltestelle, von der aus sie morgens zur Schule fuhr. Die Abende und Wochenenden verbringt sie in der Sporthalle, Trampolinspringen als Leistungssport. Ausdauer ist wichtig, Körperspannung und Angstfreiheit. Und ja, sie kifft auch mal.

Baerbock studiert Politikwissenschaft, öffentliches Recht und Völkerrecht in Hamburg, macht ihren Master an der London School of Economics. Über ein Praktikum bei der grünen Europaabgeordneten Elisabeth Schroedter steigt sie in die Politik ein, wird ihre Büroleiterin, erst im Potsdamer Wahlkreis, dann in Brüssel. «Annalena ist klar und geradeheraus, engagiert in der Sache und fachlich fundiert», sagte Schroedter über sie, als sie Vorsitzende wurde. «Sie hat widersprochen, wenn sie etwas nicht gut fand.»[2] Alle, wirklich alle, mit denen man heute über Baerbock spricht, bescheinigen ihr das tiefe Interesse an der Sache. Katharina Dröge, die Wirtschaftsexpertin der Bundestagsfraktion, sagt: «Es ist beeindruckend, wie sehr Annalena ins Detail geht. Sie will jedes Thema wirklich in der Tiefe durchdringen. Sie ruft nachts um ein Uhr an, weil sie einen völkerrechtlichen Vertrag gelesen und eine Detailfrage hat.»[3] Hessens Wirtschaftsminister Tarek Al-Wazir sagt: «Annalena verschlingt ihre Unterlagen und behält auch, was drinsteht. Diese Art von Durchdringung ist eine große Stärke.»[4]

Sechs Jahre lang sitzt sie bei Grünen-Parteitagen in der Antragskommission. Dort wird Programmtext ent- und verworfen, über Kompromisse verhandelt, um jedes Wort gekämpft. Sie weiß, wer wie tickt – und hat alle Handynummern. Auch die des ewigen linken Kritikers Karl-Wilhelm Koch aus dem Kreisverband Vulkaneifel. Solche Kontakte helfen ihr heute. Baerbock kann einschätzen, wo die Schmerzgrenze ihrer Partei liegt. Wer sich aufregt, wer besänftigt werden muss, wer kein Problem mit einer Neuerung hat.

Detailverliebtheit kann aber auch ein Nachteil sein, wenn frau als Vorsitzende für alle Themen zuständig ist. «Annalena wirkt oft wie ihre eigene, beste Sachbearbeiterin», sagt ein wichtiger Grüner. «Das hemmt manchmal die Prozesse.» Eine andere sagt: Als Chefin dürfe man nicht bei allen Spiegelstrichen mitreden wollen. Eine Freundin erzählt über Baerbocks erste Jahre im Bundestag, dass sie ihr vorgekommen sei wie Hermine Granger mit dem Zeitumkehrer. Die wissbegierige Hexe Hermine aus dem Jugendbuch *Harry Potter* trug ein silbernes Stundenglas an einer Kette um den Hals. Damit konnte sie die Zeit zurückdrehen – und in der Hogwarts-Schule für Hexerei und Zauberei mehr Unterrichtsfächer belegen. Sie wünsche Annalena, dass sie lerne, mehr zu delegieren, sagt die Freundin. Hermine gab den Zeitumkehrer irgendwann erschöpft zurück.

Baerbock, moosgrüne Bluse, hellbraune Sommerhose, legt den Kopf schief. Im sauber gepflasterten Innenhof der Feuerwache lauscht sie Stadtbrandrat Strobls mit an Sicherheit grenzender Wahrscheinlichkeit penibel vorbereitetem Vortrag. Die Extremwetterereignisse nähmen zu, erzählt er. Manchmal stehe ein ganzer Stadtteil unter Wasser. Auch die Waldbrandgefahr steige durch die Trockenheit. Neun Hauptamtliche und 118 Freiwillige fahren hier 750 Einsätze pro Jahr. Tag und Nacht. Um Baerbock und Strobl herum stehen ein paar Feuerwehrmänner, die Hände in den Taschen. Baerbock fragt in die Runde, wie sich das Hobby mit der Familie vereinbaren lasse.
«Wenn das Hobby zum Beruf wird, ist es Fulltime.»
«Kenne ich.»
Spitzenpolitik mit einem irgendwie normalen Familienleben zu vereinbaren ist fast unmöglich. Dafür fressen die Termine im Wahlkreis, die Abendsitzungen, die Talkshows zu viel Zeit. Baerbock hat zwei kleine Töchter und gibt ihr Bestes. In einer feministischen Partei, findet sie, muss es möglich sein, Vorsitzende zu sein und

kleine Kinder zu haben. Kindergeburtstage sind ihr heilig, mittwochs um 14.41 Uhr nimmt sie in Berlin den Regionalexpress nach Potsdam, um ihre Töchter aus der Kita und der Schule abzuholen. Ihre größte Sorge ist, das eigene Leben zu verpassen, weil sie so in Sachzwängen gefangen ist. Das erzählte sie Charlotte Roche in der NDR-Talkshow «Die Geschichte eines Abends». Wenn ich mit Freund*innen über Baerbock spreche, höre ich oft, dass sie für Eltern, die sich die Familienarbeit partnerschaftlich teilen, ein Role Model ist. Doch allem Management zum Trotz: Die Doppelbelastung muss immens sein, viel brutaler als bei ihrem Co-Chef Robert Habeck, dessen vier Söhne erwachsen sind und die Eltern kaum noch brauchen. Zumal Baerbock allem gerecht werden will. Sie habe bei politischen Terminen ein preußisches Pflichtbewusstsein, sagt einer, der sie gut kennt.

Nicht nur dort. Baerbock mag Kontrolle, sie liebt es, gut vorbereitet zu sein. In dem gepflasterten Innenhof will sie alles ganz genau wissen. Wie lange ein Fahrzeug hält (ungefähr zehn Jahre), wie schnell die Männer nach Alarmierung am Einsatzort sind (spätestens in zehn Minuten), wie es mit der Jugendarbeit läuft (bestens). Interessante Details schreibt sie sich bei Terminen in eine schwarze Kladde. Für später, kann man bestimmt noch mal gebrauchen. Sachkenntnis kann eine Waffe sein, und Baerbock weiß sie einzusetzen. Bei den Jamaika-Sondierungen im November 2017 verhandelte sie den Kohleausstieg und die Europapolitik. Selbstbewusst und kompetent, lobten Leute, die dabei waren.

Auch über ihr Bild in der Öffentlichkeit bestimmt sie am liebsten selbst. Im November 2017 begleitete ich Baerbock eine Woche lang während der Jamaika-Verhandlungen in Berlin, um ein Porträt zu schreiben. Am Mittwoch fand eine Weltklimakonferenz in Bonn statt, an der Baerbock, Klimaschutzexpertin der Fraktion, liebend gerne teilgenommen hätte. Merkel hielt dort eine Rede, alle, die in der Klimaschutzszene wichtig sind, waren da. Das

Problem: Sie hätte wegen ihres dichtgetakteten Terminkalenders fliegen müssen, mit dem Zug hätte sie den Trip nach Bonn nicht geschafft. Baerbock flog nicht, weil, wie sie heute sagt, der Nutzen den CO_2-Ausstoß nicht gerechtfertigt hätte. Doch das ist nur die halbe Wahrheit. Wir erörterten damals nämlich, ob der Flug in dem *taz*-Porträt auftauchen würde, was ich natürlich bejahte. Deshalb bin ich mir sicher: Baerbock verzichtete auch, weil sie den Vorwurf der Doppelmoral fürchtete.

Angela Merkel, die ähnlich kontrolliert und detailversessen ist, schätzt Baerbock. Sie nahm sie im Bundestag manchmal beiseite, um Sachen von Frau zu Frau zu besprechen. Minutenlang plauschten sie, vertraut und entspannt in einer hinteren Reihe sitzend.

Wegen ihrer Liebe zu Details und Kontrolle ist sie eine gefürchtete und respektierte Verhandlerin. Baerbock redete beim Kompromiss zur Organspende ein entscheidendes Wörtchen mit, indem sie mit Mitstreiter*innen eine Alternative zu den Plänen des Gesundheitsministers entwickelte. Und sie verhandelte den CO_2-Preis mit der Großen Koalition mit, obwohl offiziell Winfried Kretschmann und Anton Hofreiter die Gespräche für die Grünen führten. Baerbock saß zu Hause in Potsdam auf dem Sofa und gab telefonisch Tipps. Als die Jungs mit einem Ergebnis rauskamen, das sie nicht ausreichend fand, schickte sie sie wieder rein. So erzählt es einer, der sehr nah dran war. Dass ihre Freundlichkeit Grenzen hat, verrät manchmal nur ihre Miene. Wenn Markus Lanz ihr blöd kommt, schaut sie ihn an wie die Katze die Maus, der sie gleich den Kopf abbeißt.

Aber was treibt sie an?

Annalena Baerbock wedelt im Erlanger Teehaus eine Wespe weg, die sich durchs Fenster zu ihrem Käse-Crêpe mit Spiegelei verirrt hat. Wir sprechen im August 2020 über ihre Motivation, Politik zu machen. «Ich möchte Dinge zum Guten verändern. Ich kann ganz schlecht zuschauen, wenn ich denke, man könnte etwas eigentlich viel besser machen.»[5] Zwei Sekunden Schweigen. Das, sagt sie lachend, klinge jetzt wie eine Binse, sei aber so. Nun, wenigstens merkt sie es selbst. Es gibt wohl keinen Politiker, der das nicht von sich behaupten würde. Aber, das sei ihr zugestanden, Veränderungswillen ist der Treibstoff der Demokratie.

Baerbock erzählt von ihrem Austauschjahr als Schülerin in Florida, von der offenen und respektvollen Streitkultur der Amerikaner damals. Und davon, wie sehr sie die Spaltung unter Trump schmerzt. Baerbock stützt die Ellenbogen auf den Tisch. «Als Politikerin sehe ich es als meine Aufgabe, eine solche Spaltung in Deutschland zu verhindern.» Das ist ein interessanter Satz. Früher waren die Grünen ja eher als Reiter der Apokalypse unterwegs, ob ihre Warnungen vor dem Atomtod jemanden ängstigten, scherte sie nicht. Baerbock will versöhnen, statt zu spalten.

Aber das ist leichter gesagt als getan. Als Hassobjekt der neuen Rechten profitieren die Grünen ja sogar von der Polarisierung der Gesellschaft, weil sie als Gegenpol zur AfD gesehen werden. Wie das Einigen vielleicht funktionieren kann, zeigte sich bei Baerbocks größtem Erfolg. Es ist ein Satz im hessischen schwarz-grünen Koalitionsvertrag: «Bei der Frage der Einstufung von Staaten als sichere Herkunftsstaaten im Sinne des Artikels 16a Grundgesetz haben die Koalitionspartner unterschiedliche Auffassungen.»[6] Der Satz regelt, dass sich Hessen im Bundesrat enthält, wenn es darum geht, ob Flüchtlinge unkompliziert nach Tunesien, Marokko, Algerien oder Georgien abgeschoben werden sollen. Die Abschiebungen sind umstritten. In den Maghreb-Staaten gibt es die Todesstrafe, Menschenrechtsorganisationen berichten von Folter.[7] Eigentlich konnten sich Hessens Grüne die Ausweitung der sicheren Herkunftsstaaten vorstellen. Ein Symbolthema sei das, hieß es in Wiesbaden, und wegen niedriger Flüchtlingszahlen habe es wenig Relevanz in der Praxis. Baerbock telefonierte über Wochen, wieder und wieder, verwies stur auf die rechtlichen Probleme, bekniete ihre Parteifreunde, nicht nachzugeben. Schließlich hatte sich die Bundespartei klar dagegen positioniert. Um den Verhandlern zu helfen, sendete sie ein Signal. Sie gab der *Süddeutschen Zeitung* ein Interview, in dem sie forderte, dass straffällige Asylbewerber, «die unsere Rechtsordnung nicht akzeptieren und vollziehbar ausreisepflichtig sind», schneller abgeschoben werden müssten.[8] Dieser konservative Sound war neu für die Grünen. Wir, hieß das, sind keine romantischen Träumer. Den Hessen half das, bei der Streitfrage nach den sicheren Herkunftsstaaten hart zu bleiben. «Aber du bist schuld, wenn es schiefgeht», soll Chefverhandler Tarek Al-Wazir am Ende zu Baerbock gesagt haben.

Nichts ging schief. Um in der Partei einen Aufschrei über das Interview zu verhindern, hatte Baerbock die Aktion sorgfältig vorbereitet. Sie rief wichtige Grüne an und warnte sie vor. Das Gespräch erschien im Dezember 2018 – und kein Grüner motzte öffentlich. Ein paar Tage später wurde in Hessen der Koalitionsvertrag vorgestellt. Im Februar 2019 verschob der Bundesrat das Gesetz auf den Sankt-Nimmerleins-Tag. Baerbock hatte gewonnen, die grüne Front hielt.

Angesichts ihres größer werdenden Einflusses bekommt Baerbock im Netz die geballte Ladung Frauenfeindlichkeit ab, mit der Politikerinnen heutzutage konfrontiert sind. Ihre Stimme sei zu hoch, sie spreche zu schnell, überhaupt, sie nerve, urteilen die Berufsnörgler auf Twitter. Aber auch kluge Leute in der Partei attestieren ihr charismatische Defizite. «Annalena strahlt keine Ruhe aus», sagt ein grüner Landesminister. «Am Ende wird es auch darum gehen: ob sich genügend Leute bei ihr aufgehoben fühlen.» Manchmal redet sie schneller, als sie denkt. Dann bezeichnet sie den FDP-Politiker Thomas Kemmerich, der mit AfD-Stimmen zum Ministerpräsidenten von Thüringen gewählt wurde, aus Versehen als «Nazi» oder spricht bei Akkus für E-Autos mehrmals von «Kobold», statt von «Kobalt», dem seltenen Schwermetall. Im

Sommer 2019 wird sie bei einem Auftritt in der Bundespressekonferenz nach der Kanzlerin gefragt. Merkel zittert zu dieser Zeit mehrmals bei Auftritten auffällig. Baerbock antwortet mit Blick auf die ungewöhnliche Hitze: «Auch bei der Bundeskanzlerin wird deutlich, dass dieser Klimasommer gesundheitliche Auswirkungen hat.»[9] Merkel ein Klimaopfer? Solche Fehler ärgern sie fürchterlich. Sie habe die Journalistenfrage grotesk gefunden und lustig und lapidar abtun wollen, sagt sie. «Das ging voll nach hinten los.» Sie bat Merkel in einer SMS um Entschuldigung. Merkel nahm an.

Wahr ist aber auch: Oft leuchtet Annalena Baerbock. Menschen, die zur richtigen Zeit am richtigen Ort sind, sehen auf schwer zu beschreibende Weise glücklich aus, reißen andere mit. So auch Baerbock, wenn sie auf einem Parteitag redet, etwa 2019 in Bielefeld, als sie sich um ihre Wiederwahl bewirbt.[10] *Was* sie sagt, ist gar nicht so neu oder aufregend, entscheidend ist, *wie* sie es sagt. Klare Hauptsätze, Subjekt, Prädikat, Objekt. Zugewandte, energiegeladene Gesten, ein Lächeln im Gesicht. Gekonnt gesetzte Pausen, mit denen sie den Applaus wirken lässt. Baerbock wirbt, schmeichelt, rüttelt auf. Sie bläst all die grüne Muffigkeit einfach aus der Halle. In solchen Momenten spürt man in der Partei so viel Lust auf Zukunft wie seit einer Ewigkeit nicht mehr.

Aber Baerbock ist ja gerade darum bemüht, die Fesseln des Grünen-Kosmos zu sprengen. Sie spricht mit Gewerkschaftern oder Kohlekumpeln in der Lausitz, sie redet bei der Festveranstaltung der Konrad-Adenauer-Stiftung zum 75-jährigen Jubiläum der CDU oder beim Bundesverband der Deutschen Industrie. Dort bekommt sie – als letzte Rednerin – so viel Applaus, dass selbst die konservative *Welt* verblüfft feststellt, sie habe auf «fremdem Terrain» gepunktet.[11]

Auch für die Sorgen von Dr. Arthur Kaindl hat Baerbock viel Verständnis, jedenfalls nickt sie häufig in dieser klinisch sauberen Produktionshalle in Erlangen. Kaindl ist der Chef der Magnetresonanztomographie bei der Siemens Healthineers AG, einem Global Player in der Gesundheitsindustrie. Ja, Industriespionage sei ein Thema, erzählt Kaindl. In der chinesischen Stadt Shenzhen seien mal 50 Leute aus einem Siemens-Werk marschiert, um mit staatlicher Unterstützung eine Konkurrenzfirma aufzuziehen. «Hmhm», sagt Baerbock. Männer in schwarzen Shirts löten Elektroden in die riesigen weißen Röhren, in die später kranke Menschen geschoben werden, um sie zu durchleuchten. Röhre steht in der Produktionshalle hinter Röhre, dazwischen ein Regal mit Schrauben und Muttern. Kaindl erklärt das «Super Hightech» mit der Begeisterung eines Kindes. Der supraleitende Magnet werde mit flüssigem Helium gekühlt und erzeuge das 90 000-Fache des Erdmagnetfeldes. «Aha», sagt Baerbock.

Plötzlich hat sie eine ziemlich grünen-typische Frage. «Ist es Zufall, dass hier nur Männer arbeiten?»

Kaindl sieht sich erstaunt und etwas ertappt um. Hinten, sagt er, «wo es ein bisschen feingliedriger wird», da arbeiteten auch Frauen. Es gebe nun mal leider wenige Mechatronikerinnen.

Stille breitet sich aus im Tross der Journalist*innen und Siemens-Mitarbeiter*innen. Baerbock könnte nun einiges entgegnen. Sie könnte einen feministischen Spruch raushauen oder Kaindl belehren, dass die Zeiten, in denen Frauen nur für das Feingliedrige zuständig waren, doch lange vorbei seien. Aber Baerbock ist keine Grünen-Politikerin mehr, sondern die Frau, die das ganze Land regieren will. Sie tut etwas anderes, wahrscheinlich das Klügste, was sie tun kann. Sie sagt einfach nichts.

ROBERT HABECK
Weltdeuter, der anders sein will als andere

Das Rauschen hat etwas Andächtiges. Wie eine Grotte.» Robert Habeck tritt an eines der Becken, die bis an den Rand mit Wasser gefüllt sind. Die Luft ist kühl nach der Sommerhitze draußen. Säulen stützen die hohe Decke, Buntglasfenster färben das Licht blau und grün, es plätschert leise. Habeck atmet tief ein. Hier, sagt er, bekomme man Respekt vor Wasser, hier werde es zum Symbol.

In solchen Momenten wird Habeck wieder zum Schriftsteller. Man sieht ihm an, wie er nach der besten Metapher sucht, um die ehrwürdige Filterhalle des Wasserwerks in Dresden-Coschütz zu beschreiben. Auch Habeck reist im August 2020 durchs Land, um für grüne Politik zu werben und sich neue Anregungen zu holen. Neben ihm steht Gunter Menzel, Abteilungsleiter Wasseranlagen, und erklärt ihm die Technik. Vielen Orten in Deutschland ergeht es wie Dresden. Wegen der Trockenheit gehen die Wasserreserven zurück, während der Bedarf steigt.

Die beiden Männer stapfen ein paar Stufen hinunter in den Keller. Hier wird das gefilterte Leitungswasser in meterdicken, grauen Rohren ins Dresdner Netz gepumpt. «Ja, mächtig», sagt Habeck und sieht sich andächtig um, offenbar fest entschlossen, sich beeindrucken zu lassen. Auf Instagram schreibt er später über die Halle: «Fühlt sich an wie eine Kirche.»

Mal Alltagspoet, mal Lernender, Habeck beherrscht viele Rollen. Nur eine mag er nicht – die des langweiligen Anzugträgers. Robert Habeck, Jahrgang 1969, seit 2018 Chef der Grünen, im früheren Leben Buchautor, achtet sorgfältig darauf, anders zu sein als andere

Politiker. Bei Wahlkampfauftritten springt er von der Bühne in die Hände seiner Anhänger*innen. Auf Fotos, die er ins Netz stellt, breitet er am Strand lachend die Arme aus wie in einer Becks-Werbung, schaut sinnend in die Kamera oder sitzt am Bahnsteig lässig auf dem Boden, die Schuhe ausgezogen. In Talkshows erinnert er an Richard David Precht in noch nachdenklicher. Habeck, lästerte einer mal auf Twitter, lege sich auf nichts fest, klinge aber wie Tocotronic. Wenn man über seine nachdenklichen Sätze genauer nachdenkt, fragt man sich tatsächlich manchmal: Was hat er jetzt eigentlich gesagt? Was manche nervt, finden andere gut. Gerade den Zuhörerinnen im Publikum zaubern seine tastenden Antworten oft ein Lächeln ins Gesicht. Habeck möchte, wie er selbst sagt, «kein glattgelutschter Medienpolitiker» sein.

Als 16-Jähriger las er in einem Lesebuch von Albert Camus einen Satz, der ihn bis heute prägt. «Wir müssen uns Sisyphos als einen glücklichen Menschen vorstellen.»[1] Jener wälzte in der griechischen Mythologie einen Felsblock den Berg hinauf, jeden Tag aufs Neue, jeden Tag vergeblich. Auch das scheinbar Absurde bejahen, die eigene Zeit nutzen, nicht auf höhere Mächte warten, diese Gedanken fand Habeck gut. Verändert habe ihn vor allem das Bild auf dem Cover, erzählte Habeck der Zeitung *Die Welt*.[2] Camus in Schwarz-Weiß, Kippe im Mundwinkel, konzentriert, abgewandt, frei. «Ich dachte damals: So willst du auch sein.» Aber geht das überhaupt, frei sein, in der Spitzenpolitik? Und wenn ja, wie?

Habecks Karriere ist eine Art Wette: Da will jemand das ganz große Rad drehen, aber sich bitte schön nicht den Regeln des Betriebs unterwerfen. Es ist derselbe Gestus wie bei Obama oder Macron. Ihnen flogen die Herzen zu, weil sie sich erfolgreich als «anders als das Establishment» präsentierten. Auf einem Kongress der FAZ klagte Habeck darüber, dass die Landesebene in Berlin «nicht gesehen» werde. Natürlich räumte er sofort ein, «selber Teil des Systems» geworden zu sein, aber die Botschaft blieb eine, die auch Donald Trump gefiele:³ Die Hauptstadt-Blase missachtet die Provinz.

Frei zu sein ist bei dem Grünen ein Lebensentwurf. Habeck, Sohn eines Apotheker-Paares, studiert Philosophie, promoviert und lehnt danach Jobangebote von Verlagen ab. Seine Frau Andrea Paluch und er schreiben gemeinsam Romane, übersetzen englische Lyrik, bekommen früh Kinder, vier Söhne. Sie renovieren ein altes Haus auf dem Land, davor steht ein Fahnenmast, an dem der dänische Wimpel weht.⁴ Es ist ein Leben, das sich gut in einer Landlust-Reportage machen würde, gestresste Großstädter*innen träumen davon. Mutig sein, neue Wege gehen, unangepasst bleiben.

Auch in der Politik kultiviert Habeck dieses Image. Seine Karriere schildert er so, als sei sie ihm zufällig zugestoßen. Das kann man, sollte man aber nicht glauben. Dass er 2002 Chef des Kreisverbandes Schleswig-Flensburg wurde, am selben Tag, an dem er den Mitgliedsantrag unterschrieb? Es wollte halt kein anderer, damals, im Hinterzimmer eines Landgasthofs. Sagt Habeck. Dass er nur zwei Jahre später Landeschef wurde? Vor allem der Not der kopflosen schleswig-holsteinischen Grünen geschuldet. Sagt Habeck. Bei seiner Bewerbung wurde er gefragt, ob er auch mal Krawatte tragen würde. Er antwortete mit einem Witz: «Was ist der Unterschied zwischen einem Schlips und einem Kuhschwanz? Der Kuhschwanz verdeckt das ganze Arschloch.» 2009 Mitglied im Landtag, ab 2012 Vize-Ministerpräsident und Minister für Energiewende, Landwirtschaft und Umwelt. Seit Anfang 2018 Parteichef an der Seite von Annalena Baerbock. Eine solche Karriere macht man nicht ohne enormen Ehrgeiz, selbst wenn Habeck das Versprechen der Schlipslosigkeit bis heute gehalten hat.

Trotz des steilen Aufstiegs wird Habeck auch heute noch auf Podien als schriftstellernder Philosoph vorgestellt. Er weist das stets zurück, aber so, dass offen bleibt, ob er sich geschmeichelt fühlt oder genervt ist. Und die Freiheit? Geht so. Spitzenpolitik steckt ja voller

Zwänge. Das Büro füllt den Terminkalender. Die Medien lauern auf Fehler, jedes falsche Wort taugt bei Twitter zum Shitstorm. Habeck fremdelt mit dem Wichtigwichtig-Smalltalk, den Berlin-Mitte liebt – und stellt sich nach der Anne-Will-Aufzeichnung lieber an den Rand zu seinen Mitarbeitern, statt mit den Promis zu plaudern.

Am wohlsten fühlt er sich, wenn er unterwegs ist, bei Terminen wie im Wasserwerk Dresden-Coschütz. «Draußenminister», das Label hat er sich selbst verpasst in den Jahren, die für ihn politisch am prägendsten waren. Habeck leitete in Kiel einen riesigen Apparat, sein Ministerium war für Energiewende, Landwirtschaft und Umwelt zuständig, später, in der zweiten Legislaturperiode, auch für Natur und Digitalisierung. Also für eigentlich alles von der Fischerei und Stromleitungen über die Schweinehaltung bis hin zu sogenannten Knicks, Wallhecken zur Feldbegrenzung, die die Bauern am liebsten umgepflügt hätten.

Habecks Talent ist, Leute an einen Tisch zu bringen, die sonst nur noch über Anwält*innen miteinander verkehren. Beim Stromnetzausbau lud er zu Bürgerkonferenzen ein, um Verwaltungsverfahren abzukürzen. Anfangs sei es «die Hölle» gewesen, erzählt er. Bürgerinitiativen plakatierten «Habeck, hau ab!», Mütter sagten mit Tränen in den Augen, ihre Kinder bekämen die Strahlenkrankheit.[5] Wir bauen die Leitung, entgegnete Habeck, das diskutiere er nicht. Aber wie wir bauen, das könnt ihr mitentscheiden. Es war der entscheidende Move, die Dinge gerieten in Bewegung. «Am Ende kamen Bürgermeister zu mir und sagten: Ich will die Leitung nicht. Aber ich habe schlechtere Argumente dagegen als mein Kollege aus dem Nachbarort. Baut bei mir.»

Schleswig-Holsteins Ministerpräsident Daniel Günther schiebt ein Stückchen Lübecker Marzipan über den Tisch. Sehr empfehlenswert sei das. Günther, schmalgeschnittener Anzug, jungenhaftes Gesicht, ist einer der kommenden Leute in der CDU –

und nimmt sich eine Stunde Zeit, um in der Landesvertretung Schleswig-Holsteins in Berlin über seinen ehemaligen Minister zu sprechen.

Habeck, sagt er, trage eine gewisse Widersprüchlichkeit in sich. Ohne Zweifel fühle er sich für Höheres berufen. «Aber: Wer ganz nach oben will in der Politik, braucht Unbedingtheit, den absoluten Willen, es zu schaffen.» Da sei er sich bei Habeck nicht sicher.[6]

Das ist der Nachteil einer Der-von-außen-Inszenierung. Olaf Scholz oder Angela Merkel wollen nichts anderes machen als Politik, 24/7 und bis zum bitteren Ende. Bei Habeck weiß man nicht, ob er nicht irgendwann die Nase voll hat, nach Schweden zieht und wieder Bücher schreibt. Frage an den Ministerpräsidenten: Könnte er Kanzler?

«Robert Habeck war ein echter Leistungsträger in unserem Kabinett. Aber aus der Erfahrung heraus ist es auch ganz gut, wenn er noch jemanden hat, der sagt, was geht und was nicht geht.» Projektbezogen könne Habeck Leute zusammenbringen. Aber dauerhaft führen, alle Fäden zusammenhalten, ständig netzwerken – «das ist nicht so sein Ding».

Bei solchen Sätzen darf man nicht vergessen, dass Daniel Günther über einen Konkurrenten spricht. Interessant ist, wie viel Positives er erzählt. Habeck sei lösungsorientiert, nicht dogmatisch und höre sich alle Seiten an. «Er weiß, dass er einen Kompromiss nur hinbekommt, wenn keiner das Gesicht verliert.»

Seine größte Stärke?

Günther zupft ein Stück Melone von einem Obstspieß. «Er geht in einen Saal mit 200 Bauern, die alle sauer sind – und kommt mit anerkennendem Beifall wieder raus. Er schafft es, den kompletten Raum in zwei Stunden zu drehen. Diese Gabe ist schon etwas Besonderes.»

Habecks Fähigkeit, Menschen zu begeistern, wird auch von Grünen sehr gelobt. Eine «phänomenale Ausstrahlung» bescheinigt ihm Hessens Wirtschaftsminister Tarek Al-Wazir. «So was kann man nicht üben oder lernen.»[7] Katharina Dröge, Wirtschaftsexpertin der Fraktion, sagt: «Oft kommt nach internen Arbeitsgruppen die SMS: Danke für deine Zeit. Er gibt Drive rein, auch bei aussichtslos scheinenden Debatten, im Sinne von: Das klappt auf jeden Fall gemeinsam. So wird es dann auch was.»[8]

Politik als selbsterfüllende Prophezeiung. Wer mit Habeck unterwegs ist, erlebt Szenen, zu denen es mit Renate Künast oder Jürgen Trittin eher nicht gekommen wäre. In Zwickau meldet sich bei einer Veranstaltung ein älterer Herr, das weiße Haar sorgfältig gekämmt. Er sei Bergbauveteran und möge Optimisten, weshalb er den Grünen zu ihren Vorsitzenden gratuliere. In Rathenow klagt eine Dame im AfD-Sound minutenlang über den maroden Staat und die faule Jugend, um dann zu sagen: «Sie sind mir sympathisch. Was würden Sie anders machen?»[9] Gestandene Frauen bitten nach einem Auftritt kichernd um ein Selfie. Familienväter fragen nach einem Autogramm, das Kind auf den Schultern. Ein nordfriesischer Bauer – ich erwähnte es – duzt ihn nach einem Rundgang durch den Schweinestall.

Wenn man ein bisschen in Schleswig-Holstein herumtelefoniert, um zu erfahren, wie er denn so war, der Herr Minister, fallen erstaunlich wenige böse Worte. Auch in Gesprächen mit Leuten, die nicht im Verdacht stehen, die Grünen zu wählen. Lorenz Marckwardt, Vorsitzender des Landesfischereiverbandes (Werbespruch: «Meer fürs Land»), sagt: «Anfangs vertrat er Hardcore-Positionen der Naturschutzverbände. Aber er ließ mit sich reden. Wir hatten schon schlechtere Minister.»[10] Peter Ewaldsen, Chef der Erzeugerorganisation schleswig-holsteinischer Muschelfischer, sagt: «Habeck spricht die Dinge zielorientiert und offen an. Ich achte ihn.»[11]

Mit Marckwardt verabredete Habeck eine freiwillige Vereinbarung zum Schutz von Schweinswalen und Meeresenten. Die Fischer*innen verpflichteten sich, in den Sommermonaten weniger

Stellnetze zu verwenden. Die Naturschützer*innen zogen mit, und das Ministerium spendierte eine Imagekampagne. Mit Ewaldsen schloss Habeck den in Schleswig-Holstein legendären Muschelfrieden. Jahrelang hatte an der Küste ein Kulturkampf getobt. Umweltschützer*innen wollten das Fischen von Miesmuscheln im Nationalpark Wattenmeer verbieten, Fischer*innen hatten blanke Existenzangst. Den Kompromiss, 300 Hektar weniger Wirtschaftsfläche, besserer Schutz von jungen Muscheln, lobten am Ende alle.

Habeck will das Konzept Muschelfrieden auf die ganze Republik übertragen. Nicht mit dem Zeigefinger verkauft er grüne Ideen, sondern mit einer herzlichen Umarmung. Aber man sollte den freundlichen Dr. Habeck nicht unterschätzen. Er ist sich seiner Macht bewusst, kann sich durchsetzen und erstaunlich wendig sein. Im Landtagswahlkampf 2012 wetterte er als Spitzenkandidat gegen «Ausschließeritis» und zeigte sich offen für ein Bündnis mit der CDU. Als ihm klarwurde, dass viele Wähler*innen dies mit Stimmentzug bestrafen würden, zog er die Notbremse – und setzte voll auf Rot-Grün. Seinen Wechsel an die Parteispitze in Berlin verband er mit einer kalten Machtgeste. Er machte es zur Bedingung, dass er das Ministeramt in Schleswig-Holstein für eine Übergangsfrist parallel weiterführen durfte. «Ich brauche diese acht Monate. Und wenn die nicht durchkommen, dann kann ich morgen nicht kandidieren», drohte er den Delegierten auf dem Parteitag. Das war nichts anderes als «Erpressung», wie die FAZ anmerkte.[12] Selbstverständlich hätte die Amtsübergabe schnell vonstattengehen können, und eigentlich ist den Grünen die Trennung von Amt und Mandat heilig. Habeck setzte sich durch, für ihn gelten andere Regeln.

Eindrucksvoll ist auch sein Geschick, Fehler vergessen zu machen. Das beste Beispiel ist sein Abschied von Twitter. Im Januar 2019 veröffentlichte der Thüringer Landesverband ein Wahlkampfvideo, in dem Habeck sich einen peinlichen Patzer leistete: «Wir versuchen, alles zu machen, damit Thüringen ein offenes, freies, liberales, demokratisches Land wird, ein ökologisches Land.» Thüringen, wo Grüne mit in der Regierung saßen, eine Diktatur? Hohn und Spott brachen über Habeck herein, dem ein ähnlicher Versprecher schon vor der Landtagswahl in Bayern im Oktober 2018 passiert war. Was dann folgte, war taktisch genial. Einen Tag später verkündete Habeck in seinem Blog seinen Abschied von Twitter und Facebook – und schob die Schuld für den Versprecher auf die Sozialen Netzwerke.[13] Twitter färbe auf ihn ab, er werde «aggressiver, lauter, polemischer». Aus dem Tollpatsch, der sich verquatscht hatte, wurde ein Trendsetter, ein Social-Media-Skeptiker, der das analoge Leben neu entdeckte.

Daniel Günther schiebt mit der Gabel die letzte Erdbeere von seinem Obstspieß. Man tue Habeck nicht unrecht, wenn man feststelle, dass er «etwas selbstverliebt» sei. «Darin liegt eine Gefahr für einen Politiker. Er muss aufpassen, dass er Theatralik nicht zu inflationär nutzt.» Da ist etwas dran. Habecks Art wirkt auf viele erfrischend, aber manchmal überschreitet er die feine Grenze zwischen Lässigkeit und Peinlichkeit. So ist bei ihm zum Beispiel demonstrative Demut zu einer rhetorischen Figur geworden. Er beginnt Sätze mit «Wenn ich das sagen darf», obwohl alle auf seine Antwort warten. Er wehrt in einer Talkshow allzu bescheiden ab, wenn Giovanni di Lorenzo auf seine überragenden Beliebtheitswerte verweist. Er charakterisiert bei einem *Brigitte*-Talk sein Redetalent wie folgt: «Irgendeiner hält mir ein Mikrophon hin, und ich sabbel da halt rein.» Habeck macht sich ständig kleiner, als er ist. In einer Partei, die männliche Geltungssucht bestraft, ist das nicht unklug. Aber authentisch ist es nicht. Wenn Habeck ankündigt, etwas «in aller Demut» zu sagen, folgt in der Regel etwas sehr Unbescheidenes. Etwa die Ankündigung, die SPD als führende Kraft der linken Mitte abzulösen.

Im Juli 2016, da war er noch Landesminister, sprachen wir im Garten der schleswig-holsteinischen Landesvertretung in Berlin miteinander. Nach dem Interview schoss die *taz*-Fotografin ein paar Porträtfotos. Habeck, zwischen ein paar Stühlen stehend, trat von einem Fuß auf den anderen, dann brach es aus ihm heraus: «Wissen Sie was, ich mach mal was anderes.» Er griff sich einen Laptop und fläzte sich damit in einen ebenfalls anwesenden Strandkorb, die Füße über der Lehne. Normalerweise überredet die Fotografin den Politiker zu etwas anderen Posen. Bei Habeck läuft es umgekehrt. Ich scherzte damals noch, er könne doch an dem Stahlzaun rütteln wie Schröder vor dem Kanzleramt. Einen Moment lang schien er darüber nachzudenken.

Ob er sich mit Wildpferden auf einer Wiese fotografieren lässt oder ein Selfie nach dem Joggen postet, mit roter Trainingsjacke und Schweißflecken in der Mütze – stets begleitet ihn der Vorwurf der Selbstinszenierung. Ein Dienstagmorgen im August 2020, Café Milan in Dresden. Die meisten Tische sind leer, von den wenigen Gästen erkennt keiner Robert Habeck. Wir haben uns verabredet, um über den Selbstdarstellungsvorwurf zu sprechen. Kränkt er ihn? «Politik ist eine öffentliche Angelegenheit.» Insofern sei Inszenierung ein normaler Teil von Politik. «Es gibt nichts Nicht-Inszeniertes, das ist eine banale Feststellung.»[14] Es stimmt ja: Markus Söder stellt sich in Wildbad Kreuth im Schnee vor die Berge, Angela Merkel zeigt Staatsgästen gerne vom Kanzleramtsbalkon aus das Regierungsviertel. Diese Bilder werden akzeptiert. Habecks Selbstinszenierung bricht eine Norm, weil sie eine andere Form der Bildlichkeit enthält. Er selbst beschreibt die Szenen, mit denen er seinen Instagram-Account bestückt, als Versuch, normal zu bleiben. «Ich will ab und zu bei Flensburg-Handewitt auf der Tribüne stehen und mit meinen Kumpels ein Bier trinken», sagt er. Aus solchen Momenten ziehe er seine Kraft.

Wenn man ihn fragt, was ihn antreibt, antwortet er so ähnlich wie Annalena Baerbock: «Meine Denkrichtung ist immer: Was hat sich geändert in der Wirklichkeit, wenn du fertig bist.» Er habe damals bei den Grünen angefangen, weil zwischen zwei Dörfern ein Radweg fehlte.

Habeck grinst. «Den gibt es übrigens immer noch nicht.» So sei das manchmal. Auch diese Anekdote passt gut zu Habecks Inszenierung. Da operiert einer in den Widersprüchlichkeiten der Welt. Ihm gelingt nicht alles, aber er gibt sein Bestes.

Eine Zeitlang war bei Journalist*innen die These beliebt, bei den Grünen gebe es eine klare Arbeitsteilung. Habeck sei für die Weltdeutung zuständig, Baerbock für die Spiegelstriche. Beide ticken komplett verschieden, aber diese Vereinfachung wird keinem gerecht, weil sie Baerbock kleiner macht, als sie ist – und Habeck als philosophischen Schwafler abtut. Die Grünen verdanken ihm mehrere sinnvolle Korrekturen. Habeck ist dafür verantwortlich, dass die Grünen endgültig Hartz IV verabschiedeten und auf eine Grundsicherung ohne Sanktionen setzten. Der Move war doppelt schlau, weil er frustrierte SPD-Wähler*innen anlockte und eine Brücke zwischen grünen Gegner*innen und Befürworter*innen eines bedingungslosen Grundeinkommens schlug.

Habeck entwickelte mit einer parteiinternen Arbeitsgruppe ein Konzept für eine gelockerte Schuldenbremse. Mit Verve überzeugte er die skeptischen Regierungsleute aus den Ländern, dass die Investitionen verhindernde Regel reformiert werden muss. Grüne, die dabei waren, bezeugen, dass er sich «tief in die Materie kniete». Die Mühe lohnte. Selbst das *Handelsblatt*, nicht als Fan linker Finanzpolitik bekannt, lobte den «ziemlich durchdachten Vorschlag».[15]

Es war Habeck, der dafür sorgte, dass die Grünen ihre Forderung nach einem höheren CO_2-Preis durch eine Ausgleichszahlung für alle Bürger*innen ergänzten. Diese Idee entkräftet den beliebten Vorwurf, Öko sei nur etwas für Reiche. Ohne sie wären die Grünen in der Debatte wahrscheinlich untergegangen.

Habeck verkauft also nicht nur eine gute Story der Grünen.

Durch ihn wurde die Partei progressiver und mutiger, auch wenn er manchmal nur alte Forderungen griffig zuspitzte. Mit der Zeit, sagen sie über ihn, habe er sogar gelernt, vor einem medialen Aufschlag die Expert*innen in der Fraktion anzurufen.

Bleibt die Frage, die Daniel Günther aufwirft. Die Frage nach seinem Durchhaltevermögen und dem Drang nach Freiheit. Hat er die Unbedingtheit, die es für ein Spitzenamt braucht? Habeck denkt in dem Dresdner Café kurz nach und antwortet mit einem Gedanken, der einiges über ihn aussagt. Man darf ihn nur nicht zitieren. Als die Mail mit den freigegebenen Sätzen kommt, hat der Mann, der «kein glattgelutschter Medienpolitiker» sein will, seine Antwort komplett gestrichen. Stattdessen steht da nur noch ein Wort: «Ja.»

TEAMPLAY

Leiden und Leidenschaften in einer Doppelspitze

Die Ära Baerbock und Habeck, wenn man sie so nennen will, beginnt mit einem Versprechen. Als sie im Januar 2018 als neue Vorsitzende gewählt sind, auf dem Parteitag in Hannover, als der Applaus abgeebbt ist, die Blumensträuße überreicht, die Umarmungen erledigt sind, da habe es, so erzählt es Habeck im Nachhinein, diesen «Moment vollkommener Stille» gegeben.[1] Das ist übertrieben, in einer vollen Halle ist es nie vollkommen still, aber es klingt magisch. Baerbock ergänzt etwas nüchterner: «Wir haben uns zugeflüstert, dass wir uns durch nichts auseinanderbringen lassen werden.» Zwei Chef*innen, eine Verabredung. Aber lässt sich das durchhalten in dem brutalen, auf Konkurrenz angelegten Politikbetrieb?

Vertrauen ist die Basis einer gelungenen Doppelspitze und die notwendige Bedingung für geteilte Macht. So lernt man es in jedem Führungskräfte-Coaching. Ebenso evident ist das Spannungsverhältnis, das automatisch entsteht. Wettbewerb ist ein immanenter Bestandteil der Politik, nicht nur, wenn es darum geht, die Aufmerksamkeit der Öffentlichkeit zu erlangen. Auch der Anspruch, Inhalte durchzusetzen, am Ende also der zu sein, der entscheidet, führt automatisch zu Konflikten.

Mächtige Paare haben sich in der bundesdeutschen Geschichte immer wieder schwergetan, die baldige Trennung ist eher der Normal- denn der Ausnahmefall. Viele scheiterten an der Idee geteilter Macht, weil sie sich am Ende misstrauten. Wolfgang Schäuble brach im Jahr 2000 mit seinem früheren Förderer Helmut Kohl, weil dieser sich weigerte, anonyme Parteispender*innen zu nennen. Oskar Lafontaine zog sich 1999 von seinen Posten als Finanzminister und SPD-Chef zurück, weil er sich mit Gerhard Schröder wegen inhaltlicher Differenzen überworfen hatte. Sahra Wagenknecht und Dietmar Bartsch führten die Linkspartei-Fraktion bis 2019 mehr schlecht als recht gemeinsam, in einem mühsam gewahrten Burgfrieden.

Auch zwischen Chef*innen der Grünen ging es eigentlich nie lange gut. 2007 führten Claudia Roth und Reinhard Bütikofer die Grünen als Parteivorsitzende; an der Spitze der Fraktion standen Renate Künast und Fritz Kuhn. Auch Ex-Umweltminister Jürgen Trittin spielte als erfahrener Stratege eine wichtige Rolle. Die fünf bekamen wegen endloser Ränkespiele den internen Spitznamen «Pentagramm des Grauens» verpasst. Das ist recht lustig, aber nur für die, die nicht unter ihnen litten.

Die langjährigen Vorsitzenden Roth und Cem Özdemir waren sich ebenfalls nur selten grün. Und die Zwists zwischen Roths Nachfolgerin Simone Peter und Cem Özdemir, die ab 2013 die Geschicke der Partei lenkten, sind geradezu legendär. Beide führten nicht gemeinsam, sondern achteten vor allem auf die Interessen ihrer Strömungen. Peter gehört zu den linken Grünen, Özdemir zu den Realos. Äußerte sich der eine Chef öffentlich zu einem Thema, dauerte es manchmal nur Stunden, bis die andere Chefin widersprach. Peter litt darunter, dass sie weniger in den Medien vorkam als ihr prominenterer Partner. Und Özdemir schaffte es nicht, einen Schritt zurückzutreten – und der Kollegin Erfolge zu gönnen. So zerrüttet war das Verhältnis, dass der Spiegel sie 2016 «Duo Infernale»[2] taufte.

Und jetzt also dieses ins Ohr geflüsterte Versprechen? Baerbock und Habeck wollen es anders machen. Gemeinsam führen, Macht abgeben, von den Stärken des oder der anderen profitieren. Sie möchten die Partei einen und die lange zerstrittenen Flügel zusammenführen. Aber die Zentrifugalkräfte, die an ihnen zerren, sind enorm. Schon der gemeinsame Start kommt nicht ohne Gedrängel aus. Im Herbst 2017 wird von Medien monatelang spekuliert, ob Habeck, damals noch Minister in Schleswig-Holstein, nach dem Parteivorsitz greifen wird. Die Erwartungen sind riesig, Parteifreund*innen reden auf ihn ein, Journalist*innen schreiben erwartungsvolle Texte. Habeck, Autor mehrerer Bücher, in Kiel mit einem wichtigen Ressort ausgestattet, Konstrukteur einer vielbeachteten Jamaika-Koalition, ist damals schon prominent. Baerbock kümmert sich in der Bundestagsfraktion um Familienpolitik und Klimaschutz. Sie ist für die allermeisten ein No-Name. Habeck, so haben wir es in der Zeit unter vier Augen besprochen, will seine Kandidatur in einem *taz*-Interview öffentlich machen. Unser Gespräch soll an einem Montag im Dezember 2017 erscheinen. Doch es kommt anders, als es sich der aufstrebende Landespolitiker gedacht hat: Am Samstag, Habeck sitzt mit seiner Frau und seinen Söhnen beim Adventskaffee, ruft Baerbock ihn an: «Du, ich hab mir überlegt, ich kandidiere auch. Morgen läuft es bei dpa.» Der Anruf ändert alles. Habecks geplanter Coup rückt in den Hintergrund, Baerbock prescht an ihm vorbei, um ein Signal zu setzen. Er verabschiedet sich von seinem freien Nachmittag, vom Siedler-Spiel mit der Familie und verbringt den Rest des Tages am Telefon. Jeder in der Partei will wissen, was er von Baerbocks Kandidatur hält.

Habeck wird sich schwarzgeärgert haben, aber wenn man ihn danach fragt, gibt er das natürlich nicht zu. Nur ein «bisschen genervt» sei er gewesen. «Aber in der Sache dachte ich: Was für ein Move. Das ist stark.»[3] Schon früh lernt er: Gemeinsame Führung bedeutet eben auch Konkurrenz. Man muss das Ego des anderen ertragen und darf Rempeleien nicht krummnehmen.

Baerbock hat ihre Kandidatur zuvor mit mehreren jungen Frauen in der Fraktion abgesprochen. Sie ärgerten sich darüber, dass nur der Mann, Habeck, im Fokus der Medien stand. Welche Frau unter ihm auch noch Chefin sein durfte, interessierte kaum jemanden. Als ob da eben noch ein Sekretärinnenposten besetzt werden müsse. Deshalb macht Baerbock von der ersten Minute an klar, dass sie nicht gedenkt, sich von dem bekannteren Mann in den Schatten stellen zu lassen. Auf dem Wahlparteitag im Januar 2018 ruft sie den Delegierten zu: «Wir wählen hier heute nicht nur die Frau an Roberts Seite, sondern die neue Bundesvorsitzende von Bündnis 90 / Die Grünen.» Solch ein Satz ist einerseits banal, eine Selbstverständlichkeit für die sich feministisch verstehenden Grünen. Aber er ist auch eine emanzipatorische Ansage an ihren Co-Chef in einer Zeit, in der die AfD Frauen am liebsten zurück an den Herd schicken möchte.

Trotz des Gedrängels beginnen Habeck und Baerbock ihre gemeinsame Zeit mit einer Wette, die da lautet: Kooperation ist stärker als Konkurrenz. Bis jetzt haben sie sich im Großen und Ganzen daran gehalten. Ein wichtiger Grund für grüne Erfolge ist die Einigkeit der Vorsitzenden. Beide gehören dem Realo-Flügel der Partei an, aber beide vermeiden es, nur für ihre Strömung zu sprechen. So versiegte eine ewige Streitquelle bei den Grünen, die zuvor unerschöpflich schien: der Zwist zwischen Linken und Realos. Dank Baerbock und Habeck treten die Grünen so geschlossen auf wie nie zuvor. Jede und jeder Grüne, mit denen man über beide spricht, loben diese Haltung. Hessens Wirtschaftsminister Tarek Al-Wazir sagt: «Beide verstehen sich jeweils als Vorsitzende der gesamten Partei, nicht nur der Hälfte. Sie sind keine Protagonisten der Flügel. Das ist die entscheidende Neuerung und das ganze Geheimnis.»[4]

Baerbock und Habeck vertrauen sich wirklich. Sie sprechen sich eng ab, über WhatsApp, telefonisch oder persönlich, sie gönnen der oder dem anderen glitzernde Momente, sie schaffen es, sich bei strittigen Themen unter vier Augen einig zu werden, bevor sie sich öffentlich äußern. Aber unter der Harmonie liegt noch etwas anderes, nämlich die Konkurrenz zweier Alphamenschen, die beide gern das letzte Wort haben – mehr davon folgt im nächsten Kapitel. Beide sind begnadete Geschichtenerzähler. Ihre Doppelspitze verbinden sie früh mit einer eingängigen Story, mit passenden Bildern. In diversen Porträts und Interviews wird zum Beispiel erwähnt, dass sich die zwei in der Geschäftsstelle ein Büro teilen und die Schreibtische aneinandergerückt haben. Das stimmt, die Tische stehen tatsächlich Kante an Kante im dritten Stock des Altbaus am Platz vor dem Neuen Tor in Berlin-Mitte. Aber es bleibt eben vor allem: ein gutes Bild. Die Minuten in der Woche, in denen sie wirklich zu zweit dort sitzen, kann man an einer Hand abzählen. Am ehesten tun sie das vor Weihnachten, wenn sie Karten unterschreiben.

Wichtiger ist die Entscheidung, einen gemeinsamen Büroleiter einzustellen. Seit Februar 2018 managt Robert Heinrich, zuvor für die Öffentlichkeitsarbeit der Grünen zuständig, die Termine beider Chef*innen. Und nicht nur das, Heinrich berät, koordiniert, brieft Journalist*innen in Hintergrundgesprächen und korrigiert von Grünen als falsch empfundene Berichterstattung öffentlich auf Twitter. Außerdem schaffen Baerbock und Habeck eine neue Abteilung, die in der Geschäftsstelle am neuen Grundsatzprogramm arbeitet. Sie wird von Melanie Haas geleitet, einer Politik- und Sozialwissenschaftlerin, die zuvor in der Berliner Senatskanzlei an der Regierungsplanung mitarbeitete. Die Vorsitzenden sichern sich so den direkten Zugriff auf die Essenz der Partei, das Programm. Diese Neuerungen waren klug, weil sie Gleise legten. Früher wurden in dem pastellgelben Altbau erbitterte Feindschaften gepflegt. Es gab zwei Vorsitzende und ihre zwei Teams, die oft mehr gegeneinander- als miteinander arbeiteten. Durch das Haus verlief eine unsichtbare Wand. Heute führen der Büroleiter und die Programmkommission Dinge strategisch zusammen, bevor Konflikte entstehen können.

Aller feministischer Verve zum Trotz wird Baerbocks Leidensfähigkeit zu Beginn der Doppel-Amtszeit auf eine harte Probe gestellt. Sie steht im Schatten ihres männlichen Kollegen. Das Gefälle zwischen beiden ist riesig, wenn man öffentliche Erwartungen und Zuschreibungen als Maßstab nimmt. Die politmediale Deutungsmaschinerie legt erstaunlich traditionelle Schablonen an. Habeck wird, schon bevor er das Vorsitzendenamt innehat, in großen Porträts als philosophierender Popstar gehypt, Baerbock gilt allenfalls als fleißige Fachpolitikerin. Nach der Amtsübernahme geht das mehr als ein Jahr lang so weiter. Die Arbeitsteilung ist: Er wird für große Welterklärer-Interviews angefragt, sie darf die Details der Kohlekommission auseinanderfriemeln. Er wird als moderner, empathischer Mann gefeiert, der sogar seine Hemden selbst bügelt. Sie, Mutter zweier kleiner Töchter, muss erklären, wie sie den Spagat zwischen Politik und Familie hinbekommt.

Auch die Tatsache, dass Baerbock bei der Amtsübernahme 38 Jahre alt ist, wird von manchen mit gönnerhafter Irritation kommentiert. Die FAZ schreibt altväterlich über «die junge Repräsentantin des Realo-Lagers», die durch ihre eigene Jugend das Bedürfnis der Partei stille, wieder jung zu sein.[5] Wird so ein Ton jemals gegenüber Jens Spahn oder Christian Lindner angeschlagen, beide in etwa gleich alt? Baerbock kämpft – wie alle Frauen in der Politik – auch mit traditionellen Rollenbildern.

Habeck dagegen ist der unangefochtene Star. Wo immer er auftritt, wird er begeistert empfangen. Nach Auftritten kommen Frauen zu ihm und sagen, wie toll, klug und empathisch sie ihn finden. Manche Zeitungsporträts klingen fast schwärmerisch. Stagediving, bei anderen Politikern undenkbar, bleibt bei den Grünen Chefsache. Nach der erfolgreichen Bayernwahl springt Habeck mit dem bayerischen Fraktionschef Ludwig Hartmann von der Bühne. Eigentlich hat er vorher mit Baerbock verabredet, dass Demut die angemessene Botschaft sei. Im März 2019 ist Habeck laut Politbarometer der beliebteste Politiker Deutschlands – noch vor Angela Merkel.[6]

Baerbock kann eine gewisse Gereiztheit nicht immer verbergen. Natürlich nerven sie die Schablonen. Sie rudert, um auf Augenhöhe zu kommen. «Ich hatte das Gefühl, mich beweisen zu müssen», sagt sie. «In der Politik ist ja Aufmerksamkeit die Währung.»[7] Habeck wiederum muss sich manchmal absichtlich zurücknehmen.

In den Jahren 2018 und 2019 scheinen die Grünen unaufhaltsam zu sein. Siege bei den Landtagswahlen in Bayern und Hessen, ein starkes Ergebnis bei der Europawahl, überdurchschnittliches Abschneiden in Ostdeutschland. Monatelang stehen sie in Umfragen so blendend da, dass eine Kanzlerkandidatur möglich und nötig scheint. Auch hier muss Baerbock einiges ertragen. Für die meisten Journalist*innen ist buchstäblich nur ein Kanzlerkandidat denkbar. Die Grünen-Vorsitzende Baerbock wird für diesen Job anfangs nicht ernsthaft erwogen, obwohl sie sehr wohl geeignet wäre. Allein diese Tatsache zeigt, wie gestrig Machtfragen heutzutage noch behandelt werden. Im Hype um Habeck steckt eine ordentliche Portion Misogynie. Der Mann gilt als gesetzt, die Frau als, nun ja, ganz fähig – aber keinesfalls als kanzlerinnentauglich.

Ein besonders hübsches Beispiel für mediale Reflexe liefert der *Stern*. Für den Kolumnisten Hans-Ulrich Jörges, einen vielgelesenen Alphajournalisten in Berlin, ist es im Mai 2019 gar keine Frage, dass Robert Habeck der Kanzlerkandidat werden muss. Jener sei der «Wählermagnet», «der Politiker mit dem größten Potenzial in Deutschland».[8] Jörges vergleicht den Grünen mit «dem jungen Willy Brandt, der die SPD vor gut einem halben Jahrhundert Schritt für Schritt zur Macht führte». Der junge Willy Brandt? Selbst wenn man etwas Pathos von Jörges Zeilen abzieht: Mehr Überhöhung geht eigentlich kaum. Hier schreibt ein Mann über einen Mann, der die weibliche Vorsitzende mit einem vergifteten Kompliment aus dem Weg räumt. «Nichts gegen Annalena Baerbock», schreibt Jörges, «sie ist ein kompetentes und sympathisches Gesicht ihrer Partei.» Übersetzt heißt das so viel wie: Sorry, Baby, aber wenn es ernst wird, lass mal lieber die Männer ran. Der *Stern* ist es auch, der Habeck aufs Cover setzt, ernst und mit zusammengekniffenen Augen in die Ferne blickend. Dazu die Zeile: «Unser nächster Kanzler?»[9]

Es gibt viele Belege dafür, dass Baerbock von den Medien eine lange Zeit weniger Begeisterung zuteilwurde als Habeck. (Männliche) Journalisten vom *Spiegel*, vom *Handelsblatt*, der *Welt* oder von Regionalzeitungen spekulieren, ob er antritt. (Männliche) Politologen stimmen ein. Medien reproduzieren so viele althergebrachte Rollenbilder, dass es Stoff für mehrere kommunikationswissenschaftliche Seminare hergäbe.

Die erste Phase des Spitzenduos wird also von einer Unwucht geprägt. Doch Baerbock holt auf. Nach gut einem Jahr ändert sich das Bild, eine neue Balance wird deutlich. Baerbock erarbeitet sich mit der Zeit ein enormes Standing, Journalist*innen revidieren ihr Urteil über die Machtverteilung im grünen Duo. Baerbock ist im Jahr 2019 die Politikerin, die am häufigsten bei Anne Will, Maybrit Illner und Co. eingeladen wird. Im Vorjahr war noch ihr Kollege Talkshow-König. In der Partei schätzen viele sie wegen ihrer Kompetenz, Verlässlichkeit und Bereitschaft zu präzisen Absprachen. Claudia Roth, die Grande Dame der Grünen, findet die passende Metapher: «Annalena ist die Wurzel unseres Baumes. So manche Blüte von Robert würde ohne sie schnell verwelken.»[10] Heißt: Während Habeck nach außen leuchtet, organisiert sie den Erfolg nach innen. Diese These ist etwas zu schematisch, weil auch Habeck interne Kompromisse herbeiführt und sie nach außen repräsentiert, wir hatten es schon. Aber offensichtlich ist: Ohne Baerbock wäre das Duo nichts.

Nun ist offen, ob die Grünen überhaupt eine Kanzlerkandidatin oder einen -kandidaten für die Bundestagswahl aufstellen. Ich tue mich schwer, in einem Buch, das größtenteils im Sommer 2020 geschrieben wurde, darüber zu spekulieren. Deshalb nur drei Thesen.

Erstens: Annalena Baerbock und Robert Habeck klären gemeinsam, wer antritt. Es wird keine Konkurrenz um den Posten geben.

Zweitens: Wenn Baerbock den Job will, wird Habeck ihn ihr nicht verweigern (können). Eine feministische Partei, in der Frauen stets den Vortritt haben, könnte gar nicht anders.

Und drittens: Es wird der oder die, der oder die die besten Chancen auf ein starkes Ergebnis hat. Wenn Habeck in Beliebtheitsumfragen weit vorne liegt, ist Baerbock klug genug, ihm die Kandidatur zu überlassen.

Wie auch immer, inzwischen bestreitet kaum noch jemand, dass sich beide Grünen-ChefInnen auf Augenhöhe bewegen. Für manche hat sich das Verhältnis sogar gedreht. Mehrere CDU-Politiker weisen im vertraulichen Gespräch auf die Stärken Baerbocks hin. Es sind kleine Gesten, die belegen, wie eingespielt die beiden Grünen sind. Sie rettet ihn bei einer Pressekonferenz nach seinem Ausstieg bei Twitter, als er sich übermüdet bei einem komplizierten Vorschlag zu Wagniskapital-Krediten für Jungunternehmer*innen verfranst. Er ruft sie an, um sie zu ermuntern, als sie nach einem Interview zur Flüchtlingspolitik im Feuer steht. Sie stoppt ihn, wenn er mal wieder eine spontane Idee mit der ganzen Welt teilen will. Er spricht ihr vor der Bewerbungsrede für ihre Wiederwahl als Parteichefin in einem ruhigen Moment Mut zu, weil sie sich nicht sicher ist, ob es gut wird.

Aber zur Wahrheit dieses Teams gehört auch, dass es natürlich Konkurrenz gibt, Gereiztheiten oder Genervtheit. Manchmal, in seltenen Momenten, geben beide das sogar zu.

KONKURRENZ

*Das Brodeln unter der polierten
Oberfläche*

Robert Habeck, Dreitagebart, die hellblauen Hemdsärmel aufgekrempelt, steht vor dem riesigen Luftbild eines Waldes, das die Bühne schmückt. Von weitem sieht es aus wie ein riesiger Brokkoli. Bewerbung für die Wiederwahl als Parteichef, November 2019, in Bielefeld. Er holt Luft. Kurz vorher hat Baerbock eine bejubelte Rede gehalten, jetzt ist Habeck dran. Und spricht erst mal nur über sie. Vor zwei Jahren hätten die Grünen «Annalena und [ihn] zusammengewürfelt». Er erinnert daran, wie sie während der Jamaika-Sondierungen den Kohleausstieg verhandelte, wie gut der «Baerbock-Ausstiegsplan» gewesen sei. Dann gewährt er einen Einblick in sein Innenleben.

Es sei das Eine, zwei Schreibtische in ein Büro zu stellen, einen gemeinsamen Büroleiter zu beschäftigen und die Partei von einem Zentrum aus zu denken. Habeck stützt sich mit beiden Händen aufs Pult. «Aber etwas anderes ist es dann doch, solche Tage wie diese zu erleben, wo man permanent miteinander abgeglichen wird, [...] wo jede Bewegung des einen gegen die Bewegung des anderen [...] ausgedeutet wird.» Je größer die Ziehkräfte gewesen seien, desto stärker seien sie zusammengerückt. «Danke.» Beifall rauscht auf.

Sein Lob der Partnerin ist auch ein Eingeständnis: Ja, es ist hart. Zwei Spitzenpolitiker in einem Führungsteam stehen unter Dauerbeobachtung. Alle lauern auf Fehler. Die Konkurrenz, die Spötter auf Twitter, die Medien, die es lieben, Politiker*innen zu vermessen. Aber Politiker*innen sind auch nur Menschen, die sich unfair behandelt fühlen können und trotzdem einschlafen müssen. Man darf sich da nichts vormachen: Habeck wie Baerbock lesen jede Zeile, die über sie in Zeitungen oder bei Online-Medien erscheint. Die öffentliche Wahrnehmung ist für sie immens wichtig, auch wenn sie das nicht zugeben. Die Pressestelle wertet die Berichterstattung akribisch aus, täglich wird das Ergebnis in einer internen Morgenlage vorgetragen.

Vor dem Wald-Luftbild ist nicht zu übersehen, dass Habecks Rede schlechter ist als Baerbocks. Bei ihm springt der Funke nicht recht über, er schöpft nicht einmal die offizielle Redezeit aus. Entsprechend fällt das Ergebnis der Wiederwahl aus: Baerbock bekommt 97,1 Prozent der Stimmen, Habeck nur 90,4. Der philosophierende Superstar, der als Kanzler gehandelt wird, liegt sieben Prozentpunkte hinter der Frau, die lange keiner auf dem Zettel hatte. In den hinteren Reihen flüstert ein Journalist verblüfft seiner Kollegin etwas zu. Ein Lokalzeitungsreporter hat einen Text mit Fokus auf Habeck vorgeschrieben und überlegt nun, alles umzuschreiben. Erst in diesem Moment wird einigen klar, wie wichtig Baerbock im grünen Machtgefüge ist. In der Berichterstattung schneidet sie nun deutlich besser ab als er.

Habeck muss einem nicht leidtun, er bekommt Aufmerksamkeit genug. Aber solche Situationen sind nicht leicht zu ertragen.

Mein Kollege Georg Löwisch und ich haben mit beiden im Januar 2019, ein paar Wochen nach der Szene in Bielefeld, in einem Doppelinterview über die schwierige Balance zwischen Vertrautheit und Konkurrenz gesprochen.[1] Baerbock und Habeck sitzen in der Grünen-Geschäftsstelle nebeneinander an einem schweren, grob abgeschliffenen Holztisch, nippen an ihrem Cappuccino und reflektieren ungewöhnlich offen. «Wir arbeiten in einer Welt voller Eifersucht», sagt Habeck. Politik sei permanent auf Vergleich ausgelegt. Um das zu illustrieren, erzählt er eine Anekdote aus dem sächsischen Landtagswahlkampf 2019. Ein Auftritt in einem Stadtpark in Dresden, beide sind da. Die örtlichen Grünen haben sich eine Choreographie überlegt. Baerbock soll in der Mitte über den Umbau einer Kohleregion sprechen, Habeck ganz am Ende. Die Rede am Schluss wirke immer wuchtiger, sagt Habeck, «du rufst: Das ist unser Moment, los geht's!». Bäm, dann explodiere der Park. «Annalena erduldete, dass ich ihr die Show stahl. Umgekehrt erdulde ich es, wenn sie auf dem Parteitag in Bielefeld die bessere Rede hält. Dann ist das ihr Tag.» Man beachte die Wortwahl. «Erdulden», sagt der Duden, heißt, etwas Schweres oder Schreckliches mit Geduld und Tapferkeit über sich ergehen zu lassen. Man erduldet Schmerzen, Leid, eine schwere Krankheit. Oder eben, in Habecks Welt, den stärkeren Auftritt einer Kollegin.

Baerbock wiederum ist schnell genervt von Alphamännchen. Habecks riesiges Ego reizt sie immer wieder zu spitzen Bemerkungen. Ich habe ja schon darauf hingewiesen, dass er manche Antworten mit einem «Wenn ich das ergänzen kann» oder einem «Wenn ich das sagen darf» einleitet, um bloß nicht überheblich zu wirken. Baerbock kontert dann schon mal mit trockener Ironie: «Ich weiß nicht, ob du das darfst.» Sticheleien dieser Art lassen sich immer wieder beobachten. Baerbock stößt ihn unter dem Tisch mit dem Knie an, wenn ihr irgendwas nicht passt. Sie ergänzt seine Antwort bei einer Pressekonferenz so ausführlich, dass klar ist, dass es eigentlich eine Korrektur ist. Oder sie fährt ihm gleich öffentlich in die Parade, wie es der *Spiegel* schilderte. Als Habeck beim Grundsatzkonvent im März 2019 vor Hunderten Leuten zum Schluss einer gemeinsamen Rede kommen will, pfeift Baerbock ihn zurück. Die Männer hätten «nicht immer das letzte Wort». Als er sich erklären will, fährt sie ihn an: «So, Ruhe jetzt!»[2]

Das Wirken in einer prominenten Doppelspitze muss man sich als permanente Beziehungsarbeit vorstellen. Beide, sagt Habeck im *taz*-Interview, passten auf, «dass [sie] nichts in [sich] reinfressen». Dass sie einander ihre Schwächen und Ängste eingestünden oder mitteilten, wo sie sich nicht gesehen fühlen. «Wenn man Groll lange aufbaut, wird Kleinscheiß gefährlich.» Klingt ein wenig nach Paartherapie, ist es vielleicht auch.

Mitten im Interview zerrt Habeck plötzlich an einem Bändchen an seinem Handgelenk. Die Pressesprecherin steht auf und holt eine Schere, ohne dass er darum bitten muss. Er schneidet das Bändchen durch und wirft es mit einer schnellen Handbewegung hinter sich in den Topf einer Zimmerpalme. «Sorry», sagt Habeck, er habe das – ein Überbleibsel des Neujahrsempfangs einer Springer-Zeitung – mal eben abmachen müssen. «Geht natürlich auf einem *taz*-Foto gar nicht.» Es ist einer der Momente, in denen man kurz darüber nachdenkt, wie authentisch Habecks Gesten eigentlich sind. Wer wirft Abfall hinter sich? Würde man ihn nicht einfach auf den Tisch legen oder in die Tasche stecken? Bemerkenswert ist auch die Reaktion von Baerbock, die aufstöhnt. «So», sagt sie, das rege sie jetzt auf. Sie müsse gleich das Bändchen aus dem Blumentopf friemeln. Manchmal hätten die beiden ganz klischeehafte Männer-Frauen-Themen. Es ist natürlich ein Scherz, aber vielleicht steckt ein Fünkchen Wahrheit drin.

Eigentlich sind bei dem Spitzenduo die überholten Attribute von Männlichkeit und Weiblichkeit genau falsch herum verteilt. Folgt man einer altmodischen Weltsicht, ist Baerbock der Mann und Habeck die Frau. Sie blickt kühler auf die Dinge als er. Sie neigt nicht zu emotionalem Überschwang. Sie ist kontrollierter, spricht präziser und macht weniger Fehler. Annalena Baerbock hätte sich niemals zweimal in einem Video so verquatscht, dass es wirkte, als sprächen die Grünen Parteien oder Bundesländern die Demokratiefähigkeit ab. Sie hätte auch vor der Bayern-Wahl, als die Landesgrünen auf Schwarz-Grün hofften, keine öffentliche Entschuldigung der CSU für ihre Flüchtlingspolitik gefordert, wie Habeck es tat. Denn diese Bedingung hätte, nähme man sie ernst, faktisch eine Koalition verhindert.

Baerbock und Habeck sagen selbst, dass sie sehr unterschiedliche Typen sind. Er ist impulsiv, sie vorsichtig. Er möchte eine neue Idee gleich der ganzen Welt mitteilen, sie ruft lieber erst mal fünf Leute an, um alle Eventualitäten zu besprechen. Er geht gerne ins Risiko, sie nicht. All das muss kein Problem sein. Unterschiede bereichern eine Doppelspitze, solange man sich ihrer bewusst ist und sie geschickt zu nutzen weiß. Zwei ChefInnen müssten auf Augenhöhe agieren, ihre Unterschiede betonen und Konflikte besprechen, empfiehlt die Psychotherapeutin Astrid Schreyögg,[3] die Führungskräfte berät.

Schreyögg weist auf eine weitere Gefahr hin, die eines Dreiecks. Wenn Untergebene versuchen, Allianzen mit einem der ChefInnen einzugehen, um etwas durchsetzen zu können. Oder wenn sich ein schwächerer Partner mit anderen verbündet, um gegenüber dem Stärkeren die eigene Macht zu sichern. Bisher schafft es die Grünen-Doppelspitze, solche Gefahren zu umgehen. Wenn aber klar ist, wer die Kanzlerkandidatur übernimmt, entsteht eine neue Situation. Dann wäre automatisch eine Hierarchie eingezogen, die bisher fehlt. Denn natürlich müsste die Kandidatin oder der Kandidat im Zweifel die letzten Ansagen machen, auch wenn Baerbock und Habeck selbstverständlich betonen, weiterhin gleichberechtigt zu agieren. Aber das ist Zukunftsmusik. Ob und wie ihr Verhältnis diese Entscheidung übersteht, wird sich zeigen.

Springen wir noch einmal kurz zu dem Parteitag in Bielefeld. Sonntagnachmittag, die Delegierten raffen Papierstapel zusammen, stehen auf und gehen, viele ziehen Rollkoffer hinter sich her. Hinten im Saal tippen mehrere Journalist*innen konzentriert ihre Abschlussfeatures in ihre Laptops. Habeck hat sich schon umgezogen. Im Norwegerpulli kommt er durch die Tischreihe geschlendert, um tschüss zu sagen. Eine Reporterin fragt: «Warum haben Sie eigentlich so schlecht geredet?» Habeck weicht erst aus. Dann lässt er recht deutlich durchblicken, dass er absichtlich nicht sein

Bestes gab – weil er keine Lust auf den Wettbewerb mit Baerbock hatte.

Für diese Szene gibt es zwei Deutungen, eine für Habeck negative und eine positive. Man kann die bewusste Zurückhaltung als anmaßenden Paternalismus auslegen. Erst unterperformt Habeck absichtlich, um die Frau besser aussehen zu lassen – und erzählt hinterher Journalist*innen davon? Das wiese auf einen unsympathischen Charakterzug hin. Man kann Habeck aber auch einfach glauben. Vielleicht ist es ihm zu blöd, seine Co-Chefin zu übertrumpfen, zumal er zwei Tage zuvor mit einer anderen Rede zum Auftakt des Parteitages einen vielbeachteten Auftritt hatte. Vielleicht will er bei dem Konkurrenzspielchen, auf das viele Medien warten, nicht mitspielen. Frei nach dem Motto, das jede erfolgreiche Doppelspitze beherzigen sollte: Man muss auch gönnen können.

KONTROLLE

Umgeschriebene Interviews, ängstliche Abgeordnete und gespielte Lässigkeit

Die Grünen leben davon, dass bei ihnen alles leicht erscheint. Kaum ein anderer Politiker oder eine andere Politikerin setzen sich so gekonnt in Szene wie Robert Habeck und Annalena Baerbock. Man muss nur mal durch ihre Instagram-Accounts scrollen. Er liegt auf einer Ledercouch, die Arme hinter dem Kopf verschränkt. Sie sitzt davor und schaut in ihr Smartphone. Beide relaxen im Sonnenlicht auf dem Balkon der Geschäftsstelle, sie mit Sonnenbrille, er in T-Shirt, es könnte auch irgendwo in der Toscana sein. Auf Fotos für ein *taz*-Interview halten sich beide lachend aneinander fest, oder sie flüstert ihm etwas ins Ohr, innig und vertraut, fast wie ein Liebespaar.

Instagram ist das soziale Netzwerk, das die Grünen am liebsten nutzen. Besonders junge Menschen klicken sich gerne durch die hübschen Bilder, die eine bessere, schönere Welt zeigen. Optik ist wichtiger als Text, es geht nicht so verschnarcht zu wie auf Facebook und nicht so zynisch und hämisch wie auf Twitter. Hier ist Habeck, der sich im Januar 2019 unter reger Anteilnahme der Medien von Facebook und Twitter verabschiedete, präsent und sehr aktiv. Mal lässt er sich in einem Naturschutzgebiet von Wildpferden beschnuppern. Mal schaut er während einer USA-Reise ernst auf das Franklin Delano Roosevelt Memorial in Washington D. C. Mal hält er lächelnd mit Baerbock Schilder mit Slogans für die Hamburg-Wahl hoch («Die Zeit ist jetzt»).

Spontan sind die Bilder nicht, auch wenn sie so wirken. Habeck und Baerbock werden in der Regel von professionellen Fotografen begleitet. Habeck selbst hat es ja schon gesagt: Politik ist immer Inszenierung. Man kann nicht nicht kommunizieren, stellte der Kommunikationswissenschaftler Paul Watzlawick fest. Es wäre deshalb denkfaul, den Grünen-Vorsitzenden die Tatsache vorzuwerfen, dass sie ein öffentliches Bild von sich zeichnen. Aber wie sie es tun, ist sehr interessant. Beide zeigen sich gerne als Typen wie du und ich, sie geben sich gut gelaunt, entspannt, ökologisch sensibel, aber auch hedonistisch. Die Botschaft lautet: Wir stehen für das moderne Deutschland.

Die Grünen wissen: Es gibt sie noch, die guten Dinge, vor allem aber müssen sie gut aussehen. Frei nach dem Kultursoziologen Andreas Reckwitz sind Baerbock und Habeck politische Prototypen spätmoderner Subjekte, die ihr besonderes Selbst vor dem Publikum performen.[1] Sein Leben einfach nur zu leben reicht dem modernen Individuum nicht mehr. Das eigene Leben wird sorgfältig kuratiert, damit es dem eigenen Wert gerecht wird. Der Agriturismo-Urlaub in Ligurien, das neueste iPhone, das Vintage-Rennrad, der Kaffeevollautomat aus gebürstetem Edelstahl, ja selbst die sorgsam im Auge behaltene Laktoseintoleranz – alles wird zum Distinktionsmerkmal, zum Ausweis der eigenen Besonderheit. Und die sozialen Netzwerke sind die Katalysatoren der Selbstbespiegelung, hier schreien alle, und alle gleichzeitig: Schaut. Mich. An. Die Philosophin Ariadne von Schirach hat das Phänomen der Selbstdarstellung in sozialen Netzwerken, den Konkurrenzkampf dahinter und was das alles mit jungen Menschen macht, in ihrem Buch *Du sollst nicht funktionieren* analysiert.[2] Sie schreibt: «Das persönliche Auftreten hat vor allem anstrengungslos zu sein oder vielmehr zu wirken, wie auch das Styling in jedem Fall casual ist, als müsse man um jeden Preis den Eindruck vermeiden, man habe sich irgendwie Mühe gemacht.» Baerbock und Habeck erfüllen diese Anforderungen perfekt.

Authentizität in sozialen Netzwerken ist in den allermeisten Fällen eine grandiose Lüge. Hinter der lässigen Perfektion, die auf Instagram gezeigt wird, verbirgt sich harte Arbeit. Jede pittoreske Straßenszene in Paris, das verträumte Selfie im Sonnenuntergang, das scheinbar spontane Gruppenfoto, all die schönen Bilder sind in der Regel professionell getimed, sorgfältig arrangiert und nachbearbeitet. Das ist aufwendig, das dauert. Wer je mit einer Freundin in einem Restaurant gesessen hat, die ihren Caesar Salad ein dutzend Mal fotografiert, um dann das beste Bild mit Filtern aufzuhübschen, der weiß, wie viel Zeit für die Inszenierung des eigenen Lebens draufgeht. Ein instagramtaugliches Leben ist ein recht anstrengendes Mindset. Jederzeit muss man alles nach Szenen scannen, die dem gewünschten Selbstbild entsprechen.

Auch bei den Grünen gehen Lockerheit und Angestrengtheit Hand in Hand. Sie wollen bei allem Machtstreben casual, nett und authentisch wirken. Wird Habeck von der *Bild am Sonntag* gefragt, ob sein Stil – verwuschelte Frisur, öfter mal T-Shirt – eine politische Botschaft sei, antwortet er: «Ich versuche, nicht zu frieren, wenn es kalt ist, und nicht zu schwitzen, wenn es warm ist. Ansonsten nehme ich die Klamotten, die sauber sind.» Man kann darüber diskutieren, ob es nun ein Fort- oder Rückschritt ist, dass neuerdings auch Männer ihr Aussehen und ihre Kleidung reflektieren sollen. Aber das wäre ein Moment, in dem meine kleine Tochter fragen würde: «Ernsthaft, Papa?» Gerade die Leute, die behaupten, nichts auf ihr Aussehen zu geben, sind ja oft besonders eitel. Habeck antwortet auf die Frage nach seinem Style offensichtlich mit einer Notlüge. Natürlich weiß er, dass er gut aussieht, und natürlich überlegt er sich sehr genau, was er anzieht und wie er wirken will. Er gibt es nur nicht zu, weil das so fürchterlich uncool wäre.

Meine These ist: Keine Partei beherrscht die Spielregeln moderner Inszenierung so perfekt wie die Grünen. Gegen die grüne Performance wirken Christian Lindners Schwarz-Weiß-Bilder aus dem NRW-Landtagswahlkampf 2017 wie ein Fotoalbum aus den 1990ern. Jedes Detail ist choreographiert, etwa bei Parteitagen. Vom treibenden Abschlusssong, über die kameragerechte Schild-hochhalte-Aktion bis zum Bühnenhintergrund, der sich vor allem im Fernsehen gut machen muss. Die Grünen wissen, was die Medienwissenschaft lehrt: Durchschnittliche Tagesschau-Gucker merken sich vor allem das, was sie sehen – und nicht das, was gesagt wird.

Wer den Unterschied zwischen einer dilettantischen und einer gelungenen Inszenierung sehen möchte, kann sich auf YouTube zwei Reden ansehen. Einmal jene, die Saskia Esken auf dem SPD-Parteitag im Dezember 2019 hielt[3] – und dann die Robert Habecks im November 2019 in Bielefeld.[4] Beide Male bewerben sich PolitikerInnen um den Parteivorsitz, doch zwischen den Optiken liegen Welten. Esken spricht vor einer weißen Wand. Aseptisch sieht das aus, kühl und trist. Das kleine SPD-Logo wirkt, als habe es ein Praktikant mit Pattex ans Rednerpult geklebt. Die SPD-Chefin könnte auch in einem Krankenhausflur in Mönchengladbach stehen.

Ganz anders Robert Habeck. Er spricht vor dem opulenten Luftbild eines Waldes. Baumkronen, sattes Grün, Sonnenlicht. Daneben ein zweites riesiges Bild, ein leuchtender Gletscher zwischen steilen Felswänden. Selbst dem Fernsehzuschauer, der auf dem heimischen Sofa einzunicken droht, ist sofort klar, um welche Partei es geht. Gerne platzieren Grüne im Bühnenhintergrund riesige Sonnenblumen. Auf Fotos sieht das dann später aus, als hätten Baerbock oder Habeck einen Heiligenschein aus gelben Blütenblättern. Jene performatorische Gekonntheit zeigt sich auch im Alltag, bei scheinbaren Kleinigkeiten, die aber wichtig sind.

Die Pressesprecherin greift ein, wenn Habeck sich beim Fotoshooting für den SPIEGEL neben Baerbock an einen Baum lehnt. Zu machohaft die Pose, könnte bei Frauen schlecht ankommen.

Eine freie Fotografin erzählt mir, dass es ganz schwierig sei, Baerbock und Habeck «normal» zu fotografieren. Sobald sie die Kamera hochnehme, fingen sie sofort an, «ähem, lustige» Posen einzunehmen. Wenn Habeck, Baerbock und Bundesgeschäftsführer Michael Kellner, ein Mann, der 2,04 Meter misst, den Entwurf fürs Grundsatzprogramm präsentieren, stellen sich die ParteichefInnen unauffällig auf die erste Stufe der Bühne. Kellner bleibt unten stehen. So wirken die drei auf Bildern fast gleich groß. Vor Jahren suchte die *taz*-Fotoredaktion mal ein sehr unvorteilhaftes Bild des Fraktionsvorsitzenden Anton Hofreiter für ein Interview aus, das ich mit ihm geführt hatte. Der Fotograf hatte in dem Moment abgedrückt, in dem Hofreiter die Augen geschlossen hatte. Er sah aus, als nicke er gerade ein. Der Grünen-Sprecher begrüßte mich im darauffolgenden Jahr mehrmals mit dem lustigen Scherz, man müsse bei der *taz* ja sehr vorsichtig sein mit den Bildern.

Das *SZ-Magazin* fasste mal eine Rezension von Habecks Instagram-Profil mit der trockenen Zeile zusammen: «Dort gibt sich Habeck betont locker. Sehr locker. Und sehr betont.»[5] Das gilt für die Grünen überhaupt. Hinter ihrer Lässigkeit verbirgt sich Kontrollsucht, hinter ihrer vermeintlichen Authentizität genaue Planung. Damit haben sie die Regeln des Instagram-Zeitalters so gut verstanden wie keine andere Partei. Es geht aber nicht nur um schöne Bilder. Dass die Grünen so erfolgreich sind, liegt auch an ihrem unbedingten Willen zur Macht. Sie sind zielstrebiger als Union, SPD, Linkspartei und FDP, und sie gehen disziplinierter vor. Schleswig-Holsteins Ministerpräsident Daniel Günther (CDU) sagt: «Die Grünen von heute agieren machtpolitisch sehr professionell. Sie machen Politik mit einem Verständnis, wie es die CDU vor 20 Jahren hatte. Bloß kein Streit, keine Flügelkämpfe, Geschlossenheit geht über alles. Darin sind sie besser als wir.» Günther lacht. Aber er klingt ein wenig neidisch.[6]

Was Joschka Fischer und Jürgen Trittin den Grünen seinerzeit einbläuen mussten, nämlich dass Gestalten am besten in der Regierung möglich sei, hat die ganze Partei gelernt. Von den Rebellen der 1980er Jahre, die gegen die etablierten Parteien wetterten, ist kaum noch etwas übrig. Die Grünen sind eine Machtpartei geworden. Unter Habeck und Baerbock haben sie die Segnungen einer zentralistischen Steuerung entdeckt. Einer, der mit den Abläufen gut vertraut ist, sagt halb scherzhaft, halb ernst: «Wir stehen eben zum Modell Zentralkomitee.» Ein Beispiel sind Interviews für Zeitungen oder Online-Medien. In Deutschland ist es üblich, dass Journalist*innen Politiker*innen Gespräche vor der Veröffentlichung vorlegen. Durch diese Autorisierung sollen Missverständnisse durch Kürzungen vermieden werden. Die Interviewten dürfen Antworten ändern, etwa wenn ein falscher Sinnzusammenhang entstanden ist oder eine Formulierung nicht der eigentlichen Intention entspricht. Die Grünen-ChefInnen legen dieses Prozedere maximal zu ihren Gunsten aus. Sie schreiben ihre Interviews so weitgehend um, wie es sich kaum ein anderer Politiker trauen würde. Gewünschte Botschaften, die im Originalgespräch nicht vermittelt wurden, werden ergänzt, unerwünschte abgeschwächt. Ganze Antworten werden mitunter gestrichen und neu formuliert. Jedes Wort wird darauf überprüft, wie es in den Nachrichtenagenturen wirken könnte. Nicht nur die ChefInnen lieben Kontrolle. Ich kenne nur einen einzigen Grünen-Politiker, der seine Zitate nach einem Telefonat nicht noch einmal gegenlesen will: der Europaabgeordnete Sven Giegold. Alle anderen autorisieren und verändern selbst einzelne Zitate.

Auch bei Parteitagen, die sonst immer für eine Überraschung gut waren, wird nichts dem Zufall überlassen. Wenn Grüne sich trafen, konnte früher alles passieren. Was geschieht mit dem Leitantrag? Wo meckern die Linken? Was sagt Christian Ströbele? Der Vorstand zitterte vor der Basis, denn er lief stets Gefahr, eine wichtige Abstimmung zu verlieren. Wut, Leidenschaft und ein bisschen

Chaos waren ständige Gäste bei den Grünen. Bei ihrem Parteitag 1985 in Offenburg reisten die Delegierten geschlossen nach Wackersdorf, um den Protest gegen die dort geplante atomare Wiederaufbereitungsanlage zu unterstützen. Als es 1999 beim Sonderparteitag in Bielefeld um die Beteiligung am Kosovo-Krieg ging, hallten Buhrufe durch den Saal. ‹The times they are a-changin›. Heute sind Parteitage amerikanisch anmutende, sorgfältig orchestrierte Politikshows, die vor allem dem Ziel dienen, eine Botschaft in den Medien zu platzieren. Zwar werden in der Regel Hunderte Änderungsanträge zum Leitantrag des Vorstands gestellt, doch große Konflikte sind nicht mehr darunter. Und wenn doch, werden sie im Vorfeld von der Parteispitze wegverhandelt oder in umständlich formulierten Kompromissen beerdigt.

Prominente Grüne lieben es trotzdem, ihre Partei als besonders streitlustig zu schildern. Sie wissen: Ein wenig Nonkonformismus macht sich immer gut. Habeck verspricht im April 2018 beim Start der Debatte über ein neues Grundsatzprogramm, die Grünen wollten sich «den Streit zumuten». Ja, er sei geradezu dankbar für Streit.[7] Man müsse interne Widersprüche aufrufen. Mehr Streit wagen, das klingt in einer komplizierten Welt mit unübersichtlichen Konflikten nur zeitgemäß, wer hat schon sofort die richtigen Antworten parat? Leider bleibt von dem Versprechen in der Praxis wenig übrig. Das Verhältnis der Grünen-Spitze zu Streit ist ein instrumentelles. Sie erlaubt ihn dort, wo er nützt, dimmt ihn aber herunter, wo er schaden könnte.

Gute Beispiele liefert der Parteitag in Bielefeld 2019, der ganz im Zeichen der Wirtschaftspolitik stehen soll. Baerbock und Habeck werben dafür, in Zukunft einen Mindestlohn von 12 Euro zu fordern, so, wie es auch SPD, Linkspartei und Gewerkschaften tun. Der Grund: Der damals aktuelle Mindestlohn von 9,19 Euro pro Stunde reicht trotz Vollzeitjob nicht aus, das Leben in einer Großstadt zu finanzieren. Wer ein Leben lang für einen solchen Lohn arbeitet, endet in der Altersarmut. Baerbock und Habeck wollen die Grünen sozialpolitisch stärker profilieren. Über die 12-Euro-Marke ist man sich einig, aber über den Weg dorthin nicht. Baerbock, Habeck, Bundesgeschäftsführer Michael Kellner und andere wollen die zuständige Mindestlohnkommission politisch zu den 12 Euro verpflichten, sie fordern also eine schnelle, symbolträchtige Erhöhung. Markus Kurth, Renten- und Arbeitsmarktexperte in der Bundestagsfraktion, wirbt dafür, die Kommission zu reformieren – und ihr die Erhöhung zu überlassen. In der Kommission sitzen Vertreter*innen der Arbeitgeber und Arbeitnehmer wie bei einer Tarifverhandlung. Kurths Ansatz würde länger dauern, wäre aber der strukturell logischere. Allerdings taugt er nicht für knackige Schlagzeilen. Kurth wird intern dazu ermuntert, seinen Vorschlag auf dem Parteitag zur Abstimmung zu stellen. Die Grünen-Spitze hat nichts gegen Streit in diesem Punkt. Egal, wie er ausgeht, die Grünen stünden als soziale Kümmerer da. Habeck weist Journalist*innen extra auf den Dissens hin, sagt, dass er mit einer Kampfabstimmung rechne. So kommt es auch. Kurth unterliegt, die Parteispitze setzt sich durch. Eine Win-win-Situation: Die ChefInnen gehen gestärkt aus der Abstimmung heraus, das Augenmerk der Medien wird auf ein gewünschtes Thema gelenkt.

Gedämpfter ist die grüne Streitlust, wenn sie ein unschönes Licht auf die Partei wirft. Die Debatte über Homöopathie, die ebenfalls vor dem Bielefelder Parteitag begann, ist legendär. Es geht um eine unbequeme Frage: Soll die Allgemeinheit über die Krankenkassen fragwürdige Voodoo-Medizin finanzieren? Homöopathische Mittel sind meist so sehr verdünnt, dass ein Wirkstoff nicht mehr nachweisbar ist. Sie wirken – das bestätigen viele Studien – nicht über den Placebo-Effekt hinaus. Dennoch übernehmen einige gesetzliche Krankenkassen in Deutschland die Kosten, weil die Nachfrage unter Patienten groß ist. Auch bei Ärzt*innen ist Homöopathie beliebt. Sie verschreiben sie gerne als sanfte Alternative zur klassischen Schulmedizin. Und viele Grünen-Wähler*innen und Mitglieder schwören auf Globuli und Co., es existieren viele Verbindungen zu einem esoterischen Milieu. Junge und wissenschaftlich orientierte Leute halten die Mittel für Hokuspokus. Sie formulieren eine geharnischte Kritik an Privilegien der Homöopathie, über die auf dem Parteitag abgestimmt werden soll. «Wir Grüne verweisen stets auf die Wissenschaft, wenn es gegen Klimaleugner geht», sagt die Ärztin Paula Piechotta im Oktober 2019. «Deshalb müssen wir uns auch anderswo klar gegen Esoterik und Wissenschaftsfeindlichkeit positionieren.»[8] Der Grünen-Spitze droht ein Glaubenskrieg, bei dem sie nur verlieren kann. Ein öffentliches Ja zur Homöopathie stellt die Grünen in die esoterische Spinnerecke, ein Nein verprellt viele Wähler*innen. Nun nimmt ein Drama in mehreren Akten seinen Lauf.

Baerbock und Habeck wollen eine Abstimmung unbedingt vermeiden. Ein erster Versuch, das Thema in ein Fachgespräch zu überführen und so von der Tagesordnung zu streichen, scheitert. Ein zweiter gelingt. Kurz vor dem Parteitag einigt sich der Vorstand mit Homöopathie-Kritiker*innen und Befürworter*innen darauf, das Thema in eine Kommission auszulagern. Der Beschluss[9] ist ein Meisterwerk politischer Nicht-Kommunikation. Er übertüncht den eigentlichen Konflikt mit vielen Metathemen, so fragen sich die Grünen zum Beispiel: «Wie definieren wir den Wissenschaftsbegriff in der Medizin?» Das aber hat mit dem Kern – Kassenfinanzierung ja oder nein – nichts zu tun. Das Wort «Homöopathie» taucht auf den drei Seiten nicht mehr auf. Doch auch über der Kommission, die Habeck persönlich leitet,[10] steht kein guter Stern. Nachdem Indiskretionen an die Presse durchgestochen wurden,[11] löst die Parteispitze die Runde wieder auf – und formuliert kurzerhand selbst eine Position zur Homöopathie. Im Grundsatzprogramm heißt es: «Leistungen, die medizinisch sinnvoll und gerechtfertigt sind und deren Wirksamkeit wissenschaftlich erwiesen ist, müssen von der

Solidargemeinschaft übernommen werden.»[12] Habeck verkündet im August 2020 eine pragmatische Lösung: Krankenkassen sollen Homöopathie bezahlen dürfen. Aber nur jenen Versicherten, die einen Sondertarif gewählt haben.[13]

Ordre per mufti statt Basisdemokratie, Ansage von oben statt Stuhlkreis. Das «Modell Zentralkomitee» lässt grüßen. Baerbock und Habeck behaupten gerne, Umfragen und Mediendebatten ließen sie kalt. Aber in dem Homöopathie-Debakel zeigt sich eine geradezu ungesunde Fixierung auf Medienwirkung. Nur, damit hier keine Missverständnisse entstehen: Der grüne Drang nach Kontrolle ist verständlich. Auch ihr Wunsch, nach außen geschlossen aufzutreten, ist nachvollziehbar. Die Erregungsmechanismen der Medien und der sozialen Netzwerke bestrafen Uneinigkeit. Eine Debatte wird schnell in einen Streit umgedeutet, eine inhaltliche Auseinandersetzung oft als Machtkampf beschrieben. Geschlossenheit, gerade vor Wahlkämpfen, steht ganz oben auf dem Wunschzettel von allen Parteispitzen. Auch wir Wähler*innen sind ja generell eine widersprüchliche Spezies. Wir behaupten in der Theorie gerne, dass eine demokratische Streitkultur unerlässlich sei. Aber am Ende stimmen wir doch für diejenigen, die am harmonischsten wirken. Die Grünen haben dies in ihrer Geschichte oft genug erfahren. Deshalb sind sie so entschlossen, alles richtig zu machen. «In einer schneller und unkalkulierbarer gewordenen Mediengesellschaft ist es umso wichtiger, dass die Grünen, ein wachsender Apparat, mit einer Stimme sprechen», sagt Wahlkampfmanager Michael Kellner. «Sonst fragen sich die Leute: Was wollen die uns eigentlich sagen?»[14]

Stimmige Botschaften sind harte Arbeit. In Sitzungswochen um 8.30 Uhr, in sitzungsfreien Wochen um 9 Uhr schalten sich die wichtigsten Grünen in der sogenannten Morgenlage telefonisch zusammen. Mit dabei sind Habeck, Baerbock und Kellner, die Fraktionsvorsitzenden Katrin Göring-Eckardt und Anton Hofreiter sowie Fraktionsgeschäftsführerin Britta Haßelmann. Auch die Pressesprecher*innen und Büroleiter*innen diskutieren mit. Ein Referent trägt die Presselage vor. Dann geht die vertraute Runde den Tag gedanklich durch: Welche Themen stehen an? Welche Botschaft senden wir? Welche Formulierungen sind gut? Manchmal schickt ein Mitarbeiter einen Formulierungsvorschlag zu einem Thema per Mail an alle, Botschaftsmanagement per Umlaufbeschluss.

Auch bei wichtigen Ereignissen wird zwischen Partei- und Fraktionsspitze blitzschnell eine Sprachregelung abgestimmt. Die Folge ist, dass sich führende Grüne manchmal wortgleich äußern. Aber die Grenze zwischen Professionalität und Kontrollwahn ist fein, und manchmal überschreiten die Grünen sie. Der Wunsch nach Geschlossenheit führt gelegentlich zu einer geistigen Konformität, die das von Baerbock und Habeck gezeichnete Bild munterer Diskursfreude konterkariert.

Ich erwähnte schon mal das Interview zur Flüchtlingspolitik, das Baerbock der *Süddeutschen Zeitung* im Dezember 2018 gab.[15] Was sie sagte, entsprach meist der Programmlage der Grünen, aber ein Satz war neu: Straffällige Asylbewerber müssten bei der Abschiebung vorgezogen werden. Für Grüne, die das Wort «Abschiebung» sowieso nur ungern in den Mund nehmen, war das ein neuer Sound. Die Ökopartei verteidigte geschlossen Angela Merkels Entscheidung, 2015 die Grenzen für Hunderttausende Geflüchtete offen zu lassen. Grüne profilierten sich in den Jahren danach immer wieder als Kämpfer*innen für Humanität und Weltoffenheit. Und nun wollte die Vorsitzende Abschiebungen als eine Art erweitertes Strafrecht nutzen?

Was danach passierte, ist bemerkenswert: Eine Journalistin von *Spiegel Online* bat Bundestagsabgeordnete und andere Grüne um kritische Stellungnahmen. Die Angesprochenen schweigen lieber, sie wollten nicht zitiert werden. Mehr noch: Umgehend informierten sie Baerbock und die Pressestelle darüber, dass da eine kritische Journalistin recherchierte. Böse könnte man sagen: Grünen-Abgeordnete legen Wert darauf, streitlustige Freigeister zu sein. Aber vorher fragen sie lieber die Chefin um Erlaubnis.

Ich habe ähnliche Erfahrungen gemacht. Nur ein Beispiel: Vor der Feier zum 40-jährigen Bestehen der Grünen verschickte die Pressestelle eine Einladung, in der als prominente Gäste Joschka Fischer, Hans-Christian Ströbele sowie Bundespräsident Frank-Walter Steinmeier angekündigt wurden – und Marianne Birthler, die ehemalige Bundesbeauftragte für die Stasi-Unterlagen. Drei prominente Männer, nur eine Frau. Das könnte eine Geschichte sein. Dachte ich jedenfalls. Ich schickte eine SMS an mehrere feministische Politiker*innen der Grünen – mit einer einfachen Frage: Ob dies nicht eine sehr männliche Party zu werden drohe? Offenbar sorgte die Anfrage intern für einige Aufregung. Der Rückruf kam auch in diesem Fall nicht von den angefragten Leuten, sondern von der Pressesprecherin. Heiter verläuft das Gespräch nicht.

Manchmal entsteht der Eindruck, dass es der Grünen-Führung am liebsten wäre, wenn Journalist*innen bei Recherchen nur noch mit der Pressestelle telefonierten. Das wäre aus grüner Sicht äußerst praktisch, denn so bekäme die Öffentlichkeit eine Scripted Reality aus einer Hand präsentiert. Zur Ehrenrettung der Grünen sei erwähnt, dass mein Verdacht der männlichen Dominanz bei dem Fest unbegründet war. Auch einflussreiche Frauen wie die Fridays-for-Future-Aktivistin Luisa Neubauer oder Schleswig-Holsteins Landtagsvizepräsidentin Aminata Touré bekamen prominente Auftritte. Allerdings hatte meine Anfrage den Nachdenkprozess erheblich befördert, wie mir später eine Beteiligte verriet.

Nun kann man sofortige, interne Vorwarnungen, Absprachen und abgestimmte Sprachregelungen als Ausweis von Professionalität sehen. Wie gesagt, Geschlossenheit gilt bei Parteien gemeinhin als erstrebenswerte Voraussetzung für Erfolg. Aber all das hat einen unschönen Nebeneffekt: Die interessierte Öffentlichkeit bekommt innergrüne Diskurse – und damit die Entwicklung von Positionen – kaum noch mit. Was bei anderen Parteien möglich ist, nämlich Inhalte von verschiedenen Köpfen streitig in der Zeitung diskutieren zu lassen, ist bei den Grünen zunehmend schwierig, wenn nicht: ausgeschlossen. Dafür sind die tonangebenden Teile der Partei zu durchgecoacht. Themen, die ihnen nicht in den Kram passen, blocken Baerbock und Habeck konsequent ab, etwa die K-Frage. Eine gefühlte Ewigkeit hakten Journalist*innen 2019 und 2020 nach, wer denn nun die Kanzlerkandidatur übernehme. Völlig zu Recht, Menschen wollen wissen, wer sie regiert. Aber Baerbock und Habeck wimmelten die immer gleichen Fragen mit den immer gleichen Floskeln ab. Ja, oft taten sie so, als seien die Fragen ein Beleg dafür, dass Medien ein rein oberflächliches Interesse an Politik hätten. Motto: Es zählen nur die Inhalte. Dies wiederum war eine unterkomplexe Diffamierung einer Führung, die wie keine andere in Deutschland von perfekt inszenierter Personalisierung lebt.

Ähnlich handhaben Baerbock und Habeck die Koalitionsfrage. Die Grünen halten sich alles offen, ein Bündnis mit der Union ebenso wie ein Mitte-Links-Bündnis mit SPD und Linkspartei oder eine Ampel mit SPD und FDP. Wieder gibt es eine Spannung zwischen dem öffentlichen Interesse und dem grünen Wunsch nach Kontrolle und größtmöglicher Flexibilität. Schwarz-Grün würde eine sehr andere Politik machen als, sagen wir: Grün-Rot-Rot. Mit der Union sind viele Wünsche der Grünen schlicht nicht zu realisieren. Sie wird nicht den Abschied von Hartz IV mittragen, auch nicht die Abschaffung des Ehegattensplittings oder die Einführung einer Vermögenssteuer. Gerade bei sozioökonomischen Themen sind die Schnittmengen mit SPD und Linkspartei viel größer. Und viele Wähler*innen wüssten wahrscheinlich gerne vor der Wahl, womit sie zu rechnen haben. Aber Baerbock und Habeck lassen die Öffentlichkeit mit mantraartig wiederholten Nullaussagen im Ungewissen. Solch sparsame Kommunikation ist für viele unbefriedigend, aus grüner Sicht jedoch taktisch klug, weil sie maximalen Spielraum lässt. Die Führung kann die K-Frage im Bundestagswahlkampf bei schlechten Umfragewerten kassieren, ohne das Gesicht zu verlieren. Und sie kann nach der Wahl koalieren, mit wem sie will, was angesichts kompliziert gewordener Mehrheitsverhältnisse nur zeitgemäß ist.

Viele nehmen die Grünen vor allem als Oppositionspartei wahr, weil sie seit den Schröder-Jahren nicht im Bund regiert haben. Aber in Wirklichkeit sind sie das Regieren in unterschiedlichsten Konstellationen gewohnt, weil sie in elf Bundesländern mitregieren. Ohne sie geht im Bundesrat nichts. Da sie über 45 Stimmen mitverfügen, können sie zustimmungspflichtige Gesetze blockieren – und Änderungen erzwingen. Wenn die Große Koalition eine Mehrheit für ihre Gesetze wollte, musste sie mehrere von Grünen mitregierte Länder auf ihre Seite ziehen. Die Grünen sind flexibel genug, um sich mit allem zu arrangieren, was das demokratische Spektrum ideologisch bietet. Von beinhart konservativ bis ganz links. In Baden-Württemberg regiert seit 2011 Winfried Kretschmann, der erste grüne Ministerpräsident der Republik, zunächst mit der SPD, dann mit der CDU. In Sachsen und Sachsen-Anhalt arbeiten die Grünen mit rechtskonservativen Christdemokrat*innen zusammen. In Thüringen, Berlin und Bremen lenken rot-rot-grüne Bündnisse das Staatswesen.

Das Abstimmungsverhalten der Länder wird in einem eigens dafür eingerichteten Format organisiert: dem G-Kamin. Das Treffen wichtiger Länderakteur*innen mit Vertreter*innen der Bundespartei wurde im April 2011 gegründet und tagt donnerstagabends vor Bundesratssitzungen in einem Kaminzimmer in der Landesvertretung Baden-Württembergs in Berlin – daher der Name. Hier werden Positionen zu Groko-Vorhaben abgestimmt, Differenzen besprochen und, wenn möglich, früh ausgeräumt. «Generelles Ziel der Koordination ist dabei ein geschlossenes Auftreten der Partei als Ganzes», heißt es in einer 2017 erstellten Analyse der Heinrich-Böll-Stiftung.[16] Auch aus dieser Runde dringt wenig nach außen. Die Bund-Länder-Koordination funktioniert wie der Rest der Partei wie eine gutgeölte Maschine, die leise und effektiv vor sich hin schnurrt.

Sind die Grünen also ein langweiliger Haufen mit Neigung zu Kontrollwahn geworden? Nun, das zu behaupten wäre dann doch ein bisschen unfair. Selbstverständlich wird in der Partei gestritten wie in anderen Parteien auch. In Kreisverbänden diskutieren Idealist*innen, die neben Job, Familie und Sportverein Politik machen, ehrenamtlich und ohne einen Cent dafür zu bekommen. Grüne Parteitage sind – trotz der professionellen Inszenierung – dafür berüchtigt, den Zeitplan gnadenlos zu überziehen, weil sie mit inhaltlichen Debatten überfrachtet sind. Lustvoll streiten die Delegierten bis in die Nacht hinein, oft wegen Formulierungen, die für Außenstehende unverständlich sind und wie Kleinigkeiten anmuten.

Äußerst diskussionsfreudig geht es in den Bundesarbeitsgemeinschaften[17] (BAGen) zu, innerparteilichen Thinktanks, in denen Basismitglieder über alles Mögliche diskutieren. Sie sind durch ihren Beruf oft zu Expert*innen in bestimmten Themen geworden. Die Ergebnisse werden dem Vorstand zugeliefert. Überhaupt ist die Basis sehr an Mitbestimmung interessiert. Das zeigte sich bei der Arbeit an einem neuen Grundsatzprogramm. 4447 Mitglieder hätten im Juli am Programm mitgeschrieben, gab Bundesgeschäftsführer Kellner im August 2020 auf Facebook bekannt. 2404 Vorschläge seien gemacht worden. «Das übertrifft meine Erwartungen an digitale Beteiligung.»[18]

Selbst in der Bundestagsfraktion, in der nur Politikprofis sitzen, kommt es ab und an zu handfesten Auseinandersetzungen. Die Kauf-vor-Ort-Gutscheine im Wert von 250 Euro, die die Grünen-

Fraktion während der Corona-Pandemie forderte, fanden nicht alle Abgeordnete hilfreich. Manche sahen die Kosten der Maßnahme kritisch, andere störte, dass so sehr unökologischer Konsum angekurbelt wurde. Auch ein Beschluss des Bundestages gegen die propalästinensische BDS-Bewegung im Mai 2019 sorgte intern für Zoff. Einige fanden den Beschlusstext zu holzschnittartig. Trotzdem stimmte die große Mehrheit der Fraktion zu.[19] Aber beide Male rutschte der Zwist unter dem Radar einer größeren Öffentlichkeit hindurch.

Das liegt daran, dass Baerbock und Habeck die grüne Streitlust domestiziert haben wie keine andere Führung vor ihnen. Nur erwünschte Debatten dringen nach außen, das meiste bleibt hinter geschlossenen Türen verborgen. Ihre zur Schau gestellte Streitlust ist vor allem eine Inszenierung, ihr fehlt das Spontane und Ergebnisoffene, das echten Streit auszeichnet. Dumm ist das nicht. Wahrscheinlich sind Kontrolle, Disziplin und Streitunterdrückung nicht die schlechtesten Strategien, wenn man in einer aufgeregten Mediengesellschaft mehrheitsfähig werden will. Aber die Grünen gehen auch ein nicht unbeträchtliches Risiko ein. Sie geben vor, die authentischste Kraft in der deutschen Politik zu sein, sind aber in zentralen Punkten sehr unauthentisch. Ein strengkontrollierter Apparat, der sich krampfhaft um ein unkonventionelles Image bemüht, kann auf Dauer recht albern wirken.

ALLIANZEN

Ein Gespräch mit dem Soziologen Armin Nassehi über Fortschritt, Systemlogiken und stolze Porsche-Cayenne-Fahrer

Armin Nassehi lacht am Telefon sein leises, etwas heiseres Lachen. Der Meisterdenker der Grünen? «Das darf ich als bayerischer Staatsbeamter gar nicht sein.» Wirklich nicht? Es ist ja schon auffällig, dass sich seine Gedanken manchmal 1:1 in Interviews, Texten oder Pressekonferenzen der Grünen-Vorsitzenden wiederfinden. Nassehi holt Luft, dann präzisiert er. Er tausche sich auch mit Grünen aus, mit Robert Habeck etwa oder mit Katharina Schulze, der Fraktionsvorsitzenden in Bayern. «Und ich möchte auch gar nicht verhehlen, dass eine Sympathie da ist.» Aber Meisterdenker, wie ihn *Die Zeit* mal bezeichnete,[1] das ist Nassehi dann doch zu hochgestochen.

Wobei das auch ein wenig Understatement ist. Denn wer den Ansatz der Grünen von heute verstehen will, kommt um den Soziologen Armin Nassehi nicht herum. Er ist einer derjenigen, die versuchen, grüner Politik einen intellektuellen Überbau zu geben. Der Systemtheoretiker berät Habeck, hat ein Thesenpapier für die Parteispitze verfasst, und sein Plädoyer, ungewöhnliche Allianzen zu schmieden, ist zu einem ihrer Leitgedanken geworden. Folgen wir also Nassehi kurz in seine Gedankenwelt.

Geboren in Tübingen, Sohn einer Schwäbin und eines Iraners, lehrt er an der Ludwig-Maximilian-Universität in München. Nassehi trägt existenzialistisches Schwarz, Glatze sowie Brille und ist sich nicht zu schade, Witze über sich selbst zu machen (zu klein für die Kilogramm). Professorendünkel sind ihm eher fremd, und es ist nicht übertrieben, ihn als einen der gefragtesten Gegenwartsanalytiker Deutschlands zu bezeichnen. Nassehi begnügt sich nicht damit, die Gesellschaft vom Elfenbeinturm aus zu analysieren. Ihn interessiert das pralle Leben. So unterhält er sich etwa gern mit Unternehmer*innen, gibt die Zeitschrift *Kursbuch* heraus und mischt sich mit Interviews und Essays in öffentliche Debatten ein. Es ist kein Zufall, dass ihn die Deutsche Gesellschaft für Soziologie für «herausragende Leistungen» in Sachen öffentliche Wirksamkeit ausgezeichnet hat.

Nassehi hat ein gewisses Vergnügen daran, tradierte Denkmuster der Linken mit ein paar lässigen Sätzen zu zertrümmern. Von großen Zielen hält er etwa gar nichts. Jene, findet er, seien oft von einer großen Hybris geprägt, weil sie das aktuell Mögliche ignorierten. «Überzeugte Umweltschützer würden zum Beispiel über das Drei-Liter-Auto sagen: Es verbraucht exakt drei Liter zu viel.» Wer darin die Provokation für Grüne erkennen will, muss wissen, dass die Partei in der Oppositionszeit seit der Schröder-Regierung vor allem über große Ziele stritt. Sie ergeben sich ja aus der Selbstverpflichtung, den Klimawandel zu stoppen. Schließlich lässt sich berechnen, was bis wann wie ambitioniert passieren muss, um die Pariser Klimaschutzziele einzuhalten. Und weil deutsche Regierungen die Klimakrise zu lange ignorierten, radikalisieren sich grüne Ziele von selbst. Wann genau muss das letzte Kohlekraftwerk abgeschaltet werden? Ab welchem Jahr sollen BMW, Daimler und VW nur noch emissionsfreie Autos bauen? Was ist der richtige Ausbaupfad für Erneuerbare Energien? Die korrekten Ziele zu definieren ist eine grüne Leidenschaft. Allein die Verschiebung des Fokus, die Nassehi vorschwebt – weg vom Ziel, hin zum Weg dorthin –, ist da ein Paradigmenwechsel.

Jener passt zu Baerbocks und Habecks Art, Politik zu denken. Beide loben den Wert des Kompromisses und der kleinen Veränderung, um das große Ganze zu beeinflussen. Linke Parteien neigten dazu, ihre Ziele ziemlich hochzusetzen, schreibt Habeck in seinem Buch *Wer wagt, beginnt*.[2] «Aber wenn man Utopisches verspricht, wirkt das Erreichbare und Umsetzbare klein und sieht aus wie Scheitern.» Ohne Zweifel hat das Argument etwas für sich, doch es hat auch eine dunkle Seite: Denn damit lässt sich jeder Kompromiss, sei er auch noch so schlecht, rechtfertigen. Irgendwas erreicht man ja immer, auch in der untauglichsten Koalition. Rechtfertigt sich jeder Kompromiss, allein weil jeder Kompromiss ein Schrittchen nach vorne führt? Für die Grünen von heute gilt: tendenziell ja.

Für Nassehi sind kleine Schritte maßgeblich, um überhaupt erst einmal in den Modus der Veränderung zu kommen. «Du kannst am laufenden Motor keine Revolution machen, ohne ihn abzustellen. Die Trägheit der Gesellschaft, ihre Widerständigkeit gegen Neues und ihre Unbeeindruckbarkeit sind enorm.» Tatsächlich ist der Fortschritt eine Schnecke, auch und gerade in der Politik. Wie viele Jahre vergingen, bis sich die Union zu einem Mindestlohn durchrang, obwohl die Ausbeutung im Niedriglohnsektor offensichtlich war. Wie lange kämpften schwule und lesbische Aktivist*innen für die Ehe für alle, bis Merkel in einem verquasten Schachtelsatz einräumte, sich dem nicht mehr in den Weg zu stellen. Wie klein sind die Schritte der Großen Koalition hin zu einer engagierteren Klimapolitik.

Um Fortschritt zu erreichen, schlägt Nassehi ungewöhnliche Allianzen vor. Es gehe nicht mehr darum, ähnlich tickende Milieus zu verbinden. «Nur wer Bündnisse mit Akteuren unterschiedlicher Systemlogiken schmiedet, kann die komplexen Fragen unserer Zeit adäquat bearbeiten.» Mit allen reden, auch mit den Bossen der Autokonzerne, der Pharmalobbyistin oder dem CSU-Innenminister: noch so eine Provokation für Linke und linke Grüne.

Zu diesem Ansatz passt, dass Nassehi das alte Links-Rechts-Schema für überholt hält, obwohl es die Bundesrepublik seit ihrer

Gründung 1949 prägte. Sozialdemokraten und Konservative könnten sich nur schwer auf die Komplexitätsfolgen der Moderne einstellen, weil sie an den klassischen politischen Achsen orientiert seien. «Beide leben in vielem noch in der alten Industriegesellschaft.» Für Nassehi wächst den Grünen damit eine neue Rolle im Parteiensystem zu. Sie seien am ehesten in der Lage, neue Bündnisse zu schmieden, da sie sich der alten Logik entzögen. «Sie sind konservativ im Bemühen, eine lebenswerte Umwelt zu bewahren. Sie sind links in ihrem Streiten für die Gleichberechtigung aller Lebensentwürfe. Und sie sind liberal in Bürgerrechtsfragen.» Einzelne Mosaiksteinchen, die Nassehi nennt, waren bei den Grünen schon früh sichtbar. Auch Grüne sprachen schon vor Jahren davon, ihre Partei sei wertkonservativ, links und liberal zugleich, zum Beispiel der ehemalige Parteichef Cem Özdemir.[3] Doch Nassehi fügt die Steinchen erstmals zu einem schlüssigen Bild zusammen.

Spannend sei, dass die Partei «immense Widersprüche» in sich vereine, sagt Nassehi. «Da gibt es puritanische Ökos, die dem Postwachstums-Fundamentalismus eines Niko Paech anhängen, aber auch den Rechtsanwalt, der stolz darauf ist, dass sein Porsche Cayenne in der Stadt ein paar Kilometer elektrisch fährt.» Ihre Wählerschaft reiche von der technischen über die geisteswissenschaftliche bis zur juristischen Intelligenz – und es gebe eine enge Verbindung zu sozialen Bewegungen. Nassehi folgert: «Die Grünen haben von allen politischen Kräften die kürzesten Wege in die verschiedenen Funktionssysteme der Gesellschaft.»

Charme entfaltet diese These für Grüne auch deshalb, weil sie einen beliebten Vorwurf entkräftet. Den Grünen wird oft unterstellt, eine Partei des privilegierten Bürgertums zu sein. Jenes, heißt es, erkläre anderen aus der abbezahlten Altbauwohnung im Szeneviertel die Welt, halte sich aber nicht an eigene Prinzipien. Als Habeck sehr vorsichtig über Enteignungen in der Wohnungspolitik nachdachte, hielt ihm CSU-Generalsekretär Markus Blume vor:

Wenn er es ernst meine, könne er «mit seiner Enteignungsidee ja mal bei den Luxus-Penthouse-Wohnungen seiner Grünen-Anhänger am Prenzlauer Berg anfangen». Nassehi deutet diese Erzählung einfach in eine Stärke um. Es hilft ja bei der ökologischen Wende, die gesellschaftlichen Player auf der eigenen Seite zu haben. Überhaupt sind seine Thesen ein großes Lob für die Grünen, aber eben auch ein Anspruch, an dem sie leicht scheitern können. Die Grünen als einzige Kraft, die Fortschritt organisieren kann? Das ist eine mutige Behauptung.

Niklas Luhmann, der Vater der soziologischen Systemtheorie in Deutschland, hat die Gesellschaft als umfassendes System beschrieben, das sich in viele Teilsysteme ausdifferenziert. Diese, etwa die Politik, die Wirtschaft, die Medien oder das Rechtssystem, grenzen sich voneinander ab und handeln nach eigenen Logiken und Codes. In der Politik zählen Machtfragen, im Rechtssystem juristische Erwägungen, in der Wirtschaft Effizienzdenken und Gewinnmaximierung. Ein ökologisches Problem wird also von allen Teilsystemen unterschiedlich wahrgenommen und bearbeitet. McDonald's nimmt einen veganen Burger ins Sortiment, weil das Management Nachfrage vermutet, nicht, weil der Konzern sich darum sorgt, wie viele Quadratkilometer Regenwald durch den Sojaanbau für die Massentierhaltung zerstört werden. VW stellte die Produktion des Drei-Liter-Autos Lupo ein, weil die Leute es nicht kauften. Der Shell-Konzern ließ erst von seinem Plan ab, die 14 500 Tonnen schwere Öllagerplattform Brent Spar im Atlantik zu versenken, als sich Proteste häuften – und Umsätze an Tankstellen deutlich sanken. Es gäbe viele Beispiele mehr. Konzerne nehmen das ökologische Argument erst ernst, wenn es in Wirtschaftslogik – einbrechende Gewinne – übersetzt wird. Nassehi nennt das, was Politiker Bündnisse nennen, deshalb auch lieber «Übersetzungsleistungen». Die jahrzehntelange Abwesenheit engagierter Klimaschutzpolitik erklärt sich auch durch solch zähe Prozesse.

Skeptisch sieht Luhmann in seinem Buch *Ökologische Kommunikation* die Möglichkeiten moderner Gesellschaften, sich auf ökologische Gefährdungen einzustellen. So hält er zum Beispiel die Politik, auf die ja am Ende immer alle hoffen, für überschätzt. Es sei wenig sinnvoll, «dem politischen System eine gesellschaftliche Sonderposition, eine Art Führungsrolle oder eine Pauschalverantwortung für die Lösung ökologischer Probleme zuzuweisen».[4] Der Grund: Politik ist für Luhmann eben nur ein Subsystem unter vielen. Es kann ökologische Ziele gegenüber anderen Subsystemen nicht kraftvoll durchsetzen. Jene wiederum stehen der Ökologie recht gleichgültig gegenüber, weil sie nicht in ihre Logik passt. Luhmann bringt die Machtlosigkeit der Politik mit einem bösen Satz über grüne Parteien auf den Punkt: «Sie haben völlig recht mit ihren Prinzipien, man kann ihnen nur nicht zuhören.»[5]

Allerdings blickt Nassehi optimistischer auf die Welt als Luhmann. *Die Zeit* beschrieb seinen Ansatz so: Nassehi habe eine «stark reformierte Systemtheorie» im Blick, die politisch fruchtbar gemacht werden solle, versuche die «systemtheoretische Naturblindheit» zu überwinden und glaube an die Wirksamkeit von Politik.[6] Letzteres ist offensichtlich. Nassehi nutzt seine Möglichkeiten, um Spielräume zu öffnen. 2019 schob er eine Themenausgabe der Theoriezeitschrift *Das Kursbuch* an, Titel: «Das Grün». Wobei Nassehi dies als Konzept versteht, das weit über die Partei hinausgeht. Grün sei die neue Normalität, schreibt Nassehi, weil seine Themen – die Pluralisierung von Lebensformen, die selbstbewussten Lebenskonzepte urbaner Mittelschichten, aber auch ökologische Fragestellungen und manchmal die Romantisierung des Natürlichen und die Moralisierung des Eigenen – weit über das eigentliche Milieu hinaus Geltung beanspruchen könnten. Er ist überzeugt: «Das politische Grün ist auf dem Weg zur Volkspartei.»[7]

Wie sehr Nassehis Denken und die Grünen sich befruchten, zeigt sich darin, dass auch Habeck klassische Links-Rechts-Kategorien ablehnt. Schon in seinem 2010 veröffentlichten Buch *Patriotismus. Ein linkes Plädoyer* zitiert er Ernst Jandl: «Manche meinen/lechts und rinks/kann man nicht velwechsern/werch ein illtum.» Vermeintlich linke Forderungen wie den Mindestlohn, Tariftreuegesetze oder eine auskömmliche soziale Sicherung hält Habeck für «eigentlich konservativ». Sie dienten «der Eigenständigkeit und Stärkung der eigenen Bevölkerung».[8] Gern verweist der Grünen-Chef darauf, dass es eine neue, entscheidende Werteachse gebe, nämlich «proeuropäisch-liberal versus nationalistisch illiberal».[9] Als er 2017 in einem *taz*-Interview bekannt gibt, sich um das Amt des Parteichefs zu bewerben, macht er seine Stoßrichtung klar: «Der Anspruch wäre, nicht nur grüne Partikularinteressen zu bedienen, sondern die ganze Gesellschaft in den Blick zu nehmen.»[10]

Eine wichtige Wegmarke ist ein Abend im März 2019, die Partei stellt den Zwischenbericht für ihr neues Grundsatzprogramm vor. Fünf Seiten des 74-seitigen Papiers haben Annalena Baerbock und Robert Habeck selbst geschrieben. Als politisches Glaubensbekenntnis stehen sie ganz vorn und tragen den Titel «Die Werte, die uns einen».[11] Es geht um Ökologie, natürlich, um Gerechtigkeit, Selbstbestimmung – und die Idee einer «Bündnispartei». In einem Bündnis zu arbeiten bedeute, die Unterschiedlichkeit und Andersheit der Menschen anzuerkennen, sich in den anderen hineinzuversetzen, aber auch gemeinsam entlang von Werten und Zielen zusammenzuarbeiten, schreiben Baerbock und Habeck. «Das umreißt die Aufgabe politischer Parteien im 21. Jahrhundert.»

Bündnispartei, dahinter stecken zunächst pragmatische Überlegungen. Die Zuschreibung Volkspartei halten Baerbock und Habeck für verbrannt. Warum einen Begriff übernehmen, der aus der Zeit gefallen scheint? Die Mitgliederzahlen von CDU und SPD sind permanent im Sinkflug, die zugehörigen Milieus zerfallen, Institutionen wie Kirchen oder Gewerkschaften verlieren an Bindekraft. Auch das Prinzip, bereits in der Partei einen Ausgleich zwischen verschiedenen gesellschaftlichen Interessen zu suchen, stößt an seine Grenzen. Bündnispartei, das klingt zeitgemäßer – und zudem greift die Wortschöpfung charmant den Namen Bündnis 90 / Die Grünen und ihre Geschichte auf. Die friedliche Revolution ist gut 30 Jahre her, das Bündnis 90 arbeitet seither mit den westdeutschen Grünen zusammen. Und Angst vor großen Vergleichen haben Baerbock und Habeck nun wirklich nicht: Den Herbst 1989 sehen sie im Zwischenbericht explizit als «Vorbild». Gemeinsam mit vielen etwas ganz Neues gestalten, auf eine gute Zukunft vertrauen. Das ist die große – und etwas großmäulige – Idee.

Was Baerbock und Habeck als Selbstbild der Grünen im Sinn haben, ist unglaublich banal und unglaublich ambitioniert zugleich. Banal deshalb, weil die Idee, unterschiedliche Interessen zusammenzubinden, so alt ist wie die Politik selbst. In der CDU gibt es den Wirtschaftsflügel, aber auch die Christlich Demokratische Arbeitnehmerschaft (CDA), die enge Verbindungen zu den Gewerkschaften pflegt. In der Sozialdemokratie ist es ebenso, es gibt den linken Flügel, mittige Netzwerker und konservative Seeheimer, die lieber mit Unternehmer*innen Weißwein trinken als mit Arbeiter*innen Pils. Helmut Schmidt wurde auch deshalb Kanzler, weil ihn Unternehmer*innen für einen der Ihren halten konnten. In der wunderbar lakonischen amerikanischen Sprache gibt es die Redewendung: «Only Nixon could go to China.» Konservative schieben manchmal erfolgreich Reformen an, weil sie bei Verhandlungen keiner falschen Sympathien verdächtigt werden und so ungewöhnliche Allianzen eingehen können.

Gleichzeitig ist das grüne Konzept der Bündnispartei revolutionär. Wenn die Ausführung gelänge, könnte es die Demokratie wiederbeleben. Sie sind ja nicht zu leugnen, die Ermüdungserscheinungen, die sich an allen Ecken und Enden der Republik zeigen. Eine neue Verständigung auf das, was eine gute Zukunft sein soll, wäre dringend nötig. Liebgewonnene Gewissheiten sind perdu, Milieus lösen sich auf, neue Gruppen entstehen und fordern Mitsprache, die Radikalisierung an den Rändern nimmt zu. Viele Menschen fühlen sich nicht mehr als selbstwirksamer Teil eines großen Ganzen, das es zu schützen und zu verteidigen gälte. Die Sprache in sozialen Netzwerken verroht in einer Weise, wie man es sich noch bis vor kurzem nicht hätte vorstellen können. Es wäre Zeit für neue Bündnisse.

Seit Jahren ist die Parteienlandschaft im Umbruch begriffen. Die faschistische AfD repräsentiert all jene, die *das* System hassen, welches auch immer, und die Rückkehr des Autoritären wollen. Die Große Koalition, seit Angela Merkels Amtsantritt 2005 die dritte in Folge, macht vernünftige, sozialdemokratisch geprägte Politik, wirkt aber erschöpft und ausgelaugt. Als attraktives Zukunftsversprechen taugt sie nicht. CDU und SPD wirken ausgezehrt. Bei den Sozialdemokraten ist das nur augenfälliger als bei den Konservativen. In ihrem Hamburger Programm hält die SPD fest: «Die SPD entstand als Teil der Arbeiterbewegung.»[12] Sie habe Arbeiterrechte erstritten, den Sozialstaat ausgebaut und mit den Gewerkschaften aus verachteten Proletarier*innen gleichberechtigte und selbstbewusste Staatsbürger*innen gemacht. Das ist verdienstvoll und richtig, aber die Frage ist ja: Wer ist heute Arbeiter oder Arbeiterin? Die Lebenswelten eines BMW-Facharbeiters mit Eigenheim in München, der den Spitzensteuersatz zahlt, einer alleinerziehenden Krankenschwester in Duisburg und eines Angestellten im Sicherheitsgewerbe, der in Thüringen für den Mindestlohn Lagerhallen bewacht, haben nicht viel miteinander zu tun. Was verbindet sie? Die SPD findet keine Antwort mehr. Ihre Wahlergebnisse gehen im Bund seit den Schröder-Jahren kontinuierlich zurück, bis heute leidet sie unter dem Vertrauensverlust durch die Agenda 2010 und die Hartz-IV-Gesetze. Platz wäre also da für eine Kraft, die Milieus neu zusammenführt. Diesen Raum wollen die Grünen besetzen, wenn sie behaupten, die «führende Kraft der linken Mitte» (Hofreiter) oder die «neue Mitte» oder ein «neues Zentrum» (Habeck) zu sein. Aber kann das gelingen? Funktioniert Klimaschutz als Klammer, auf die sich alle verständigen können? Dagegen spricht, dass das Thema von vielen genutzt wird, um weiter zu polarisieren, Union und FDP malen gern eine drohende Ökodiktatur an die Wand. Oft ist dies nur der Versuch, das Alte zu zementieren, aber er verfängt.

Zwei Entwicklungen spielen den Grünen in die Karten. Erstens: Die Dramatik des Klimawandels lässt sich angesichts realer Auswirkungen nicht mehr ignorieren. Die enorme Verdrängungsleistung, die Industriegesellschaften seit den 1970er Jahren vollbringen, als wissenschaftliche Erkenntnisse schon auf dem Tisch lagen, war auch deshalb möglich, weil die Folgen erst in ferner Zukunft erkennbar wurden. Warnungen der Wissenschaftler*innen ließen sich lange als Alarmismus ignorieren. Damit ist es vorbei. Selbst im geographisch privilegiert liegenden Deutschland folgt ein Dürresommer auf den nächsten, stirbt der ausgedörrte Wald, gehen die Ernten zurück und können Menschen in tropischen Hitzenächten nicht mehr schlafen. Die Grünen, auch wenn es zynisch klingt, sind vom Glück geküsst. Das Klima, ihr Herzensanliegen, ist zum alles überwölbenden Thema geworden.

Daraus ergibt sich eine zweite Entwicklung, die schon bei meinem Treffen mit Reinhard Bütikofer anklang: Grüne Themen, die früher im Verdacht standen, postmaterialistisch zu sein, sind zur harten Währung geworden. China, ein wichtiger Absatzmarkt für deutsche Autofirmen, hat große Spritfresser verboten und eine Quote für Elektroautos eingeführt. VW, Daimler oder BMW müssen also stärker auf emissionsfreie Antriebe setzen, wenn sie nicht ins Hintertreffen geraten wollen. Ähnlich ist es in anderen Wirtschaftszweigen. Revolutionen, könnte man frei nach Lassalle sagen, lassen sich nicht machen, sondern nur beschleunigen.

Zurück zu Armin Nassehi, der bei einer historischen Parallele angekommen ist. Wenn er auf die heutigen Grünen schaut, erinnert ihn das an die 1970er Jahre, die das Jahrzehnt der Sozialdemokratie waren. Es war die Zeit Herbert Wehners, Helmut Schmidts und natürlich Willy Brandts. Dessen berühmter Satz «Mehr Demokratie wagen» und das Versprechen sozialen Aufstiegs standen für die kulturelle Hegemonie der Sozialdemokratie. «Die SPD hatte die richtige Sprache für diese Zeit, die richtigen Themen – und die cooleren Leute sowieso», sagt Nassehi. «Sie brachte den linksliberalen Professor, den VW-Arbeiter und die feministische Studentin zusammen.» Ähnliches, glaubt er, könnten in Zukunft die Grünen sein: «Eine moderne, hegemoniefähige Kraft, die verschiedenste Milieus mit dem Narrativ einer guten Zukunft hinter sich vereint.»

Es liegt etwas Paradoxes darin, dass sich die Grünen ausgerechnet auf die Systemtheorie stützen. Deren Stärke liegt in der Beschreibung der Gesellschaft, nicht in der einer besseren Vision. Schon 1970 lieferte sich Luhmann mit dem Soziologen Jürgen Habermas eine harte Kontroverse. Habermas, ein Vertreter der Kritischen Theorie, sieht die Soziologie als gesellschaftskritische Wissenschaft, die Missstände aufdecken und Möglichkeiten der Verbesserung zeigen müsse. Er hält Luhmanns Weltbild für zu konservativ, ihm fehle die soziale Utopie – also das, was die Grünen auch für sich beanspruchen. Nassehi ist weit davon entfernt, Missständen gleichgültig gegenüberzustehen. Er will Altersarmut bekämpfen und sieht die Nachteile brutaler Gewinnmaximierung oder vollständiger Privatisierung öffentlicher Güter. Aber ihn stört die Fixierung der Linken auf den Staat, die Neigung, alles zentral regeln zu wollen. Entsprechend macht er keinen Hehl aus seiner Sympathie für eine schwarz-grüne Koalition. Ein solches Bündnis, sagt er, ermögliche den Grünen mehr Freiheitsgrade als eines mit den ihnen auf den ersten Blick näher stehenden Sozialdemokraten. Umgekehrt würde Schwarz-Grün die Konservativen herausfordern, ihr berechtigtes Anliegen zu modernisieren. «Das wären zwei Kräfte, die sich richtig aneinander abarbeiten müssten – in der Groko ist das nicht der Fall, und in einem Rot-Rot-Grün-Bündnis kann ich mir konzeptionelle Erneuerungen kaum vorstellen.»

Aber ein paar Fragen bleiben. Habermas' Kritik an Luhmann lässt sich, anders gelagert, auf Nassehis Thesen übertragen. Denn wie sie gelingen soll, die Versöhnung von entgrenztem Konsum und Ökologie, von permanentem Wachstum und Nachhaltigkeit, bleibt bei ihm offen. Ebenso, warum gegensätzliche Positionen, etwa bei Hartz IV oder einem gerechten Steuersystem, produktiv wirken sollen – und nicht lähmend. Nassehi schwebt zum Beispiel ein Parlament der Funktionen vor, also Versammlungen von Expert*innen, die neben den demokratisch gewählten Organen bestehen. Darin säßen Ökolog*innen, Jurist*innen, Ökonom*innen und andere, um übergreifende Lösungen zu finden. Aber damit wäre wieder nur eine Form gegossen. Die Entscheidung, wohin die Gesellschaft in komplexen Einzelfragen steuern soll, bleibt Aufgabe der Politik. Wenn sich kein gemeinsames Interesse findet, keine Win-win-Situation der Systemlogiken, müssen Baerbock und Habeck bestimmen, was sie mittragen und was nicht, wann sie in Verhandlungen aufstehen und den Raum verlassen, kurz: wo es langgeht. Dann endet man schneller wieder bei links oder rechts als erwartet.

Machen sie eine Kindergrundsicherung, eine Bürgerversicherung und den Abschied von den Hartz-IV-Sanktionen zu Bedingungen für eine Regierungsbeteiligung? Oder reichen kleinere soziale Verbesserungen – und die Priorität liegt beim Ökologischen? Wo liegt die Schmerzgrenze in der Flüchtlingspolitik? Klare Antworten kann eine Oppositionspartei im Bund weiträumig umschiffen, eine Regierungspartei aber nicht. Bis es so weit ist, erlaubt es der systemtheoretische Ansatz, maximal flexibel zu bleiben. Baerbock und Habeck wissen es zu schätzen.

KARRIEREN

Warum man sich die Wege ehemaliger Grüner genau anschauen sollte

Jede Journalistin und jeder Journalist wissen, wie wichtig Kontakte sind. Um gut berichten zu können, braucht man Leute, die einem erzählen, wie Gesetze entstanden sind, wer in welcher Partei was wollte, wo Fallstricke lauern. Auch Politiker*innen brauchen Menschen in Verbänden, Unternehmen oder Vereinen, die sie anrufen können. Nur so erfahren sie, wie sich ein Gesetz in der Realität auswirken würde, wo Widerstand und wo Unterstützung zu erwarten ist. Die Zeiten, in denen sich die Grünen der Natur- und Umweltschutzszene eng verbunden fühlten, während sie die Industrie als Feind betrachteten, sind lange vorbei. Wie es sich für eine Partei gehört, die überall in Regierungen drängt, vernetzen sich die Grünen heute mit allen möglichen Playern in der Gesellschaft.

Entsprechend freuen sie sich darüber, wenn einer der ihren die Seiten wechselt. Ehemalige Grünen-Politiker*innen machen heutzutage erstaunliche Karrieren. Da wäre zum Beispiel Kerstin Andreae, Chefin des mächtigsten Energieverbandes in Deutschland. Als sie ihren neuen Job antritt, sagt sie etwas Banales und Bedeutsames zugleich. Das Klimaschutzthema habe viele Unternehmen erreicht, stellt die Wirtschaftspolitikerin und langjährige Grünen-Abgeordnete im August 2019 auf meine Frage hin fest. Insofern sei ihr Wechsel «einfach nur Ausdruck einer gesellschaftlichen Entwicklung».[1] Andreae gab ihr Bundestagsmandat auf, um im November 2019 als Hauptgeschäftsführerin zum Bundesverband der Energie- und Wasserwirtschaft (BDEW) zu wechseln. Der Verband wurde früher von Atom- und Kohlestrom-Unternehmen dominiert, von jenen also, die die Grünen bekämpften. Doch er hat sich im Laufe der Zeit gewandelt. Heute vertritt er nicht mehr nur RWE und Vattenfall, sondern auch Hunderte Firmen der erneuerbaren Energien. Entsprechend aufgeschlossen steht der Verband der Energiewende gegenüber. Andreae ist die erste Grüne auf dem wichtigen Posten. Von 2008 bis 2016 wurde der BDEW von Hildegard Müller (CDU) geleitet, ehemals Staatsministerin im Kanzleramt unter Angela Merkel. Danach saß der FDPler Stefan Kapferer im Chefsessel, früher Staatssekretär im Wirtschaftsministerium. Erst schwarz, dann gelb, dann grün. Wenn das nicht für eine gesellschaftliche Entwicklung steht, was dann?

Bei den Grünen wurde der Wechsel wohlwollend kommentiert. Selbst von dem linken Granden Jürgen Trittin, der sich mit der Reala Andreae oft in der Wolle hatte, kam ein Lob. Grünen-Fraktionschefin Katrin Göring-Eckardt sagte es so: «Die haben sich für Kerstin entschieden, weil sie sich von ihr die richtige Zukunftsorientierung versprechen.»[2] In der Tat sind Grünen-Politiker*innen oder gutvernetzte Mitarbeiter*innen auf dem Arbeitsmarkt heiß begehrt. Verbände und Unternehmen haben ein großes Interesse, Wechselwillige anzuwerben, um sich auf eine mögliche Regierungsbeteiligung einzustellen. Der Kurswert von Lobbyisten, die der SPD nahestehen, sinkt, der von Grünen steigt. Für Regierungsmitglieder gelten Karenzzeit-Regeln, damit sie ihre Kontakte nicht sofort nach dem Ausstieg aus der Politik vergolden können. Der Gesetzgeber will so Interessenkonflikte vermeiden. Für Parlamentarier*innen gelten diese Regeln nicht. Andreaes neuer Job ist deshalb nicht zu beanstanden, obwohl ihr in sozialen Netzwerken sofort der Vorwurf der Käuflichkeit gemacht wurde. Meine persönliche Meinung ist: Es zeugt von unterkomplexem Denken, Politiker*innen, die in die Wirtschaft gehen, grundsätzlich zu verdammen. Wer darüber schimpft, muss die Frage beantworten, was sie sonst tun sollen. Ewig an ihren Ämtern kleben und Jüngere blockieren? Nichts tun und von öffentlichen Ruhegeldern leben? Nein, die freie Berufswahl steht im Grundgesetz, und nicht alle Karrieren nach der Politik sind so unappetitlich wie Gerhard Schröders Dienste für seinen Duzfreund Wladimir Putin.

Seitenwechsel wirken nicht nur für Unternehmen befruchtend, sondern auch für die Parteien. Lobbyisten haben ja eine wichtige Aufgabe in einer ausdifferenzierten Gesellschaft. Sie halten die Politik über die Interessen einzelner Gruppen auf dem Laufenden. Umgekehrt ist es für Politiker*innen hilfreich, schnell und unkompliziert Sachverstand abfragen zu können. Es ist ihre Aufgabe, alle Seiten zu hören. Solange sie am Ende frei entscheiden, nüchtern und ohne sich abhängig zu machen, ist nichts dabei. Grüne Spitzenleute haben inzwischen fast überall jemanden, den sie anrufen können.

Andreae ist nicht das einzige Beispiel für einen Seitenwechsel in der jüngeren Vergangenheit. Volker Ratzmann, Andreaes Ehemann, fing im Mai 2020 als Cheflobbyist bei der Deutschen Post an. Ratzmann ist ein Vertrauter des baden-württembergischen Ministerpräsidenten Winfried Kretschmann und war zuvor Staatssekretär und Bevollmächtigter des Landes beim Bund. Der ehemalige hessische Landtagsabgeordnete Daniel Mack arbeitet seit Januar 2020 als Lobbyist im Berliner Büro von Daimler. Nach wie vor gilt, dass Grüne im Umweltbereich häufiger anzutreffen sind als anderswo. Andreae trifft in ihrem neuen Job zum Beispiel häufiger auf Simone Peter. Die ehemalige Parteivorsitzende ist Präsidentin des Bundesverbandes Erneuerbare Energie. Und der ehemalige Umweltminister Baden-Württembergs, Alexander Bonde, leitet die Bundesstiftung Umwelt.

Aber auch in den Gewerkschaften ergrünt es langsam, aber sicher. Die Arbeitnehmer-Vertreter wissen, dass sie um die Grünen nicht mehr herumkommen. Der prominenteste Wechsel: Anja Piel, seit Mai 2020 Mitglied im Vorstand des Deutschen Gewerkschaftsbundes (DGB). Piel war vorher Landes- und Fraktionsvorsitzende in Niedersachsen – und bewarb sich 2018 erfolglos um das Amt der Bundesvorsitzenden. Piel ist ein politischer Vollprofi, sie kennt Opposition ebenso wie das Regierungsgeschäft. Um Leute wie Piel werben Verbände und Unternehmen besonders. Nicht nur, weil sie eine gutgepflegte Liste mit Handynummern auf dem Smartphone haben. Wichtig ist, dass jemand Gehör findet, wenn er anruft. Firmen und Verbände wollen wissen, wie die Grünen ticken, wie Entscheidungen fallen – und wie sie sie in ihrem Sinne beeinflussen können. Das Interesse ist so groß, dass selbst Mitarbeiter*innen von Bundestagsabgeordneten gefragt sind. Manchmal wird gar Headhunting betrieben.

Anfang 2018 wechselte Ralph Obermauer von den Grünen in die Grundsatzabteilung der Metallgewerkschaft. Obermauer arbeitete früher in den Büros von Rezzo Schlauch und Jürgen Trittin – und ist bestens vernetzt. Wie ein Dolmetscher erklärt er jetzt beiden Seiten die unterschiedlichen Sichten. Der Wechsel kam zustande, weil IG-Metall-Chef Jörg Hofmann vertraulich bei Grünen-Bundesgeschäftsführer Michael Kellner angefragt hatte, ob es nicht einen kundigen Grünen mit Interesse an Gewerkschaftsarbeit gebe. Man habe da eine Stelle frei. All dies passiert nicht uneigennützig. Die IG Metall führt zum Beispiel intern Nachwahlanalysen durch. Die Metaller beobachten mit Interesse, dass bei ihren Mitgliedern die klassische SPD-Bindung bröckelt. Ein Teil der gering qualifizierten Gewerkschaftsmitglieder wandert zur AfD ab, viele Hochqualifizierte wiederum gehen zu den Grünen.

Seitenwechsel kamen aber auch schon vor, bevor die Grünen so populär wurden. Joschka Fischer gründete bereits vor Jahren seine Beraterfirma «Joschka Fischer & Company» – zu den Kunden zählen zum Beispiel REWE oder BMW. Die Büros liegen direkt am Berliner Gendarmenmarkt mit Blick auf den Deutschen und Französischen Dom. Es gibt schlechtere Gegenden in der Hauptstadt. Fischer spielt mit in der Welt des großen Geldes. Er war ja schon einiges in seinem Leben: Teilzeitstudent, Straßenkämpfer, Taxifahrer, Star-Wahlkämpfer, Umweltminister in Hessen, Bundesaußenminister und Vizekanzler. Heute ist Fischer Unternehmensberater, der mit den Konzernchefs der Welt plaudert, als wäre er einer von ihnen. Aus Parteidebatten hält er sich im Großen und Ganzen raus, auch wenn er vorbeischaute, als die Grünen im Januar 2020 ihren 40. Geburtstag feierten.

Ohnehin stehen die jüngeren Wechsel in einem anderen Zusammenhang. Verbände und Unternehmen suchen Kontakte zu der Partei, die schon bald regieren könnte. Den Grünen wiederum ist klar, dass sie Kontakte in alle Richtungen brauchen, auch zu jenen, die ihren Themen nicht von vornherein nahestehen. Cem Özdemir, der die Partei gut neun Jahre führte, suchte als Vorsitzender gezielt die Nähe von Unternehmer*innen. Zu gezielt, fanden manche. Als Özdemir – zusammen mit dem restlichen Vorstand – den damaligen Daimler-Chef Dieter Zetsche als Gastredner für den Parteitag im November 2016 einlud, gab es Anträge aus der Basis, die Rede in letzter Minute ersatzlos zu streichen, was zweifellos unhöflich gewesen wäre. So weit kam es dann doch nicht, die Grünen haben bürgerlichen Benimm. Zetsche, in Jeans und Sneakers, konnte unbehelligt sprechen, auch wenn sich die Grünen-Jugend Schnurrbärte ins Gesicht klebte und Schilder gegen Waffenexporte in die Luft reckte.

Führende Gewerkschafter werden seit langem zu Parteitagen eingeladen – und kommen gern, ob es nun Reiner Hoffmann vom DGB, Jörg Hofmann von der IG Metall oder Ver.di-Mann Frank Bsirske war. Letzterer plant eine Karriere nach der Gewerkschaft – und möchte nach der Wahl im September für die Grünen in den Bundestag einziehen.

Neben ihrem politischen Alltagsgeschäft pflegt die Bundestagsfraktion institutionalisiert Kontakte. In einem Wirtschaftsbeirat, der seit 2018 existiert, sprechen Abgeordnete dreimal im Jahr mit ausgewählten Unternehmer*innen. Zu den rund 60 Mitgliedern zählen zum Beispiel Martin Brudermüller, Vorstandsvorsitzender des Chemiekonzerns BASF, Premal A. Desai, ehemaliger Vorstandssprecher von thyssenkrupp Steel Europe, oder Emilie Bourgoin, Leiterin Public Affairs bei REWE.[3] Der Beirat wird von dem Abgeordneten Danyal Bayaz geleitet. «Wir möchten die Stärken der Marktwirtschaft nutzen, um ökologische Ziele zu erreichen», sagt er.[4] «Wer die Gesellschaft aus der Mitte heraus verändern will, muss mit Start-ups, Mittelständlern und Konzernen reden.» Es gehe darum, Netzwerke aufzubauen, Anregungen für die parlamentarische Arbeit zu bekommen und die Logik von Entscheider*innen zu verstehen. Für jene seien Veränderungen auch immer mit der Frage verbunden, ob es sich rechne. Bayaz, Start-up-Beauftragter der Fraktion, ist bestens geeignet für die Aufgabe. Bevor er 2017 in den Bundestag einzog, arbeitete er als Berater bei der Boston Consulting Group. Seine Vergangenheit ist nicht zu überhören. Immer wieder flicht er während unseres Telefonats Anglizismen wie «First-Hand-Infos», «Wording» oder «Back to normal» ein.

Auch mit den Gewerkschaften und Sozialverbänden befindet sich die Fraktion in einem organisierten Austausch. Ihr Gewerkschafts- und Sozialbeirat, den die Arbeitsmarktexpertin Beate Müller-Gemmeke und der Sozialpolitiker Sven Lehmann koordinieren, wurde im Mai 2019 neu gegründet. Das Ziel: Vorausschauend an großen Fragen arbeiten, etwa der Digitalisierung, der ökologischen Transformation oder der Zukunft der sozialen Sicherungssysteme.[5] Fraktionschef Anton Hofreiter zieht ein positives Fazit des Austauschs: «Mir sagen Gewerkschafter, ihr hört ja wirklich zu, ihr diskutiert, es gibt keine ritualisierten Statements.»[6] Grüne und Gewerkschafter blicken heute nicht mehr mit Befremden aufeinander, sondern mit Wertschätzung. Als wichtige Phase werden von beiden Seiten die Sondierungen für ein Jamaika-Bündnis im Herbst 2017 bezeichnet. Die SPD war bekanntlich nicht dabei. Plötzlich waren die Grünen, die mit Union und FDP verhandelten, die Partei, die den Arbeitnehmervertreter*innen ideologisch am nächsten stand. Sie bezogen Gewerkschafter*innen intensiv mit ein. «Da ist Vertrauen gewachsen», hieß es danach bei Ver.di.

Ich saß einmal als Journalist dabei. Ende Januar 2019 traf sich eine kleine Runde unter Leitung von Hofreiter, um darüber zu sprechen, wie die sozialökologische Transformation gelingen kann. Mit solchen «Zukunftslaboren» versuchte die Fraktion zu erkennen, woher der Wind weht, wo Energie ist, was weitergedacht werden könnte. Mit am Tisch saßen Grüne wie Annelie Buntenbach, damals im DGB-Vorstand, oder der Verbraucherschützer Klaus Müller. Aber auch der IG Metaller Jörg Hofmann gehörte zu der Runde. Man duzte sich, der Ton war vertraulich und erstaunlich offen. Hofreiter fragte interessiert nach, gab auch mal zu, unsicher zu sein. «Was denkt ihr darüber?» war ein Satz, den man öfter von den Grünen hörte. Eine solche Haltung ist nicht die schlechteste Voraussetzung, um mit der Gesellschaft ins Gespräch zu kommen.

EIGENSTÄNDIGKEIT
Alles kann, nichts muss oder das grüne Strategie-Einmaleins

Den Grünen dämmerte spätestens nach ihrer Regierungszeit im Bund, dass Abhängigkeit von der SPD in eine strategische Sackgasse führt. Die rot-grüne Koalition unter Gerhard Schröder war für sie – trotz einiger Erfolge – grosso modo eine desillusionierende Erfahrung. Unerschütterlich hielt die SPD zur Kohle und der alten Energiewirtschaft, ein Zielkonflikt in rot-grüner Politik. Dazu kam das Zwischenmenschliche. Führende Sozialdemokraten betrachteten die Grünen als Fleisch von ihrem Fleisch und behandelten sie von oben herab. Nicht zuletzt war angesichts der Erosion der SPD-Ergebnisse und des Erstarkens der Linkspartei nicht mehr zu übersehen, dass Rot-Grün in einem sich wandelnden Parteiensystem kaum noch Mehrheiten würde erringen können.

Was also tun? Waren für eine Mehrheit bis zur Schröder-Regierung nur rot-grüne Bündnisse erstrebenswert gewesen, begannen sie in den kommenden Jahren, sich von der SPD abzunabeln. Der Beschluss, den die Delegierten auf dem Oldenburger Parteitag 2005 fassten, kurz nachdem Gerhard Schröder die Vertrauensfrage gestellt und die Koalition gesprengt hatte, liest sich im Nachhinein wie ein Blick in die Zukunft. «Vielleicht stehen wir am Beginn des Endes der Volksparteien, wie wir sie kennen», heißt es darin. Und: «Wenn wir Grüne im Bund mittelfristig nicht nur auf die Karte Rot-Grün oder auf die Rolle der Opposition beschränkt werden wollen, müssen wir auch daran arbeiten, neue Bündnisse parlamentarisch möglich zu machen.» Das gelte ebenso für die Länderebene. Diese Sätze zielten auch auf Bündnisse mit der CDU.

Rhetorische Lockerungsübungen und Treffen einzelner Grüner und Christdemokrat*innen hatte es schon früh gegeben. Ab Mitte der 1990er trafen sich in der Bonner Pizzeria Sassella Nachwuchspolitiker*innen von CDU und Grünen, was damals beide Parteienspitzen stark irritierte. Cem Özdemir, Norbert Röttgen, Peter Altmaier und andere plauderten bei Pasta und Rotwein – Pizza gab es im Sassella nicht[1] –, um ein Gefühl für die andere Seite zu bekommen. Trotzdem sollten nach dem Oldenburger Beschluss noch drei Jahre vergehen, bis in Hamburg ein erstes schwarz-grünes Bündnis ins Leben gerufen wurde. Die 2008 die Geschäfte aufnehmende Regierung unter dem Christdemokraten Ole von Beust scheiterte allerdings schon nach gut zwei Jahren. Die Grünen zogen sich Ende 2010 aus der Koalition zurück, zermürbt von dem Rücktritt von Beusts und mehrerer Senatoren und einem verlorenen Volksentscheid gegen die Schulpolitik, der ein zentrales Reformprojekt torpediert hatte.

Die Länder etablierten sich als Labore für Experimente jenseits des alten Lagerdenkens. Im März 2005 kam es im schleswig-holsteinischen Landtag zu einem Drama: Eigentlich wollte sich Heide Simonis erneut zur Ministerpräsidentin einer rot-grünen Regierung wählen lassen, die vom Südschleswigschen Wählerverband (SSW) toleriert werden sollte. Doch ein anonymer Abgeordneter aus den eigenen Reihen verweigerte ihr die Stimme. Simonis zog sich frustriert zurück, der Christdemokrat Peter Harry Carstensen wurde Ministerpräsident – gewählt von einer Großen Koalition. Die Grünen gingen in die Opposition. Habeck, damals Landeschef in Kiel, schildert die folgenden Jahre in seinem Buch *Wer wagt, beginnt* als Erfolgsstory. Die Grünen hätten die wahlkampffreie Zeit für eine Programmdiskussion genutzt, übers Grundeinkommen gestritten, über das Absenken des Wahlalters oder Sozialerbschaften. «Es war wie Bettenausschütteln und Durchlüften.» Die Floskel «Geht nicht» sei im Landesverband verboten gewesen, Schwarz-

Grün sei debattiert, mit Wolfgang Kubicki seien Gemeinsamkeiten mit der FDP ausgelotet worden.

Eines Abends, die Kinder waren im Bett, habe er mit seinem Freund Konstantin von Notz telefoniert – und die Formel «Grüne Eigenständigkeit» erfunden.[2] Der Ausdruck brachte die neue Haltung der Partei auf einen Nenner und tauchte später auch in Reden und Beschlüssen des Bundesverbandes auf. Eigenständigkeit bedeutete, sich nicht auf einen Koalitionspartner festlegen zu lassen – faktisch war es ein «Adieu!» in Richtung SPD. Allerdings blieb das erst mal nur eine Überschrift, mit der Eigenständigkeit klappte es auch in Schleswig-Holstein nur bedingt. Das Ergebnis des Wahlkampfes 2012, in dem Habeck Spitzenkandidat war, blieb mit 13,2 Prozent unter den hochfliegenden Erwartungen. Habeck setzte auf die Bindung an die SPD und wurde Minister in einer Koalition aus SPD, Grünen und dem SSW.

Der Hesse Tarek Al-Wazir prägte 2008 den knackigen Begriff «Ausschließeritis», um seinen Parteifreund*innen einzubläuen, doch vor Wahlen bitte keine Koalitionsoption mehr auszuschließen – im nächsten Kapitel folgt mehr dazu. Die Fixierung auf die SPD als Krankheit, mit diversen Symptomen – das saß, der Begriff machte Karriere in der innergrünen Debatte. Al-Wazir war dann auch derjenige, der das erste realitätstaugliche Bündnis mit der CDU schmiedete. Seit 2014 ist er Wirtschaftsminister im schwarz-grünen Kabinett von Volker Bouffier.

Im Bund taten sich die Grünen schwerer damit, sich von der SPD abzunabeln. 2009, nach dem Wahlsieg von Schwarz-Gelb, stellte die damalige Vorsitzende Claudia Roth einmal mehr klar, dass es keine «Koalitionsautomatismen» mehr gebe. Aber die Bekenntnisse zur Eigenständigkeit blieben folgenlos. Bist du für Schwarz-Grün oder nicht? Die erbittert geführte Debatte beschäftigte die Grünen jahrelang und überlagerte inhaltliche Fragen. Wer «Eigenständigkeit» forderte, stand bei linken Grünen unter dem

Verdacht, inhaltliche Beliebigkeit und Schwarz-Grün zu wollen. Wer Schwarz-Grün ablehnte, galt den Realos als realitätsblinder Träumer. Hinzu kam das Fremdeln der eigenen Wählerschaft mit der CDU. Steffi Lemke, von 2002 bis 2013 Bundesgeschäftsführerin und für Wahlkämpfe verantwortlich, hatte stapelweise Umfragen in der Schublade, die belegten, dass den Grünen bei öffentlichen Flirts mit der CDU Liebesentzug drohte.

Noch im Jahr 2013 führte die Partei unter den SpitzenkandidatInnen Jürgen Trittin und Katrin Göring-Eckardt einen Lagerwahlkampf, obwohl früh absehbar war, dass SPD-Kanzlerkandidat Peer Steinbrück die Sozialdemokratie mit seiner Liebe zu teurem Pinot Grigio und exklusiv bezahlten Vorträgen ins Abseits führen würde. Auch das grüne Ergebnis war nach einem Wahlkampf, der von der Pädophiliedebatte, dem Veggieday und dem steuerpolitischen Streit geprägt war, mit 8,4 Prozent mäßig. Gleichwohl kam es nach der Wahl zu Gesprächen über ein schwarz-grünes Bündnis. In der Union behaupten wichtige Leute, diese seien am linken Wortführer Trittin gescheitert. Wolfgang Schäuble, damals Finanzminister, erzählte 2017 bei Anne Will, Trittin habe nach stundenlangen Sondierungen gemerkt, das könne zu einer Koalition führen – und eingegriffen.[3] Cem Özdemir, der danebensaß, widersprach nicht. Trittin erzählt die Geschichte anders. Die Union sei nicht bereit gewesen, mehr Geld in ökologische Vorhaben und Bildung zu investieren. Außerdem habe sie nicht von dem Sparzwang in Europa abrücken wollen, der fatal gewirkt habe. «Alle maßgeblichen grünen Unterhändler waren sich deshalb einig, die Gespräche abzubrechen.»[4]

Welcher Version man auch glauben mag, eins war sicher wahr: Die Grünen waren 2013 so durchgeschüttelt und verunsichert, dass ihnen für Schwarz-Grün schlicht Kraft und Selbstbewusstsein fehlten.

Beim Parteitag nach der Wahl wiederholte sich ein bekanntes

Spiel. Die Grünen betonten, die privilegierte Partnerschaft mit der SPD hinter sich zu lassen. «Andere Koalitionsoptionen müssen grundsätzlich möglich sein – sei es Rot-Grün-Rot oder Schwarz-Grün», hieß es im Leitantrag des Bundesvorstandes. Beim nächsten Anlauf, im Bundestagswahlkampf 2017, traten die Grünen unter den SpitzenkandidatInnen Katrin Göring-Eckardt und Cem Özdemir so zahm auf, als böten sie sich Merkels CDU geradezu als Regierungsreserve an. Das Ergebnis war mit 8,9 Prozent nicht viel besser als 2013. Aber die Rezeption in der Partei war eine grundsätzlich andere, da die Erwartungen aufgrund katastrophaler Vorab-Umfragen niedriger waren. Die Grünen gingen also mit einem gefühlten Erfolg nach Hause. Da die von der Großen Koalition erschöpfte SPD klarmachte, nicht mehr regieren zu wollen, schlug nun die Stunde der Grünen – und die wussten sie zu nutzen.

Die Sondierungen mit Union und FDP über ein Jamaika-Bündnis im November 2017 wird von vielen in der Partei als Sternstunde beschrieben, egal, ob Realo oder Linker. Das 14-köpfige Verhandlungsteam der Grünen – interner Spitzname: die wilde 14 – ging mit dem festen Willen in die Gespräche, eine Regierung zu bilden – von Jürgen Trittin bis Winfried Kretschmann. Die Verhandler*innen waren akribisch vorbereitet, sie informierten ihre Basis über Fortschritte, holten sich, wenn nötig, Rat in der Partei und bei Gewerkschaften oder anderen Verbänden. Einer, der dabei war, fasst es so zusammen: «Unser Leitspruch war: Wir bleiben am Tisch sitzen, egal, was passiert.»

Ich war in dieser kalten Novembernacht in der baden-württembergischen Landesvertretung neben dem Berliner Tiergarten dabei.[5] Stundenlang warteten wir Journalist*innen in einem Aufenthaltsraum im Keller, während oben die Verhandler*innen um jeden Spiegelstrich rangen. Ein Fernsehteam vertrieb sich die Zeit mit Kartenspielen, ein Kollege hielt ein Nickerchen. Plötzlich, es war kurz vor Mitternacht, hastete ein Mitarbeiter der Landesvertretung in den Raum, alle sollten schnell nach oben kommen. Wir liefen nach draußen. In eisiger Nachtluft, angestrahlt von Scheinwerfern, verkündete Christian Lindner den Ausstieg aus den Sondierungen. Neben ihm die anderen FDP-Verhandler*innen, mit steinernen Mienen. Lindner schaute immer wieder auf den Zettel, auf dem er sich Notizen gemacht hatte. Seine Hände zitterten etwas, vielleicht nur wegen der Kälte. Dann Lindners berühmter Satz: «Es ist besser, nicht zu regieren, als falsch zu regieren.»

Im Foyer stehen kurz danach Christdemokrat*innen und Grüne mit fassungslosen Mienen zusammen. Sie brauchen eine Stunde Zeit, um sich für Pressestatements zu sortieren. Nach Angela Merkels gewohnt nüchternen Sätzen fangen die Unionsleute an zu klatschen, aber nicht nur die. Trittin klatscht, Claudia Roth, andere Grüne auch. Und umgekehrt applaudiert die Union den Grünen. In diesen Minuten lässt sich gut beobachten, dass da etwas gewachsen ist zwischen den Schwarzen und Grünen. Es spielen sich Szenen fast herzlicher Vertrautheit ab. Merkel lächelt der jungen Verteidigungspolitikerin Agnieszka Brugger zu, sagt zu Grünen-Fraktionsgeschäftsführerin Britta Haßelmann: «Das ist auch so eine Kämpferin.» Roth schüttelt herzlich lachend eine Hand nach der anderen. Anton Hofreiter scherzt mit Peter Altmaier und Alexander Dobrindt. Man mag sich, man schätzt sich.

Trotz ihres Scheiterns werden die Sondierungen zu einem Erfolg für die Grünen. Medien loben ihre staatstragende Haltung und Kompromissbereitschaft, viele in der Union blicken mit neuem Respekt auf die ehemalige Protestpartei. «Das war der Wendepunkt», sagt Katrin Göring-Eckardt im Nachhinein.[6] Es sei deutlich geworden, dass man den Grünen das Land anvertrauen könne.

Deutlich wurde aber auch, wie biegsam die Grünen geworden sind, wenn es um die Macht geht. Für ein Bündnis hätten sie sich von zentralen Forderungen verabschiedet, etwa dem Ende des fossilen Verbrennungsmotors ab 2030. Auch Steuererhöhungen für

Wohlhabende, um den Staat besser auszustatten, kassierten sie früh, der Union zuliebe. Auffällig groß waren die Zugeständnisse in der Flüchtlingspolitik. Die Grünen waren bereit, die von der CSU gewünschte Obergrenze von 200 000 Geflüchteten pro Jahr zu akzeptieren. Man versah das Ganze – wohl mit Blick auf den Grünen-Parteitag – mit dem Euphemismus «atmender Rahmen». Selbst eine Einstufung von Algerien, Marokko und Tunesien als sichere Herkunftsstaaten sei mit den Grünen zu machen gewesen, hieß es bei der CSU. Seehofer zeigte sich später freudig überrascht über die pragmatischen Grünen. Aber die Grünen verbuchten auch Erfolge: Das Jamaika-Bündnis, wäre es zustande gekommen, hätte etwa einen weitgehenden Kohleausstieg organisiert und den Familiennachzug für Geflüchtete geschützt – dank der Grünen.

Wie auch immer: Heute haben die Grünen das Prinzip der Eigenständigkeit verinnerlicht. In den Bundesländern regieren sie in allen nur denkbaren Koalitionen. Grün-Schwarz in Baden-Württemberg, Schwarz-Grün in Hessen, Schwarz-Grün-Gelb in Schleswig-Holstein, Schwarz-Rot-Grün in Sachsen und Sachsen-Anhalt, Rot-Rot-Grün in Thüringen und Berlin. Die Grünen verbünden sich mit allen, nur nicht mit der rechtsextremen AfD. Sie sind zur flexibelsten Partei in der politischen Landschaft geworden, was sie in eine komfortable Position bringt: Oft sind Regierungsbildungen ohne sie überhaupt nicht mehr möglich.

Aber die grüne Eigenständigkeit hat auch eine Schattenseite. Der oder die Wähler* in weiß nicht, was er oder sie mit den Grünen bekommt. Wer die Grünen wegen linker Ideen wie der Bürgerversicherung, der Abschaffung von Hartz IV oder des Ehegattensplittings unterstützt, wird damit leben müssen, dass Schwarz-Grün nach einer Bundestagswahl nichts davon umsetzt. Umgekehrt müssen Ökologie-affine Konservative sich mit dem Risiko eines Mitte-Links-Bündnisses abfinden. Wer bei den Grünen sein Kreuz macht, kauft im Grunde eine politische Überraschungstüte.

LECHTS ODER RINKS
*Die grüne Selbstverortung und die
ominöse Mitte der Gesellschaft*

Um das Bündnisverhalten der Grünen zu verstehen, ist auch ein Blick auf ihre politische Selbstverortung hilfreich – und darauf, wie diese sich im Lauf der Zeit wandelte. Sind sie eine linke Partei?

Zum Selbstverständnis älterer Grüner gehörte es, eine ökologische Sicht gegen scheinbar übermächtige Widerstände durchzukämpfen. Joschka Fischer beschimpfte in den 1980ern den Bundestagsvizepräsidenten Richard Stücklen mit dem Satz: «Mit Verlaub, Herr Präsident, Sie sind ein Arschloch!» Dieser Gestus kam an bei seinen Leuten. Selbst wurde er noch 2004 als Außenminister während einer Debatte über Unregelmäßigkeiten bei der Visavergabe in deutschen Botschaften von dem CSUler Michael Glos als «Zuhälter» bezeichnet. Jürgen Trittin bescheinigte dem CDU-Generalsekretär Laurenz Meyer mal die «Mentalität eines Skinheads» und legte sich als Minister für das Dosenpfand mit einer ganzen Industrie an. Umgekehrt ist er bis heute das Hassobjekt Konservativer und Liberaler, was ihm – davon bin ich überzeugt – heimliches Vergnügen bereitet. Renate Künast ließ sich als Verbraucherschutzministerin von Bauern ausbuhen und ist bis heute eines der beliebtesten Ziele rechtsextremer Hasstrolle im Netz. Claudia Roth wurde, als sie noch den Parteivorsitz innehatte, von Journalist*innen und Politiker*innen als bunte Gewänder tragende Nervensäge hingestellt.

All diese Beispiele hatten auch damit etwas zu tun, dass die Mehrheitsgesellschaft aggressiv auf grüne Programmatik und ihre

Köpfe reagierte. Ältere Grüne, ob prominent oder an der Basis tätig, prägte die Erfahrung, eine Minderheit zu sein, mindestens so bedroht wie die Bechsteinfledermaus im Hambacher Forst. Kämpfen zu müssen war deshalb lange ein grünes Grundgefühl.

Annalena Baerbock und Robert Habeck ticken anders. Der Kampf gegen etwas ist für sie auch aus biographischen Gründen kein identitäres Anliegen mehr. Beide gehörten ja von Anfang an dazu. Sie genossen eine durchaus privilegierte Kindheit und Jugend, er ist Sohn eines Apotheker-Paares, sie war schon als Schülerin für ein Austauschjahr in Florida. Das spiegelt sich in ihrem Politikentwurf: Statt sich als ökosoziale Avantgarde zu sehen, die vorangeht, notfalls ohne den Rest, wollen sie aus dem Zentrum heraus Reformpolitik für alle machen. Baerbock spricht von einem «Führungsanspruch für und mit dieser Gesellschaft». Das alte grüne Denken wird vom Kopf auf die Füße gestellt. Robert Habeck drückte es, frisch zum Vorsitzenden gewählt, in einem *Die Zeit*-Interview so aus: «Meine Frage war aber immer: Warum wählen 90 Prozent nicht die Grünen?»[1] Die Grünen von heute wenden sich an alle, nicht nur an die exklusive Gruppe der sowieso Überzeugten.

Dazu passt, dass die Vorsitzenden die Grünen nicht mehr als linke Partei verorten, wie es etwa ein Jürgen Trittin tut. Trittin sagt: Ökologie sei nichts anderes als globale und generationenübergreifende Gerechtigkeit. «Jeder Mensch soll gleichen Zugang zu Gütern wie Klima, Natur oder Wasser haben.» Um das durchzusetzen, brauche es gute Ordnungspolitik. «Das ist links.»[2] Der Parteispitze käme ein solches Bekenntnis nicht über die Lippen. Robert Habeck hütet sich, die Grünen als links zu bezeichnen, obwohl viele ihrer Forderungen es sind. Allenfalls mit dem Zusatz «liberal» will er das Label noch gelten lassen.

Das Links wird bei den Grünen nur noch geflüstert, umso lauter wird über die Mitte nachgedacht. Als die Partei mitten in der Corona-Pandemie einen digitalen Parteitag organisierte, sagte Habeck, Krisen verstärkten Tendenzen, die es schon vorher in der Gesellschaft gegeben habe. «Die Debattenhärte wird zunehmen.» Angesichts dessen brauche es «ein neues Zentrum, eine neue Mitte».[3] Im kleinen Kreis philosophierten Baerbock und Habeck gern darüber, wie dieses neue Zentrum aussehen könne. Das Wichtigste aber ist, dass die Grünen es besetzen sollen.

Allein sind die Grünen mit dieser Idee nun wirklich nicht. Die Mitte ist der Sehnsuchtsort der deutschen Politik. In ihr will jeder sein, die CDU, die FDP, Teile der SPD, sogar Alice Weidel und Alexander Gauland nahmen für die AfD-Fraktion in Anspruch, «in der Mitte verankert»[4] zu sein. Der Begriff ist also unbestimmt, was ihn problematisch macht. Selbst wenn man nur CDU, CSU und FDP betrachtet, die sich seit jeher als Vertreter der bürgerlichen Mitte sehen, spannen sich ihre Konzepte von einem radikalen Marktliberalismus bis zu einem etatistisch überfärbten Konservatismus. Die Mitte ist also ein Un-Ort, in dem sich unterschiedlichste Ideologien verorten. Auch die Politikwissenschaft kaut etwas ratlos auf dem Begriff herum. Die Mitte besitze eine «mystische Aura», schreibt Stine Marg vom Göttinger Institut für Demokratieforschung.[5] «Sie trägt seit jeher das Versprechen in sich, den harmonischen Ausgleich der Extreme und der einvernehmlichen Synthese widerstreitender Anschauungen in sich zu bergen.» Allen möglichen Richtungen wurde das Etikett bereits angeklebt. Gerhard Schröder entdeckte im Wahlkampf 1998 die «neue Mitte» für sich und setzte später mit der Agenda 2010 harte Sozialkürzungen und große Steuernachlässe für Gutverdienende durch. Erfunden hat Schröder das Label nicht, schon Willy Brandt hatte es 1972 auf einem Wahlsonderparteitag geprägt. Aus Sicht eines um Mehrheiten werbenden Politikers ist es nachvollziehbar, auf die ominöse Mitte zu zielen. Der Begriff ist allen Deutschen vertraut und positiv besetzt. Die Mehrheit gibt in Umfragen an, sich der Mitte zugehörig zu fühlen.⁶ Die Mitte ist die maßgebliche Selbstverortung, nicht ohne Grund lautet das Mantra diverser Strategieberater: Wahlen werden in der Mitte gewonnen.

Annalena Baerbock und Robert Habeck ist die linke Ecke zu eng. Sie möchten nicht nur die SPD als führende Kraft der linken Mitte beerben, sondern auch die Union attackieren. Jene hat das spätestens dann verstanden, als die Grünen 2018 bei den Landtagswahlen in Hessen und Bayern Erfolge in konservativen Wählermilieus feierten.

Auch die Grünen identifizieren sich nicht erst seit Baerbock und Habeck als Teil der (linken) Mitte. Hessens Wirtschaftsminister Tarek Al-Wazir, Architekt der ersten realitätstauglichen schwarzgrünen Koalition auf Landesebene, schrieb schon 2009 in einem Debattentext, die Grünen hätten «die Aufgabe und das Potenzial, um zur inhaltlich führenden Kraft der linken Mitte zu werden».⁷ Der Hesse war sich sicher: Durch ein Ausspielen von Mitte und Links würden die Grünen ihrer gesellschaftlichen Verantwortung nicht gerecht. Hessens Grünen und Al-Wazir steckten damals ein schwaches Ergebnis bei der Landtagswahl 2008 und das folgende Politikdrama in den Knochen, bei dem die Sozialdemokratin Andrea Ypsilanti daran scheiterte, eine rot-rot-grüne Regierung zu schmieden. Was Al-Wazir damals daraus folgerte, liest sich wie eine Blaupause dessen, was die Grünen heute im Bund umsetzen: Um politisch Heimatlosen ein Angebot zu machen, müssten sie beides zusammenbringen, linksliberales Bürgertum und studentisch-alternatives Milieu, erfolgreiche Selbständige und Anti-AKW-Aktivist*innen aus dem Wendland. Zu diesem Anspruch gehöre, sich aus alten Koalitions- und Lagerzwängen zu befreien. Die «Ausschließeritis», fand Al-Wazir, müsse ein Ende haben. Gemeint war die Abnabelung von der SPD, mit der die Grünen bis dato exklusiv koalierten.

Neben dem Hessen gibt es einen weiteren Landespolitiker, der sich früh Gedanken zur führenden Kraft der linken Mitte machte: Winfried Kretschmann, Ministerpräsident in Baden-Württemberg. Er empfahl seiner Partei schon 2008, sich nicht mehr in das veraltete Links-Rechts-Schema einzuordnen, sondern die politische Landschaft neu zu vermessen. Es gelte, Spannungsfelder zu identifizieren – etwa: Staat – Bürgergesellschaft – Markt – und dafür eigene Konzepte zu entwickeln. Mit der CDU, argumentierte Kretschmann, könnten Grüne den Gedanken der Nachhaltigkeit ins Zentrum der Wirtschaft tragen, mit der SPD eine Bürgerversicherung im Gesundheitswesen durchsetzen, mit der FDP eine liberale Bürgergesellschaft weiterentwickeln.[8] Die Idee, aus der Mitte heraus Reformpolitik durchzusetzen, entstand also in den Ländern. In ihr steckt ein gerütteltes Maß an Dialektik. Denn zu viel Reform darf man nicht wollen, wenn man in der Mitte anschlussfähig bleiben will, das ist sowohl in Baden-Württemberg als auch in Hessen erkennbar, wo die Grünen mit der CDU regieren. Dass Kretschmann dem eigenen Anspruch gerecht wird, den Nachhaltigkeitsgedanken ins Zentrum der Wirtschaft zu tragen, kann man nicht gerade behaupten. Seine grün-schwarze Regierung legte im Juli 2020 ein Klimaschutzgesetz vor, welches die CO_2-Emissionen in Baden-Württemberg bis 2030 um 42 Prozent im Vergleich zum Jahr 1990 reduzieren soll.[9] Selbst die Bundesregierung ist ambitionierter. Sie möchte den Ausstoß von Treibhausgasen bis 2030 um 55 Prozent verringern.[10] BUND-Landesgeschäftsführerin Sylvia Pilarsky-Grosch nannte Baden-Württembergs Zielsetzung deshalb «eine Farce».[11]

Geht engagierte Veränderung aus der Mitte heraus – oder ist das ein Ding der Unmöglichkeit? Es liegt an Baerbock und Habeck, ob sich die grüne Quadratur des Kreises in der Bundespolitik durchsetzen lässt. Der Bundestagswahlkampf wird der erste seit 16 Jahren sein, in dem die CDU ohne Angela Merkel antritt. Die grüne Strategie steht fest: Nicht nur die eigene Kernklientel wird umworben, nicht nur rot-grüne, von der SPD frustrierte Wechselwähler*innen, sondern auch Merkel-Anhänger*innen – ökoaffine, dem Fortschritt aufgeschlossene, europäisch denkende Konservative.

SCHWARZ-GRÜN

*Chancen und Grenzen einer sehr
angesagten Koalitionsoption*

Wie denkt die CDU über die Konkurrenz? Jens Spahns Büro liegt ganz oben im Gesundheitsministerium an der Berliner Friedrichstraße, aus den hohen Fenstern hat man einen schönen Blick über die Stadt. Spahn, den obersten Hemdknopf offen, ein Bein über das andere geschlagen, denkt laut über die Grünen, über Schwarz-Grün und Gemeinsinn in einer modernen Gesellschaft nach. «Ich verstehe Patriotismus nicht als abgeschlossenes, sondern als einladendes Konzept.» Wer die 2020er Jahre gestalten wolle, wer sich zu Werten wie Freiheit, Solidarität miteinander und «Leistung müsse sich lohnen» bekenne, der sei herzlich willkommen.[1] «Unsere Republik ist vielfältig.»

Nimmt man diese Sätze ernst, schütteln sie konservatives Denken aus wie ein verstaubtes Bettlaken. Die CDU wehrte sich lange gegen die Tatsache, dass Deutschland ein Einwanderungsland ist. Auch die Debatten um die deutsche Leitkultur hatten etwas Beengendes. Spahns Ansatz klingt offener, inklusiver, wie der des Grünen-Chefs, der schon vor Jahren in einem Buch für einen linken Patriotismus warb. Jener, schrieb Habeck, organisiere «die Integration in die Gesellschaft».[2] Weist man Spahn darauf hin, dass er beinahe klingt wie Habeck, wehrt er ab. Zu viel Nähe zu den Grünen könnte ihm schaden. Habeck, sagt er, nutze das Wort vor allem, um eine linke Zukunftserzählung zu entwickeln. «Bei ihm kommt mir das ‹Wissen, woher man kommt›, das Bewusstsein für Traditionen und gewachsene Kultur zu kurz.» Dennoch: Da wächst was aufeinander zu, nicht nur politisch, sondern auch philosophisch. Ein positiver Bezug zur Heimat kann wie Kitt wirken.

Auch für Spahn ist das Grundgesetz ein wichtiger Bezugspunkt. «Unser Land, unsere Kultur und unser Grundgesetz sind großartig», sagt er. «Wer hätte 1949 daran geglaubt, dass die Bundesrepublik Deutschland gut 70 Jahre später in der ganzen Welt geachtet wird, eingebettet in ein friedliches, wohlhabendes Europa? Aus unserer Geschichte kann man Zuversicht für die Zukunft ziehen – und auch ein bisschen Stolz.» Grundgesetz, europäische Einbettung, Zuversicht für die Zukunft. Die Grünen-Spitze würde es vielleicht etwas anders formulieren, mit Sicherheit aber nicht widersprechen.

Spahn beugt sich in der Sitzecke seines Ministerbüros vor. «Ich definiere Zugehörigkeit zur Gemeinschaft nicht nach dem Stammbuch.» Weltoffener Patriotismus heiße auch, manche mit Stammbuch abzulehnen. «Wer mit einer Reichsflagge in der Hand die Stufen des Parlaments stürmt, ist kein Patriot. Der tritt die Werte unserer liberalen, demokratischen Nation sprichwörtlich mit Füßen.» Damit spielt der Gesundheitsminister auf die Szenen im Sommer 2020 an, als rechte Corona-Leugner*innen bei einer Demonstration bis zum Eingang des Reichstages vordrangen. Gemeinschaft nicht nach Stammbuch, auch hier würden die Grünen sicher zustimmen. Je länger ich mit Spahn rede, desto mehr bekomme ich den Eindruck: Das passt schon, mit der CDU und den Grünen. Spahn war ja schon vieles in seinem politischen Leben. Provokateur, Sachpolitiker im Parlament und Krisenmanager der Corona-Pandemie. Auch in der nächsten Regierung wird der Konservative wohl ein entscheidender Player sein. So wie er reden auch andere Christdemokrat*innen über die Grünen. Man konkurriert miteinander, respektiert sich aber auch. Umgekehrt hört man von Grünen Positives über Spahn. Ein gut vernetzter Stratege sagt: Regieren mache mit dem gutgelaunten Gesundheitsminister wohl mehr Spaß als mit dauerbeleidigten Sozialdemokrat*innen.

Schwarz-Grün ist aus meiner Sicht die wahrscheinlichste Regierungsoption für die nächsten vier Jahre. Die zermürbte SPD hat wenig Lust auf eine Neuauflage der Groko, auch wenn Olaf Scholz das anders sieht. Und ein Linksbündnis aus Grünen, SPD und Linkspartei hat, selbst wenn es eine Mehrheit gäbe, zu viele Sollbruchstellen, um wirklich realistisch zu sein. Die außenpolitische Ausrichtung der Linkspartei ist schlecht mit dem deutschen Kurs vereinbar, und in der Linke-Fraktion gibt es mehrere Hardliner, die das Regieren an sich für Verrat halten. Grün-Rot-Rot oder Rot-Rot-Grün müsste deshalb stets um die eigene Mehrheit im Parlament bangen. Die Grünen wissen das. Viele liebäugeln mit Schwarz-Grün, trotz der offiziell vorgetragenen Offenheit in alle Richtungen. Auch die Vorsitzenden flirten manchmal recht unverhohlen. Zum 75. Geburtstag der CDU gratulierten Annalena Baerbock und Robert Habeck mit einem Brief in der FAZ, dem konservativen Leib-und-Magen-Blatt. «So wie wir immer schon etwas wollten, seid Ihr immer schon etwas gewesen», schrieben die grünen Gratulanten die CDU. «Ihr seid so etwas wie die institutionalisierte Regierungspartei, die Grundversorgung im Kanzleramt, das Bayern München der Politik.» Baerbock und Habeck lobten den «klaren Kompass» der CDU, ihren Pragmatismus und gestanden: «Irgendwie haben wir [...] Euer Selbstverständnis im Umgang mit politischer Macht heimlich doch bewundert.»[3] Diese euphorischen Sätze hätten sich auch in der Bewerbung eines Konrad-Adenauer-Stipendiaten gut gemacht – und manchen Grünen war die Begeisterung ihrer Vorsitzenden etwas peinlich. Aber keiner widersprach öffentlich. Wichtiger als solche Symbolik ist sowieso das gewachsene Vertrauen. Schon in den 1990ern, als sich die Pizza-Connection bei dem Bonner Italiener Sassella traf, regte ein schwarz-grünes Bündnis die Phantasie an (siehe das Kapitel «Eigenständigkeit»). Im politischen Feuilleton wurde es als aufregende Alternative beschrieben, als Versöhnung der Bürgerkinder mit ihrer Elterngeneration. Aus der Phantasie ist eine handfeste, in der Realität erprobte Option geworden. Selbst erzkonservative Christdemokrat*innen stellten in den Jamaika-Sondierungen 2017 verblüfft fest, wie seriös und beweglich die grünen Verhandler*innen auftraten. In den Bundesländern arbeitet man seit Jahren verbindlich und professionell zusammen.

Ein Anruf bei Tarek Al-Wazir, Wirtschaftsminister und Vize-Ministerpräsident in Hessen. Al-Wazir ist der Architekt der ersten gutfunktionierenden schwarz-grünen Koalition auf Landesebene. Seit 2014 regiert er mit dem Christdemokraten Volker Bouffier, und das Wort, das man am öftesten über diese Allianz hört, lautet: geräuschlos. Das ist nicht selbstverständlich. Hessens Landes-CDU hatte den Ruf eines tiefschwarzen Stahlhelm-Verbandes. Sie brachte Figuren wie den nicht nur für seine Relativierung der NS-Verbrechen kritisierten Alfred Dregger hervor. Wie also funktioniert diese Kooperation? Erst mal durch den unbedingten Willen, sich nicht gegenseitig vorzuführen. In Hessen treffen sich jede Woche die wichtigsten Leute in einer Koalitionsrunde, die Groko in Berlin macht das nur alle paar Monate. Dabei sind die Partei- und Fraktionschef*innen, die Parlamentarischen Geschäftsführer, vor Sitzungswochen auch alle Minister*innen. Al-Wazir sagt: «Der Schlüssel ist: Kommunikation, Kommunikation, Kommunikation.» Nicht nur Aktuelles werde diskutiert, sondern auch das, was in Zukunft Probleme bereiten könnte. Aus diesen Runden wird nichts durchgestochen. «Unsere Verabredung war: Wir machen keine Konfliktkoalition», erzählt Al-Wazir. «Wir betonen nicht ständig, wo wir uns uneinig sind. Sondern wir suchen einen gemeinsamen Weg und vertreten ihn dann auch gemeinsam.» Der Grüne sieht die Unterschiedlichkeit der Partner sogar als Vorteil. Vielleicht sei Schwarz-Grün mit einem Konservativen wie Volker Bouffier einfacher als mit einem liberalen CDUler wie Ole von Beust aus Hamburg – only Nixon could go to China, wir hatten es schon. «Wenn unsere Koalition beschließt, dass es ein Förderprogramm für Frauenhäuser gibt, aber auch mehr Stellen für die Polizei, dann ist jedem klar, was von wem kommt.»

Als größten Erfolg der Regierung sieht Al-Wazir den Schulfrieden. Jahrelang tobte in Hessen ein Kulturkampf. Die einen wollten die integrierte Gesamtschule für alle, die anderen das dreigliedrige Schulsystem mit Haupt-, Realschule und Gymnasium. Inzwischen bewege man sich in Richtung Zweigliedrigkeit, erzählt Al-Wazir. Es gebe keine reinen Hauptschulen mehr, jeder Antrag auf eine integrierte Gesamtschule werde schnell bewilligt. Kurze Pause. «Eine solche Form von gesellschaftlicher Befriedung konnte vielleicht nur Schwarz-Grün schaffen.»

Was Al-Wazir nicht dazu sagt: Manchmal wird professionelle Streitvermeidung zur peinlichen Duldungsstarre. Als der Dannenröder Wald für die umstrittene A49 gerodet wurde, erklärten sich die Landesgrünen für nicht zuständig, verwiesen auf Verwaltungsvorschriften und den Bundesverkehrswegeplan. Damit hatten Sie recht, nur half ihnen das nicht viel: Von Naturschützer*innen und Aktivist*innen wurden sie trotzdem des Verrats geziehen. *Die Zeit* lästerte über die allzu braven Hessen-Grünen: «Lieber verscherzen es sich die Grünen mit der Natur als mit der CDU.»[4] Sie hielten ebenfalls still, als CDU-Innenminister Peter Beuth in einer Affäre um rechtsextreme Drohmails überfordert war, die mit der Unterschrift «NSU 2.0» verschickt wurden. Und sie enthielten sich, als im Parlament ein Untersuchungsausschuss zu dem neonazistischen Terrornetzwerk NSU eingerichtet werden sollte – eigentlich unverzeihlich für eine Anti-Rechts-Partei. Sie taten das auch, um Bouffier zu schützen, der zur Zeit des Mordes an Halit Yozgat in Kassel als Innenminister für den Inlandsgeheimdienst und die Landespolizei zuständig war. Viel zu spät nannte Fraktionschef Mathias Wagner die grüne Enthaltung einen «Fehler».[5] Wichtige Grüne in Berlin sehen Hessen deshalb nicht mehr als Vorbild. Einer, dem ich die Punkte aufzählte, zog die Stirn in Falten und sagte: «Ich widerspreche nicht.» Geräuschlosigkeit erleichtert das Regieren, aber sie produziert auch Unglaubwürdigkeit.

Das Beispiel Hessen zeigt: Schwarz-Grün ist keine Zeitenwende, kein Labor, in dem aufregende Experimente durchgeführt werden. Von Nassehis These, dass Gegensätze produktiv wirken, ist oft wenig zu spüren. Das Bündnis bewirkt dort, wo es Realität ist, eine vorsichtige, langsame Modernisierung, ohne an Konstanten zu rütteln. In Baden-Württemberg, wo Ministerpräsident Kretschmann mit der CDU regiert, sind die Interessen des Daimler-Konzerns heilig. In Hessen baut Wirtschaftsminister Al-Wazir das dritte Terminal des Frankfurter Flughafens, das er eigentlich verhindern wollte. Zur feierlichen Grundsteinlegung erschien er nicht, leider keine Zeit, ein anderer Termin war wichtiger.

Keine Revolution, aber eine schrittchenweise Veränderung des Status quo: Im Bund liefe es wahrscheinlich ähnlich. Weite Teile des Grünen-Programms wären mit der Union nicht zu machen. Weder würde Hartz IV abgeschafft, noch eine Bürgerversicherung, eine Kindergrundsicherung oder eine Vermögenssteuer eingeführt. Auch das Ehegattensplitting, das die Grünen als veraltete, Frauen ans Heim bindende Steuersubvention darstellen, bliebe. Doch beim Klimaschutz würde Schwarz-Grün engagierter zu Werke gehen als eine große Koalition – sichtbar war das nach den Jamaika-Sondierungen, in denen Baerbock einen weitgehenden Kohleausstiegsplan verhandelte. Genau das könnte der Charme von Schwarz-Grün für Menschen in der bürgerlichen Mitte sein: Die Republik bliebe dieselbe, es gäbe keine tiefgreifende Sozialreform oder mehr Umverteilung von oben nach unten. Aber alles würde etwas ökologischer.

Spahn wäre nicht Spahn, wenn er in seinem Ministerbüro die Gelegenheit ausließe, der Konkurrenz einen mitzugeben. «Die Grünen sind eine linke Partei», sagt er. Er schätze Robert Habeck, Annalena Baerbock, Katrin Göring-Eckardt oder Winfried Kretschmann sehr, aber sie stünden nicht für die gesamte Partei. «Die Mehrheit auf Grünen-Parteitagen haben am Ende die Fundis.» Es sei gut, dass Kretschmann innere Sicherheit wichtig finde. «Aber grün ist eben auch Monika Herrmann, die Bürgermeisterin von Friedrichshain-Kreuzberg, die den Drogendealern in ihrem Kiez im Zweifel noch extra Schutzzonen einrichtet und Hausbesetzungen verteidigt.» Spahn lacht auf, er ist jetzt im Angriffsmodus. Dass die Ökopartei sich zu Deutschland und seinen Symbolen bekenne, glaube er erst, «wenn die Grünen am Ende ihrer Parteitage die Nationalhymne singen». Spahn lacht noch einmal. Das hätte in der Tat was: Annalena Baerbock, Jürgen Trittin, Claudia Roth und Hans-Christian Ströbele aus voller Brust das Deutschlandlied anstimmend. Ernst nehmen muss man Spahns hämische Witzchen natürlich nicht. Den Sound kennt man von Unions-Leuten. Sie stellen Grüne gerne als Verbotsfanatiker oder Ökodogmatiker in die linke Ecke. Die Frage ist, ob das im 21. Jahrhundert noch zeitgemäß ist. Hegt das aufgeklärte Bürgertum wirklich den Verdacht, die nette Annalena Baerbock habe etwas gegen den Staat und seine Institutionen? Meine Vermutung wäre: eher nicht. Dafür kommt die Grünen-Spitze zu freundlich und aufgeschlossen daher. Solche Parolen mögen im bayerischen Bierzelt funktionieren oder in einer Brandrede beim politischen Aschermittwoch. Aber die liberale Mehrheitsgesellschaft ist längst weiter.

Wie ernst Konservative die grüne Konkurrenz nehmen, lässt sich in Bayern beobachten. In der CSU hat man die Gefahr erkannt. Auch Ministerpräsident Markus Söder zieht gerne mal polemisch gegen Grüne vom Leder, doch seine Strategie ist im Kern eine andere. Seit der Landtagswahl 2018, als seine CSU mehr Wähler*innen an die Grünen verlor als an die AfD,[6] sieht er die Grünen als Hauptgegner – und setzt auf einen ökoaffinen, modernen Konservatismus. Söder zündete ein Feuerwerk an grünen Vorschlägen. Er unterstützt ein Volksbegehren für Bienen, will Klimaschutz als Staatsziel ins Grundgesetz schreiben und die Mehrwertsteuer für Bahntickets senken.[7] Für Fotografen umarmt er auch mal einen Baum – oder lässt sein Klimakabinett im Hofgarten tagen, auf dem Rasen und unter Baumkronen. Kurz: Markus Söder will grüner sein als die Grünen. Auch die Entscheidung, nach der Landtagswahl 2018 mit den Freien Wählern zu koalieren, passt dazu. Damals wäre auch Schwarz-Grün möglich gewesen. Wenn die CSU dieses Bündnis eingegangen wäre, hätte sie allerdings den ökologischen Furor der Grünen bremsen müssen – und sich nicht selbst auf diesem Feld profilieren können. Übertragen auf den Bundestagswahlkampf, wäre das Vorgehen Söders eine Demobilisierungsstrategie, bei der die Union darauf verzichtete, die eigene Klientel mit Angriffen auf die Konkurrenz aufzustacheln. Stattdessen käme sie moderat, anschmiegsam und umweltfreundlich daher, um schwarz-grüne Wähler*innen nicht zu verschrecken. Dies wäre schlauer, als auf harte Konfrontation zu setzen.

Eine Koalition nach der Wahl fände recht geschmeidig zueinander. Die Grünen-Spitze lässt es an freundlichen Signalen nicht mangeln, nicht nur in Form von Gratulationsbriefen in der FAZ. Als Baerbock im Sommer 2020 als Gastrednerin bei einer Buchvorstellung in der Konrad-Adenauer-Stiftung eingeladen war, brachte sie nicht Kritik als Hauptbotschaft mit, sondern ein Angebot zur Zusammenarbeit. Baerbock streckt rhetorisch die Hand aus – und übt erst einmal Selbstkritik. Dass die Grünen 1990 gegen die Wiedervereinigung und 1992 gegen den Vertrag von Maastricht gewesen seien, einen Meilenstein der europäischen Integration, nennt sie einen «historischen Fehler». Sie lobt den Kompass und die Weitsicht Helmut Kohls bei der deutschen Einheit. Aber dann redet sie der CDU ins Gewissen. «Klimaneutralität wird die zentrale Rahmenbedingung für die Wirtschaft dieses Jahrhunderts sein.» Als Wirtschaftspartei müsse die CDU das mutig angehen wie bei der Integration Europas auch gegen die Stimmung im Land. Sie fragt im Hörsaal der Konrad-Adenauer-Stiftung, warum stets der Ideologievorwurf komme. «Die CDU sollte beim Klimaschutz nicht den Fehler machen, den wir Grüne bei der deutschen Einheit und bei Europa gemacht haben: im Prinzip dafür, aber im Konkreten dagegen.» Dieser historische Bogen entwirft ein Bild, in dem Union und Grüne nicht Gegner sind, sondern komplementäre Kräfte, die sich ergänzen. Es gehe darum, sagt Baerbock, die soziale Marktwirtschaft umzubauen «hin zu einer sozialökologischen». Die Grünen-Chefin legt quasi eine Skizze für die nächste Regierung auf das Rednerpult.

Natürlich weiß auch Jens Spahn, dass Schwarz-Grün im Raum steht – und er wäre der Letzte, der etwas dagegen hätte. Legte er doch im Oktober 2013 die legendäre, aber zwischendurch eingeschlafene Pizza-Connection neu auf – zusammen mit dem Grünen-Außenpolitiker Omid Nouripour. Immer mal wieder gibt Spahn in unserem Gespräch einschlägige Hinweise, man muss nur genau hinhören. Eine Zusammenarbeit werde einfacher, wenn Unterschiede sichtbar seien, sagt er zum Beispiel. Oder: «Prinzipiell kann eine Koalition zweier unterschiedlicher Parteien Brücken bauen in der Gesellschaft, Risse kitten und langjährige gesellschaftliche Konflikte befrieden.» Schwarz-Grün als Befriedungsprojekt, derselbe Gedanke wie bei Al-Wazir in Hessen. Meine Vermutung ist: Wir werden ihn im Bundestagswahlkampf noch öfter hören und lesen.

Das einstündige Gespräch mit Spahn neigt sich dem Ende zu. Eine Anekdote will er noch loswerden. Er sei ja einer der wenigen Christdemokraten, die mal einem grünen Bundesparteitag beigewohnt hätten. 2010 war das, in Freiburg, die Grünen diskutierten über Gesundheitspolitik und eine Bürgerversicherung.

Und, war's schlimm, Herr Spahn?

Der Minister grinst. Parteikulturell sei das schon etwas anderes. «Wobei: Als ich durch den Sponsorenbereich ging, wurde klar: So gewaltig sind die Unterschiede dann doch nicht.»

AMBIVALENZ

Warum es den Grünen nützt, entschieden unentschieden zu sein

Robert Habeck hat eine Anekdote auf Lager, die er eine Zeitlang vor wichtigen Wahlen erzählte, etwa 2018 in Bayern. Sie geht so: Habeck fragt das Publikum, wer alles eine Bohrmaschine besitze. Viele Hände gehen hoch. Dann legt Habeck los. Es gebe zu viele Bohrmaschinen, man benutze sie doch nur ein paar Minuten im Jahr. Die Werbung mache einem weis, man müsse unbedingt eine besitzen, obwohl man sich doch Geräte teilen könne. Überhaupt, gehe es nicht mit weniger?

Früher wäre eine Grünen-Rede hier zu Ende gewesen, vielleicht abgerundet mit einem Seitenhieb auf den ressourcenfressenden Konsumirrsinn. Doch dann setzt Habeck seine Pointe. Er habe übrigens jedem seiner vier Söhne zum Geburtstag eine Bohrmaschine geschenkt. Das klinge blöd, aber irgendwie gehöre das zu seinem Bild von Männlichkeit dazu.

Die Anekdote, die der *Spiegel* schildert[1], ist ziemlich gut. Habeck macht den Menschen kein schlechtes Gewissen, er wirkt vielmehr wie ein sympathischer Normalo mit Widersprüchen. In der Bohrmaschinen-Geschichte verbirgt sich ein zentraler Ansatz grüner Politik: Sie will den Menschen nicht mehr belehren, sondern mit all seinen Schwächen akzeptieren. Ein gekonnter Umgang mit Ambivalenz, das ist wirklich neu. Baerbock und Habeck sagen den Leuten: Wir wissen um die Widersprüche des modernen Lebens. Wir wollen Strukturen ändern, nicht den besseren Menschen erschaffen. Ihr könnt so bleiben, wie ihr seid.

Den Grünen geht ja seit jeher der Ruf voraus, von einer moralisch hohen Warte über ihre Mitmenschen zu urteilen und anderen den eigenen Lebensstil aufdrücken zu wollen. Dieses Narrativ wird von politischen Gegnern fleißig reproduziert. Ganz falsch ist es nicht, die Neigung, sich als etwas Besseres zu fühlen, ist Grünen nicht fremd. Nicht nur Pierre Bourdieu wusste, wie wichtig der Habitus ist, um sich nach unten abzugrenzen. Die urbane, gehobene Mittelschicht weiß es auch. Bestimmte Verhaltensweisen, Nahrungs- und Genussmittel, Verkehrsmittel oder kulturelle Gepflogenheiten sind tabu, andere sind angesagt. Wer das bezweifelt, sollte mal bei einer Party des linksliberalen Bürgertums zugeben, RTL ZWEI zu schauen oder diese leckeren marinierten Nackensteaks von Aldi zu lieben. Danach verliefe der Abend wahrscheinlich eher einsam. Etwas Überheblichkeit gehört in grünen Milieus zum guten Ton.

Dazu passte, dass ihren Spitzenpolitiker*innen stets Besserwisserei vorgeworfen wurde. Wirkte Jürgen Trittin nicht unglaublich arrogant, wenn er am Rednerpult Argumente der Gegenseite filetierte und dazu mit dem Zeigefinger in die Luft pickte? Ich habe solche Vorwürfe nie recht verstanden, denn ich erwarte von Politiker*innen, Positionen hart, selbstbewusst und entschieden zu vertreten. Besserwisserei ist ein konstituierendes Merkmal demokratischen Streits. Wer im Bundestag nicht denkt, es besser als andere zu wissen, ist fehl am Platz. Aber mit dieser Meinung bin ich eher die Ausnahme. Viele Menschen mögen nach Harmonie strebende Politiker*innen, die nicht anecken. Während ein Trittin eine Rede als gelungen betrachtete, wenn er sich Feinde gemacht hatte, setzen Baerbock und Habeck auf Umarmung. «Ich muss nicht den SUV-Fahrer in Prenzlauer Berg bekehren, Bekehrungspolitik ist eh nicht meins», sagt Annalena Baerbock. Das Handeln des Einzelnen werde nicht reichen in einem System, das die planetaren Grenzen nicht anerkennt. «Wir müssen das System ändern.»[2] Der Einzelne, lautet die Botschaft, kann nichts für sein Leben im falschen System.

Selbst wer sich maximal unökologisch verhält, kann also auf grüne Absolution hoffen.

Liberale und Konservative werfen den Grünen trotzdem gerne vor, in das Leben Einzelner eingreifen und wie eine Art Konsumpolizei Vorschriften erlassen zu wollen. FDP-Chef Christian Lindner warnt vor einem Schnitzelverbot, von dem Robert Habeck angeblich träume.[3] Solche Vorwürfe sind nicht haltbar, wenn man sie an der Realität grüner Programmatik überprüft. Durch grüne Politik würden bestimmte Produkte teurer, das ja, weil ökologische Kosten anders abgebildet würden. Aber Eingriffe in den persönlichen Lebensstil sind für sie tabu, auch deshalb, weil sie mit ihrem Veggieday, einem fleischfreien Tag in Kantinen, im Bundestagswahlkampf 2013 fürchterliche Erfahrungen machten. Ich werde darauf in dem Kapitel «Realitätscheck – Sind die Grünen eine Verbotspartei?» noch ausführlicher eingehen.

Ich halte den grünen Ansatz strategisch für nachvollziehbar, aber in der Sache für inkonsequent und feige. Selbstverständlich retten individuelle Konsumentscheidungen nicht die Welt. Der Griff zum Billigschnitzel bei Lidl ändert ja nichts an den Bedingungen der industriellen Fleischproduktion. Und auch ein Bauer steht morgens nicht auf und überlegt sich, heute wieder Schweine in viel zu engen Ställen zu quälen. Er wirtschaftet in einem Produktionssystem, das ihn dazu zwingt, in Konkurrenz mit dem Weltmarkt billig viel Masse zu produzieren. Aber gleichzeitig entlassen die heutigen Grünen das Individuum aus einer nicht zu leugnenden Verantwortung. Selbstverständlich sollten angesichts der ökologischen Krisen jeder und jede kritisch mit sich ins Gericht gehen und sich fragen, ob es nicht mit etwas weniger Konsum geht. Mit weniger Fliegen, weniger Autofahren, weniger Fleisch. Muss es jedes Jahr Urlaub in Übersee sein – oder reicht nicht auch das Ferienhaus in der Lüneburger Heide? Muss es jedes Jahr ein neues Smartphone sein? Als Grüner solche Fragen auszublenden ist so realitätsfremd, dass es schon wieder eine intellektuelle Leistung darstellt.

Die grüne Vorsicht treibt seltsame Blüten. Die Führung moderiert brüsk jeden Vorschlag ab, der Einschränkungen für Einzelne bedeutete. Diese Erfahrung machte zum Beispiel der Bundestagsabgeordnete Dieter Janecek, ein überzeugter Öko. Janecek wagte es, Anfang 2019 darauf aufmerksam zu machen, dass ein Verzicht auf Vielfliegen eine sinnvolle Maßnahme für den Klimaschutz wäre. Jeder Bürger, so seine Idee, bekäme ein Budget von drei internationalen Hin- und Rückflügen im Jahr. Wer mehr fliegt, müsste das Recht darauf von anderen erwerben. Der ökologische Nutzen der Idee war kaum zu bestreiten, selbst eine soziale Komponente war eingebaut. Die Krankenschwester müsste ja nicht von ihrem jährlichen Mallorca-Urlaub lassen, während der vielfliegende Manager zur Kasse gebeten würde.[4]

Aber Baerbock und Habeck versenkten die Idee schneller, als man «sozialökologische Transformation» sagen kann. Nicht hilfreich sei das und zu dogmatisch, hieß es. Die Radikalität der Grünen wird also schnell zur leeren Hülle, wenn es um sinnvollen Konsumverzicht geht. Stattdessen kokettieren Spitzengrüne gerne mit eigenen Schwächen, um das Vorurteil, sie seien moralinsaure Blattsalatfanatiker, zu entkräften. Anton Hofreiter betont, gern einen guten Schweinebraten zu essen. Baerbock gibt zu, dass bei ihr zu Hause auf Vorrat gekochte Nudeln auch mal im Müll landen. Keiner aber übertrifft Robert Habeck bei vermeintlich ungrünen Bekenntnissen. Der Grünen-Chef räumt ein, über 120 km/h auf der Autobahn zu fahren, beim Discounter einzukaufen und im Urlaub Dosenbier zu trinken. Da ist für jeden was dabei, keiner braucht ein schlechtes Gewissen haben.

Habecks Analyse des von Veggieday, Pädophiliedebatte und Steuerstreit geprägten Wahlkampfes 2013 war eine brutale Abrechnung mit den Trittin-Grünen. Die Grünen hätten sich damals wie eine «Excel-Partei» aufgeführt und «ein Vorschreiber-Image» erworben, etwas Spießbürgerliches, das sie nie sein wollten, kritisierte er kurz nach der Wahl im *Spiegel*.[5] Die «moralische Erziehung des Menschengeschlechts» habe sich wie ein roter Faden durchs Wahlprogramm gezogen. Ganz falsch war das nicht. Aber Habeck erzählte nur die halbe Wahrheit. Ein Beispiel sind die steuerpolitischen Vorschläge, die Habeck mit dem Wort «Excel-Partei» abfällig abtut. Nicht Trittin allein war für sie verantwortlich, die ganze Partei hatte sich in diversen Arbeitsgruppen dafür entschieden – unter reger Beteiligung der Realos. Die Grünen wollten durch moderate Steuererhöhungen dem Vorwurf vorbeugen, ein unfinanzierbares Wünsch-dir-was vorzulegen. Außerdem legten die Grünen den Schwerpunkt aufs Geld nicht von sich aus, er wurde ihnen aufgezwungen. Auch weil Promis wie Winfried Kretschmann der politischen Konkurrenz die passenden Stichworte lieferten. Ich erinnere mich noch gut an den Grünen-Parteitag im April 2013, auf dem das Steuerkonzept beschlossen wurde.[6] Kretschmann wetterte damals in einem Interview in der *Süddeutschen Zeitung* öffentlich gegen die Pläne, die seine Leute zuvor mit ausgetüftelt hatten – und wurde so zum Kronzeugen für Union oder FDP. Wo Habeck aber recht hat, ist, dass die grüne Haltung zur Gesellschaft eine andere geworden ist. Verständnisvoller, versöhnlicher und akzeptierender. Die Bohrmaschine lässt grüßen. Auch Annalena Baerbock beherrscht solche Gesten. Sie lebt in Potsdam und wuchs bei Hannover auf. Aber wenn Wahlkampf in Bayern ist, läuft die Norddeutsche im Bierzelt wie selbstverständlich im Dirndl auf, als sei sie schon als Kind über Alpenhänge gehüpft.

Den Menschen mit all seinen Absonderlichkeiten und Schwächen akzeptieren: Das ist übrigens seit jeher ein Motiv konservativer Politik. Adenauer prägte den Satz, man müsse die Menschen nehmen, wie sie sind – denn andere gebe es nicht. Und wer kennt sie nicht, die Ambivalenzen des modernen Lebens? Die Großstädterin fährt morgens mit dem Rad zur Arbeit, läuft für den Joghurt im Glas extra ein bisschen weiter zur Bio Company, um dann im Sommer mit schlechtem Gewissen doch wieder den Flug nach Spanien zu buchen, in diesen schnuckeligen Agriturismo-Hof, den die Kinder so lieben. Die Grünen liefern das passende Versprechen dazu: Wir können den Klimawandel stoppen, ohne dass es euch weh tut. Sie sind unter Baerbock und Habeck zu Vertreter*innen der guten Laune geworden, was eine Leistung ist für eine Partei, die lange zu einer apokalyptischen Weltdeutung neigte – Waldsterben und Atomtod lassen grüßen. Sowieso ist gute Laune links der Mitte ein Alleinstellungsmerkmal, zu dem weder die an sich selbst leidende SPD noch die zerrissene Linkspartei fähig sind.

Der Sinn für Ambivalenz scheint auch in der Rhetorik eines Robert Habeck auf, die die Dinge manchmal sehr im Unklaren lässt. Oft redet Habeck einfach so lange, bis für jeden etwas dabei ist. Sowohl Habeck als auch Baerbock lieben es, das beherzte Sowohl-als-auch. Ich bin im Redaktionsalltag so manches Mal an dieser Tatsache verzweifelt. Fragt man die Pressestelle nach einem Statement der Vorsitzenden zu einer konkreten Frage, gerne kurz und knapp, kommen mehrere lange Absätze zurück, die – komplett abgedruckt – den ganzen Zeitungsartikel füllen würden.

Die Grünen profitieren davon, dass das Wahlvolk und viele Journalist*innen ihre Widersprüchlichkeiten gütig ausblenden. Was die Grünen in der Opposition im Bund versprechen, hat mit dem, was sie in Landesregierungen umsetzen, nicht viel zu tun. Baerbock und Habeck und Landesfürsten wie Kretschmann scheinen in parallel nebeneinander existierenden Universen zu leben, die – außer der Sonnenblume im Parteilogo – nichts miteinander gemein haben. So wollten die Bundesgrünen 2015 eine Erbschaftssteuerreform des damaligen Finanzministers Wolfgang Schäuble verschärfen, Kretschmanns Regierung wollte sie abschwächen. Die Bundesgrünen kämpften während der Corona-Pandemie vehement gegen eine Kaufprämie für PS-starke Dieselautos, Kretschmann kämpfte dafür – ganz im Sinne des Daimler-Konzerns. Im Stuttgarter Staatsministerium ging man davon aus, dass die Prämie eine Schlüsselindustrie schnell stützen könne. «Wer bessere Vorschläge hat, soll kommen», hielt Kretschmann wütenden Kritiker*innen entgegen.[7] Es war eine Ohrfeige für die eigene Partei.

Besonders auffällig ist die grüne Indifferenz in der Flüchtlingspolitik. Im Bund inszenieren sich die Grünen als Garanten der Humanität. Sie fordern einen Abschiebestopp nach Afghanistan, weil die Zustände dort lebensbedrohlich seien. Von Grünen mitregierte Länder wie Baden-Württemberg, Hessen oder Schleswig-Holstein setzen solche Abschiebungen allerdings routiniert um. Vorsichtige Einwände werden pariert. Spricht man Grüne aus Schleswig-Holstein darauf an, warum sie in der Kieler Jamaika-Koalition ein Abschiebegefängnis mittragen, entgegnen sie mit treuherzigem Blick, dass das für die Häftlinge das Beste sei, weil sie ja vorher in viel schlimmere Knäste in Nachbarländern transportiert worden seien.

Meine These ist: Das andauernde Umfragehoch der Grünen ist ein Hinweis darauf, dass sie eine Projektionsfläche sind. Ein weißes Blatt Papier, auf das das ökoaffine und sich progressiv fühlende Bürgertum seine Wünsche in bunten Farben malt. Eine interessante Frage ist deshalb, ob ihr Erfolgsmodell kollabieren wird, sobald sie im Bund in Regierungsverantwortung kommen. Denn reale Entscheidungen werden unweigerlich Menschen enttäuschen. Es gibt sie ja, die harten Interessengegensätze in ihrer breit gewordenen Wählerschaft. Der Hardcore-Öko mit Lastenfahrrad und Baumwollbeutel will eine andere Gesellschaft als die konservative Mittelständlerin aus Baden-Württemberg, die ihre Kinder morgens mit dem VW Touareg vor der Schule absetzt. Nur treten diese Gegensätze im Moment nicht zutage.

Gleichzeitig funktioniert in Deutschland modern wirkende Unbestimmtheit recht gut. Es war ein Charakteristikum der Ära

Angela Merkels, dass das gute Image der Kanzlerin große Widersprüche überstrahlte. Sie wird durch ihre Flüchtlingspolitik im Jahr 2015 und ihren berühmten Satz «Wir schaffen das» als humanitär gesinnte Staatsfrau in die Geschichtsbücher eingehen, obwohl ihre Regierung in den Jahren danach harte Asylrechtsverschärfungen beschloss. Die Grünen könnten das Konzept Merkel auf ihre Weise fortschreiben.

VERFASSUNGSSCHÜTZER

Ein Lob der Polizei: Wie aus den Straßenkämpfern Patrioten wurden

Der Staat konnte den Grünen früher gestohlen bleiben. Parteien, Institutionen, staatlicher Symbolik stand die sich als antibürgerlich verstehende Kraft misstrauisch bis ablehnend gegenüber. Grüne protestierten gegen die Startbahn West oder ketten sich an Gleise, um Castoren zu blockieren. Joschka Fischer warf als Straßenkämpfer mit Steinen auf Polizist*innen. Eine rebellische Anti-Staats-Pose gehörte zum frühen grünen Wertekanon wie die Anprangerung der Atomenergie. Im Bundestagswahlkampf 1990, kurz nach der deutschen Wiedervereinigung, hängte die Partei Plakate mit dem Slogan auf: «Alle reden von Deutschland. Wir reden vom Wetter.» Sie wollten das System ändern, statt sich brav einzufügen. Wer Annalena Baerbock und Robert Habeck heute zuhört, kann auf den Gedanken kommen, da reden Vorsitzende einer völlig anderen Partei.

Beide fordern neue Antworten, betonen aber auch, dass die Grünen die staatlichen Institutionen schützen müssten. Um das Nebeneinander von Wandlung und republikanischer Loyalität zu begründen, hat Baerbock den Satz geprägt, die Grünen müssten «radikal und staatstragend» zugleich sein. Diese scheinbare Dialektik ist der Versuch, neue Wählerschichten zu erschließen – und eine sich ausdifferenzierende Gesellschaft zusammenzuhalten. Baerbock und Habeck geht es – ähnlich wie dem Konservativen Jens Spahn – auch um einen neuen Umgang mit Heimatliebe, einem Gefühl, das frühe Grüne ebenfalls kritisch sahen. Habeck hat schon 2010 in seinem Buch *Patriotismus. Ein linkes Plädoyer* argumentiert, die Linke müsse ihre Aversion gegenüber patriotischen Gefühlen ablegen. Er wirbt für ein nach vorne gerichtetes, nicht nationalistisch, sondern integrativ gedachtes Wir-Gefühl. Linker Patriotismus, schreibt Habeck, sei ein rationaler Gesellschaftsvertrag, in dem Mythisches, gar Völkisches keinen Platz habe. «Wenn Menschen füreinander da sein sollen, obwohl sie einander Fremde sind, obwohl sie durch Alter, Bildung, Herkunft getrennt in verschiedenen Welten leben, braucht man eine emotionale Ansprache, eine gemeinsame Idee, ein Pathos der Zusammengehörigkeit.»[1] Lässt man mal beiseite, dass Habeck unter dieser These natürlich allerlei grüne Vorhaben einsortiert, also in eigener Sache argumentiert, hat der Gedanke etwas für sich. Warum sollte man Konservativen Patriotismus überlassen? Auch viele links denkende Menschen verbinden Positives mit ihrer Heimat, und eine Klammer, die die in der Postmoderne zunehmend getrennt voneinander existierenden Milieus vereinen könnte, ist bisher nicht gefunden.

Um den Ansatz zu verstehen, hilft es, kurz ein paar Thesen eines Soziologen zu referieren, der für die Grünen wichtig ist. Andreas Reckwitz, Professor für Kultursoziologie an der Europa-Universität Viadrina in Frankfurt (Oder), hat 2017 in seinem Werk *Die Gesellschaft der Singularitäten* den Strukturwandel der Moderne untersucht und zugleich eine Charakterstudie des grünen Wähler*innenmilieus vorgelegt.

Bei der Entwicklung von der Industriegesellschaft zur neuen Wissens- und Kulturökonomie, so Reckwitz' These, hat sich eine neue Mittelklasse gebildet: Sie besteht aus Fortschrittsgewinnlern, die meist akademisch gebildet sind, über hohes kulturelles Kapital verfügen, einen sorgfältig kuratierten Lebensstil pflegen und den Ton in der Gesellschaft angeben. Ihre Werte – Authentizität, Selbstverwirklichung, kulturelle Offenheit und Diversität, Lebensqualität und Kreativität – entwickelten Strahlkraft über ihre Träger hinaus und seien zu einer Hegemonie geworden.[2] «Die geschmackliche

Dichte des Essens, die Vielseitigkeit des Reiseziels, die Besonderheit des Kindes mit all seinen Begabungen, die ästhetische Gestaltung der eigenen Wohnung – überall geht es um Originalität und Interessantheit, Vielseitigkeit und Andersheit.»[3] Für diese Klasse stehen Baerbock und Habeck habituell in geradezu idealtypischer Weise.

Parallel zum Aufstieg der neuen Mittelklasse sei eine neue Unterklasse entstanden, sagt Reckwitz weiter, eine heterogene Gruppe, zu der einfache Dienstleister*innen gehören, semiqualifizierte Industrieberufe, prekär Beschäftigte, aber auch Arbeitslose oder Sozialhilfeempfänger*innen. Daneben stellt Reckwitz noch eine kleine Oberklasse, die über hohe Vermögen verfügt und einen luxuriösen Lebensstil pflegt – und die alte, nichtakademische Mittelklasse. Letztere habe in den 1950ern bis 1970ern den Ton angegeben, gerate aber seit den 1980ern in die Defensive.

Es gibt viele Hinweise darauf, dass Reckwitz' Theorie im Kern stimmt und sich auf viele Länder anwenden lässt. Ob der Erfolg von Donald Trump, der Sieg der Brexiteers in Großbritannien, die Gelbwesten-Proteste in Frankreich oder die Erfolge der AfD bis weit in die deutsche Mittelschicht hinein: All jene Phänomene haben gemeinsam, dass sie sich aus dem Frust von Bürger*innen speisen, die sich (zu Recht oder Unrecht) als abgehängt empfinden, ökonomisch oder kulturell. Und alle diese Phänomene überraschten die sich liberal und aufgeklärt fühlenden Meinungsmacher*innen in Medien und Politik komplett.

Die heutigen Grünen beschränken sich nicht darauf, die neue Mittelklasse der Fortschrittsgewinnler zu adressieren, die ihnen am nächsten steht, sondern sie begreifen es als Aufgabe, einer Spaltung entgegenzuwirken. Baerbock und Habeck mögen es nicht, wenn die Grünen als Gegenpol zur AfD bezeichnet werden, weil das Gräben vertieft. Ein Beispiel liefert das Thüringen-Debakel im Februar 2020. Wir erinnern uns: Der FDP-Politiker Thomas Kemmerich wird mit den Stimmen von CDU, FDP und AfD zum Ministerpräsidenten gewählt – und trat erst nach einem bundesweiten, parteiübergreifenden Aufschrei zurück. Die Reaktion der Grünen-Spitze fiel vergleichsweise milde aus. Eine in Ostverbänden nach rechts driftende Union brächte auch koalitionswillige Grüne in Rechtfertigungszwänge. Aber sowohl Habeck als auch Baerbock vermeiden es, die CDU scharf zu kritisieren – und schließen eine Koalition im Bund auch dann nicht aus, wenn die CDU in Bundesländern mit der rechtsextremen AfD koaliert. Das Argument: Die CDU müsse im demokratischen Diskurs gehalten werden.[4] Habecks «Pathos der Zusammengehörigkeit» ist der rote Faden im Stoff, den er und Annalena Baerbock weben.

Vom Nein zu allzu viel Deutschland-Liebe zur Bejahung: Habeck wäre nicht Habeck, wenn er nicht eine Anekdote für diese Wandlung im eigenen Leben fände. Mit Blick auf seinen Ministereid in Schleswig-Holstein, dem Wohle des deutschen Volkes zu dienen, sagt er: «Fühlte sich erst komisch an, inzwischen bedeutet es mir was.»[5]

Die Grünen versuchen, um es im Reckwitz'schen Sinne zu sagen, die Brücke von der neuen Mittelklasse zur alten, nicht akademischen Mittelschicht zu schlagen – und selbst an die Unterklasse, an die alleinerziehende Arbeitslose, wird gedacht. Baerbock liegt die soziale Unwucht der deutschen Gesellschaft wirklich am Herzen. Sie spricht von Rentner*innen in Brandenburg, die sich das Ticket für den Regionalexpress nicht leisten können, und von Kindern, die nicht zum Geburtstag ihrer Klassenkameraden kommen, weil die Mutter kein Geld für das Geschenk aufbringen kann.

Ein Pfeiler der Brücke soll linker Patriotismus sein. Die Melodie der Grünen ändert sich, keine krawalligen Ton-Steine-Scherben-Songs mehr, stattdessen sanfte Klänge à la Coldplay – und gerne auch mal Fallersleben zur Melodie von Joseph Haydn. Die Vorsitzenden spielen im Duett den passenden Oberton dazu. Habeck und Baerbock machen keine normale Sommerreise, wie, sagen wir,

Lars Klingbeil es tut – mit Bürgergesprächen und Bratwurst. Nein, sie erfinden eine wohlklingende Metaebene für das eingerostete Ritual des politischen Betriebs. 2018 reisten sie unter dem Motto «Des Glückes Unterpfand» durchs Land. Mit dem Zitat aus der Nationalhymne wollten sie ausdrücken, «dass es Glück nur geben kann, wenn gesellschaftlicher Zusammenhalt, Rechtsstaat und Freiheit garantiert sind», sagte Habeck.[6] Jener besichtigte – sehr republikanisch – die Frankfurter Paulskirche und das Hambacher Schloss.

Die Nationalhymne zitieren, solch ein Vorstoß wäre früher eine Provokation für linke Grüne gewesen, doch unter Baerbock und Habeck ging er glatt durch. Ich fragte erstaunt bei einigen Grünen nach. Keiner wollte sich äußern. Nur Ricarda Lang, damals Sprecherin der Grünen Jugend, traute sich eine zarte Kritik. «Patriotismus ist nicht das Terrain, auf dem Grüne gewinnen werden.» Auch wenn man ihn ganz anders definiere als Konservative, berge er immer die Gefahr, ausgrenzend zu wirken. «Er bezieht sich auf die Nation, also einen Raum, der andere ausschließt.»[7] Langs differenzierten Sätze verhallten im Nirgendwo. Die große Mehrheit der Grünen hat nichts mehr gegen ein bisschen Deutschland-Pathos, solange es der Sache dient.

2020 war es dann ein Halbsatz aus dem Grundgesetz, den die grünen Sommerfrischler als Reisemotto auserkoren – «zu achten und zu schützen». Dieses Mal, der Corona-Krise geschuldet, ging es zu Unternehmen und Organisationen, die für den Schutz der Gesellschaft eine Schlüsselfunktion haben. Baerbock ließ sich von der Amberger Feuerwehr in den Himmel heben, besuchte die vom Waldbrand betroffene Lieberoser Heide und den Konzern Siemens Healthcare in Erlangen.

Die Wandlung der Grünen folgt innerer Überzeugung, aber auch strategischen Motiven. Man wirkt glaubwürdiger, wenn man das Land, das man regieren will, klasse findet – und ganz nebenbei wird einem beliebten Vorwurf der Wind aus den Segeln genommen. Konservative stellen Grüne manchmal als vaterlandslose Gesellen hin, wie es etwa CDU-Generalsekretär Paul Ziemiak 2019 auf dem Deutschlandtag der Jungen Union tat. Ziemiak wies auf Habecks Geständnis in seinem Patriotismus-Buch hin, dass er Vaterlandsliebe «stets zum Kotzen» gefunden habe.[8] Um ihn dann scharf zu kritisieren. Dass Habeck die Anekdote ja gerade erwähnt, um sein Umdenken zu illustrieren, ließ der Christdemokrat geflissentlich weg. Zu verlockend ist der Vorwurf, dass die aufstrebenden Grünen mit dem Staat nichts anfangen könnten.

Aber solche Diffamierungen zielen an der Realität vorbei. Im November 2019 rief Robert Habeck den Delegierten eines Parteitages Sätze zu, die für frühere Grüne unsagbar gewesen wären: «Wir leben in der besten und freiesten Republik, die es jemals in Deutschland gab. Verteidigen wir diese Republik, und sorgen wir dafür, dass sie nicht faschistisch abgeräumt wird. Werden wir Verfassungsschützer!» Die Grünen, jetzt also Verfassungsschützer. Natürlich meinte Habeck das eher im Wortsinn als Bekenntnis zum Grundgesetz. Aber auch bei linken Grünen ist inzwischen unumstritten, dass die Demokratie auch mit den Nachrichtendiensten geschützt werden muss. Die Grünen wollen den ihnen einst suspekten Verfassungsschutz nicht mehr abschaffen, sondern umstrukturieren und neu aufstellen.

Kaum zu übersehen ist auch: In ihrem Bemühen, Institutionentreue zu beweisen, neigen die Grünen zu einer angepassten Bravheit, einer Übervorsicht. Früher gehörte es zum bürgerrechtlichen Anspruch der Grünen, Polizeieinsätze kritisch zu hinterfragen. Heute ist davon nichts mehr zu hören, auch dann nicht, wenn Kritik sehr angebracht wäre. Die ehemalige Parteichefin Simone Peter wagte es im Januar 2017, nach einem Polizeieinsatz in der Kölner Silvesternacht nach der «Verhältnis- und Rechtmäßigkeit» zu fragen. Was war passiert? Um eine Wiederholung sexueller Übergriffe wie im Vorjahr zu verhindern, hatte die Polizei am Kölner Hauptbahnhof Hunderte Männer überprüft und festgesetzt, die in den Augen der Beamt*innen nordafrikanisch aussahen. Die Praxis, Menschen nur wegen ihres Aussehens zu verdächtigen, verstößt jedoch gegen das im Grundgesetz verankerte Diskriminierungsverbot. Überhaupt war die Kölner Polizei an diesem Abend nicht zimperlich, auf Twitter belegte sie die Überprüften mit dem herabwürdigenden Begriff «Nafris». Eine Abkürzung für nordafrikanische Intensivtäter, wie ein Polizeigewerkschafter erklärte.[9] Doch nicht über das fragwürdige Verhalten der Kölner Polizei brach ein Sturm der Entrüstung herein, sondern über die Grüne Simone Peter. Dabei hatte sie recht. Weder stammten alle der festgesetzten Männer aus Nordafrika, schon gar nicht waren sie alle Intensivtäter.[10] Ein «eindeutiger Fall von Racial Profiling», urteilte Amnesty International.[11]

Dennoch hagelte es Kritik an Peters Aussage. Polizeigewerkschafter*innen tobten ebenso wie Unions-Politiker*innen. Die *Bild*-Zeitung beschimpfte Peter als «Grün-fundamentalistisch-realitätsfremde Intensivschwätzerin», kurz: «Grüfri»[12]. Nun hätte man vermutet, dass ihr wenigstens ihre eigenen Parteifreund*innen zur Seite springen. Aber Fehlanzeige. Prominente Grüne ließen sie gnadenlos im Regen stehen und distanzierten sich auf breiter Front, vom Co-Vorsitzenden Cem Özdemir über Fraktionschefin Katrin Göring-Eckardt bis zu Tübingens Oberbürgermeister Boris Palmer. Das Schauspiel sagte viel über den Mut der Grünen gegenüber dem Mainstream.

Peters angeblicher Fauxpas ist nicht das einzige Beispiel für falschverstandene Institutionentreue. Als im Sommer 2020 eine Debatte über Rassismus in der Polizei aufflammte, weil in den USA der Schwarze George Floyd von Beamten umgebracht wurde, kritisierte die Sozialdemokratin Saskia Esken «latenten Rassismus» in den Reihen der deutschen Sicherheitskräfte. Esken traf eine ähnliche

Wutwelle wie damals Simone Peter. Wieder duckten sich die Grünen weg. Der entscheidende Satz der vermeintlichen Bürgerrechtspartei kam von der Abgeordneten Irene Mihalic, selbst Polizeibeamtin. Vom *Spiegel* gefragt, ob die deutsche Polizei ein Rassismus-Problem habe, antwortete sie: «Das wissen wir nicht so genau.»[13]

So, so. War da nicht was? Der Tod Oury Jallohs? Die Blindheit der Ermittler bei den NSU-Morden? Die Verstrickung von Polizisten in der rechtsextremen Vereinigung «Nordkreuz»? Unzählige Berichte von BPoC in sozialen Netzwerken, dass sie mal wieder am Bahnhof oder anderswo «verdachtsunabhängig» kontrolliert wurden, etwas, was weißen Menschen seltsamerweise so gut wie nie passiert? Aber kein Rassismus-Problem, nirgends? Natürlich kann man sich zu Rassismus bei der Polizei erst mal eine wissenschaftliche Studie wünschen, wie Mihalic es tat – und wie es die Grünen in den Folgemonaten mehrfach forderten. Aber das war auch ein Ausweichmanöver. Der Fokus auf eine wissenschaftliche Studie delegitimierte die Zeugenschaft vieler Opfer von rassistischer Polizeigewalt – und ignorierte die überwältigende anekdotische Evidenz. Die Grünen haben gelernt zu priorisieren. Harte Polizeikritik wird in Deutschland mit einem konservativen Shitstorm bestraft, entsprechend lässt man sie lieber. Es gibt einzelne Stimmen, die sich eine offenere Diskussion über die Polizei wünschen würden. «Auch wir Grüne agieren hier manchmal zu vorsichtig», sagt Aminata Touré, Landtagsvizepräsidentin in Schleswig-Holstein. «Es gibt dieses Denken aus der Regierungslogik heraus: Ohgottogott, wir dürfen bloß nichts gegen die Polizei sagen.» Aber so ehrlich wie Touré artikulieren nur wenige Grüne die eigene Beißhemmung gegenüber der Polizei.

Opportunismus gegenüber dem Mainstream schlägt Ehrlichkeit. Zum neuen Patriotismus der Grünen gehört, die Wahrheit über staatliche Institutionen nur dann auszusprechen, wenn man damit nicht allzu viele Leute gegen sich aufbringt.

BÜNDNIS 90 / DIE WEISSEN

Von wegen bunte Vielfalt: Warum die Grünen ihrem eigenen Anspruch nicht genügen

Die *taz* titelte am 29. Juni 2020 auf der Seite 1 mit der Schlagzeile «Bündnis 90 / Die Weißen». Darunter ein Foto des Bundesvorstandes, der sich auf einer Bühne selbst feiert. Drei lachende Frauen, drei lachende Männer, Marc, Ricarda, Robert, Annalena, Michael und Jamila. Alle Akademiker*innen oder Student*innen, alle ohne Migrationshintergrund und alle mit weißer Hautfarbe. Das Bild sagte mehr als tausend Worte.

Die Grünen haben ein Problem. Als Partei, die für Vielfalt stehen will, geben sie ein sehr uniformes Bild ab. Viele Menschen mit Rassismuserfahrung oder Migrationshintergrund fühlen sich von ihnen nicht repräsentiert, obwohl sie doch genau sie ansprechen wollen. Die Journalistin Ferda Ataman sagte im März 2019 einen bösen, aber sehr treffenden Satz: Der Entwurf für das neue Grundsatzprogramm lese sich «wie das Programm einer weißen Partei, die Ausländer mag». Tatsächlich hat die grüne Haltung etwas Paternalistisches, ganz nach dem Motto: Wir kümmern uns um euch, auch wenn wir euch nicht wirklich verstehen. Was tun die Grünen dagegen?

Ich habe mich mit Aminata Touré für ein Skype-Gespräch verabredet. Touré winkt freundlich in die Kamera ihres Laptops. Sie ist ein aufstrebender Star der Grünen, seit August 2019 Vizepräsidentin des Landtags in Schleswig-Holstein – und die jüngste Frau und erste Schwarze in einem solchen Amt. Tourés Eltern kamen aus Mali in Westafrika nach Deutschland. Ihre Kindheit verbrachte sie in einer Gemeinschaftsunterkunft für Geflüchtete. Touré hat sich trotz ihrer schnellen Karriere einen kritischen Blick auf den eigenen Laden bewahrt. «Wenn ich mir Parteitage anschaue, denke ich oft: Krass, nur white dudes hier.» Einem Freund, den sie mal zu einem Parteitag mitnahm, sei es ähnlich ergangen. «Viele Menschen machen sich nicht klar, wie prägend solche Eindrücke sind.»[1]

Wie sehr sich die Grünen bunte Vielfalt auf die Fahne geschrieben haben, spiegelt sich auch in ihrem Programm wider. Sie sind für ein großzügiges Einwanderungsgesetz, für mehr Rechte für gleichgeschlechtliche Eltern und positionieren sich klar gegen Homo- und Transphobie. Ein jeder soll gleiche Chancen haben und nach seiner Fasson glücklich werden, nicht umsonst plädierten sie dafür, den Begriff «Rasse» aus dem Grundgesetz zu streichen. Dem Vorschlag schloss sich sogar die Bundesregierung an.[2] Sie selbst jedoch repräsentieren vor allem die weiße, gebildete Mittelschicht. Das Bild, das der Bundesvorstand vermittelt, ist repräsentativ für weite Teile der Partei. «Wir sind zwar eine Partei, die Diversität vor sich herträgt, aber in den eigenen Reihen sieht es mau aus», sagt Touré. Im Bundestag haben die Grünen nach der Linkspartei die meisten Abgeordneten mit einem Migrationshintergrund. Es sind knapp 15 Prozent[3] – in der Bevölkerung ist es jeder Vierte. Wie viele ihrer rund 104 000 Mitglieder (Stand: September 2020) einen Migrationshintergrund haben, wissen die Grünen laut Bundesgeschäftsführer Michael Kellner nicht. Bei einer Befragung von Neumitgliedern gaben 10 Prozent an, einen Migrationshintergrund zu haben.[4] Also nicht mal halb so viele wie im deutschen Durchschnitt. Bei den Altmitgliedern dürften es noch weniger sein.

Im Fraktions- und Parteivorstand findet man dank der Frauenquote Geschlechterparität – aber nur weiße Gesichter. Damit wirken die Grünen wie aus der Zeit gefallen. Inzwischen begrüßen die allermeisten Unternehmen Diversität, also möglichst große Vielfalt in der Belegschaft, als ein Erfolgskonzept. Eines muss man den Grünen aber lassen: Ihnen ist ihr Defizit bewusst, und sie versuchen, es zu ändern. Im Jahr 1986 beschlossen sie ein Frauenstatut, welches etwa eine Mindestquotierung für Wahllisten vorschreibt.[5] Es wurde zu einer Erfolgsgeschichte. In kaum einer anderen Partei gibt es mehr einflussreiche Frauen als bei den Grünen. 36 Jahre später, im Jahr 2020, kommt ein «Statut für eine vielfältige Partei» hinzu. Eine im Mai 2019 gegründete «Arbeitsgruppe Vielfalt» erarbeitete Ideen für eine diversere Partei, Touré war mit dabei. «Unsere Strukturen gegenüber BIPOC müssen sich ändern», sagt sie vor ihrem Laptop. BIPOC ist die Abkürzung für «Black, Indigenous and People of Color»[6], also für alle, die nicht so aussehen wie die Protagonisten deutscher Heimatfilme aus den 1960ern.

Für Touré ist klar, wohin die Reise gehen muss: «Weg von freundlicher Zuwendung, hin zu echter Repräsentanz.» Das sei nicht für jeden einfach, denn natürlich gehe es auch um Machtfragen. Heißt übersetzt: Damit BIPOC in wichtigere Positionen kommen, müssen Weiße ihren Platz räumen. Dieser Anspruch wird bei den Grünen noch für Ärger sorgen. Das Gerangel um sichere Listenplätze ist groß, die Zahl der Wahlkreise begrenzt. Ob sie wirklich ernst machen mit echter Repräsentanz, wird sich erst bei künftigen Wahlen zeigen.

In den ersten Sitzungen der AG Vielfalt sei es zur Sache gegangen, berichten Teilnehmer*innen. Die BIPOC in der Runde erzählten von ihren Diskriminierungserfahrungen und machten den Grünen klar, dass auch sie Teil eines auf Rassismus beruhenden Systems seien. Die Angesprochenen, erst ganz verständnisvoll und still, kofferten irgendwann beleidigt zurück: Aber wir sind doch die Guten! Das hör ich mir nicht an! Aminata Touré grinst. «Irgendwann kam er natürlich, der White-Fragility-Moment.» Plötzlich poltert etwas in ihrem Zimmer. Touré springt auf und verschwindet für ein paar Sekunden links aus dem Bildschirmausschnitt. So, sagt sie, als sie sich wieder vor die Kamera setzt. Sie habe nur kurz ihre Katze disziplinieren müssen. Dann erzählt sie, worauf sich die AG einigte.

Der wichtigste Punkt: Die AG Vielfalt entschied sich am Ende gegen eine Quote, die beim Frauenstatut große Erfolge brachte. Frauen sind eine genau umrissene, einfach zu quantifizierende Gruppe. Aber wie wird man der Vielfalt der heutigen Gesellschaft gerecht? «Eine Quote müsste ja nicht nur BIPOC bedenken, sondern auch Juden, Muslime, Menschen mit Beeinträchtigungen oder solche aus armen Verhältnissen», sagt Touré. «Es gibt zu viele Diversitätsmerkmale, die unterschiedliche Arten von Diskriminierung zur Folge haben. Das ist die Herausforderung.» Für sie waren die Runden, in der auch drei Vorstandsmitglieder saßen, eine wertvolle Erfahrung. Endlich musste sie mal nicht die Mittlerin zwischen zwei Welten spielen und den einen erklären, was in den Köpfen der anderen vor sich geht. «Linksliberale denken oft, auf der guten Seite zu stehen, also nicht rassistisch zu sein.» Aber diese Selbstwahrnehmung, sagt Touré, führe zu blinden Flecken.

Natürlich gibt es sie, die Positivbeispiele. Touré selbst. Omid Nouripour, geboren im Iran, ist der Außenexperte der Fraktion. Filiz Polat, Tochter eines türkischen Arztes, kümmert sich im Bundestag um Migration und Integration. Einer, der blinde Flecken von Menschen, die es gut meinen, am eigenen Leib erfahren hat, ist Cem Özdemir, Sohn türkischer Gastarbeiter. Er war gut neun Jahre Parteivorsitzender und ist heute Bundestagsabgeordneter und Chef des Verkehrsausschusses. Özdemir ist, verglichen mit anderen Grünen, doppelt besonders, denn zum türkischen Migrationshintergrund kommt seine Herkunft aus einfachen Verhältnissen. Özdemir ist einer der wenigen prominenten Grünen, die sich von ganz unten nach oben gekämpft haben. Vor Jahren unterhielt ich mich lange mit ihm über seine Kindheit, seinen Aufstieg und seine Erfahrungen in der Partei.[7] Was er erzählte, war anrührend – und es sagt einiges über die Grünen und die deutsche Mehrheitsgesellschaft. Özdemirs Vater, der aus einem türkischen Dorf nach Bad Urach, Baden-Württemberg, kam, arbeitete als Hilfsarbeiter in einer Feuerlöscherfabrik. Seine Mutter schaffte in der Papierherstellung, wo sie sich am scharfen Papier die Arme aufschnitt. Alles, damit es der einzige Sohn mal besser hat.

Die Grünen sind eine bourgeoise, von Akademiker*innen geprägte Partei. Kindheitserinnerungen wie Özdemir hat dort kaum einer. Er erzählt, wie er und José, der zweite Migrant in der Klasse, in der Grundschule stets die Schlechtesten waren. Wie der Lehrer die Hefte mit der korrigierten Klassenarbeit austeilte, Cems und Josés ganz unten im Stapel. Über 50 Fehler auf zwei DIN-A5-Seiten, neuer Rekord an der Schule, Applaus für Cem. Der schaffte es dennoch von der Haupt- zur Realschule, von der Ausbildung zum Erzieher über den zweiten Bildungsweg zum Studium der Sozialpädagogik – und von dort in die professionelle Politik. Ihm waren viele Rituale dieser Welt völlig fremd, was typisch ist für Aufsteiger.

Der Soziologe Pierre Bourdieu bezeichnet den Habitus, also das erlernte Auftreten einer Person, als «geronnene Lebensgeschichte». Der Neigung des Kleinbürgers, sich mit den Augen der anderen zu betrachten, stehe die Selbstsicherheit des Bourgeois gegenüber. Der eine wirkt in besseren Kreisen unbeholfen, der andere lässig, weil er verinnerlicht hat, dass ihm Privilegien zustehen. Auch bei Özdemir ist das so. Das illustriert eine Anekdote aus dem Jahr 1994, in dem der junge Grüne erstmals in den Bundestag einzog. Er war zu einem Galadinner in Berlin eingeladen. Blankpolierte Messer und Gabeln lagen vor ihm auf dem Tischtuch, mehrere rechts und links neben dem Teller. Özdemir hatte einen Schweinedurst, erzählt er – doch er wusste nicht, in welches der Gläser das Mineralwasser gehört. Ihm widerfährt die Zerrissenheit des Aufsteigers. Die harte Welt seiner Kindheit hat er hinter sich gelassen, doch in der Oberschicht fühlt er sich unsicher. Ins frühere Leben will er nicht zurück, dem neuen fühlt er sich nicht wirklich zugehörig.

Die Grünen waren nicht immer gut zu Özdemir, was vielleicht auch mit seinem Sonderstatus zu tun hatte. Ein Tiefpunkt war die Bonusmeilen-Affäre. Im Bundestagswahlkampf 2002 kam heraus, dass Özdemir mit dienstlich angesammelten Bonusmeilen privat verreist war. Özdemirs Rückhalt bei den Grünen schmolz dahin wie ein Eiswürfel in sonnenwarmer Bionade. Rücktritt vom Mandat, Auszeit in den USA, Brüssel und Straßburg. Bei einem anderen lief es besser: Rezzo Schlauch, Fraktionschef, Grünen-Urgestein und Sohn eines Pfarrers, gestand wenig später, ebenfalls Dienstmeilen für einen privaten First-Class-Flug nach Thailand genutzt zu haben. Rücktrittsforderungen schmetterte er ab und wurde Staatssekretär im Wirtschaftsministerium.

Auch in der Zeit, als Özdemir Parteichef war, hatte ich das Gefühl, es gebe einen geheimen Deal. Özdemir spielte den Vorzeige-Cem, den einzigen migrantischen Parteichef Deutschlands – doch die Grünen gaben nicht allzu viel auf seine Ansagen. Sie duldeten, liebten ihn aber nie. 2014 legt er sich zum Beispiel darauf fest, dass die Kurden im Nordirak im Kampf gegen die Terrormiliz Islamischer Staat Waffen aus Deutschland erhalten müssten. Die Kurden, spitzt er zu, könnten den IS nicht «mit der Yogamatte unterm Arm» besiegen.[8] In der Bundestagsfraktion teilt kaum einer die Position des damaligen Parteichefs – und auf dem folgenden Parteitag verliert er die entsprechende Abstimmung, allerdings äußerst knapp. Özdemir hat, daran zweifelt heute keiner mehr, anderen den Weg freigeräumt – und er ist ein Vorbild. Mehrere junge Leute mit Migrationshintergrund, mit denen ich über die Grünen sprach, sagten mir: «Cem ist der Beweis, dass auch solche wie wir es schaffen können.»

Sein Beispiel soll nun Schule machen. Die von dem ehemaligen Vorstandsmitglied Gesine Agena geleitete grünen-interne AG Vielfalt entwickelte gleich mehrere Ideen, wie die Partei für BIPOC attraktiver gemacht werden kann.[9] Ziel sei die Repräsentation von diskriminierten Gruppen «mindestens gemäß ihrem gesellschaftlichen Anteil auf allen Ebenen», heißt es im Ergebnispapier. Eine formale Quote ist, wie erwähnt, nicht dabei, aber mehrere tiefgreifende Maßnahmen: Ein eigens beim Bundesvorstand angestellter Referent soll gerechte innerparteiliche Teilhabe im Blick haben und fördern. Die Zusammensetzung der Funktionär*innen auf Bundes- und Landesebene wird in Zukunft alle zwei Jahre wissenschaftlich evaluiert. Ein regelmäßig tagender Diversitätsrat soll die Regeln kontrollieren, alle zwei Jahre ist die Organisation eines Vielfalts-Kongresses geplant. Als Gesine Agena diese Ergebnisse im Juni 2020 vorstellte, bezeichnete sie es als «Demokratiedefizit, wenn die übergroße Mehrheit der Mandatsträger weiß und akademisch» sei. Nicht ohne Stolz fügte sie mit Blick auf die Diversitätsoffensive hinzu: «Wir machen das als erste Partei in Deutschland.»

Ob den Grünen ihr Bemühen neue Wähler*innen bringt, ist offen. Der Sachverständigenrat deutscher Stiftungen für Integration und Migration (SVR) hat 2018 das Wahlverhalten von Migrant*innen erforscht. «Die wachsende Gruppe der Zuwanderinnen und Zuwanderer zeigt sich in ihren Parteipräferenzen zunehmend wechselhaft», lautete das Fazit. Und: «Historisch gewachsene Bindungen erodieren.» Das bekam vor allem die SPD zu spüren: 2016 bevorzugten 40,1 Prozent der Migrant*innen die SPD, 2018 waren es nur noch 25 Prozent. Davon profitierte vor allem die Union, die sich von 27,6 Prozent auf 43,2 Prozent verbesserte. Ganz anders sah es bei den Grünen aus: Während sich 2016 13,2 Prozent der Migrant*innen für sie aussprachen, waren es im Jahr 2018 nur noch 10 Prozent.[10] Dass die Beschlüsse der AG Vielfalt diesen Abwärtstrend aufhalten, darf bezweifelt werden. Doch in der Politik geht es nicht nur um strategische Geländegewinne. Der Versuch der Grünen, einer modernen Gesellschaft gerechter zu werden, verdient Anerkennung.

PLASTIKSPRACHE
*Über politische Sprechroboter und den
Versuch, es anders zu machen*

Sprache schafft Wirklichkeit – das ist der Grünen-Spitze sehr bewusst. Robert Habeck hat im Sommer 2018 sogar ein Buch darüber geschrieben. Unter dem Titel *Wer wir sein könnten* stellte er fest: Nur was wir sagen könnten, könnten wir denken. «Was wir aussprechen, wird Wirklichkeit.»[1] Sprache sei das eigentliche Handeln, das gelte ganz besonders und buchstäblich für die Politik.

Das stimmt auf mehreren Ebenen. Politik wirkt in der Tat im Wortsinn durch Sprache. Anträge im Parlament, die irgendwann in Gesetze münden, veröffentlicht im Amtsblatt, verändern den Alltag von 83 Millionen Menschen. Und auch jenseits von Gesetzestexten formen Politiker*innen mit ihrer Sprache die Welt. In der Zeit, als Habeck sein Buch schrieb, setzten CSU-Politiker*innen in der Flüchtlingspolitik auf populistische Stammtischparolen. Sie wetterten gegen «Asyltourismus» oder eine angebliche «Anti-Abschiebe-Industrie». Wörter wie Zyankalikapseln waren das, heimtückisch und giftig. Sie machten aus vor Krieg und Armut fliehenden Menschen Erholungsreisende und aus Anwält*innen, die legitime Rechte verteidigten, zwielichtige Gestalten, die vor allem aufs Geldmachen aus waren. Ministerpräsident Markus Söder (CSU) merkte mitten im Landtagswahlkampf, dass er mit diesem Narrativ die AfD stärkte und humanitär gesonnene Wähler*innen an die Grünen verlor. In einem waghalsigen Wendemanöver schwenkte er kurz vor der Wahl um und gibt seither den modernen, aufgeschlossenen und ergrünten Konservativen.

Aber auch links der Mitte weiß man Sprache als Waffe zu nutzen.

«Herdprämie» nannten sich aufgeklärt fühlende Linke gerne das von der CSU ersonnene Betreuungsgeld. Das war nur scheinbar eine witzige Zuspitzung, denn sie beleidigte Mütter und Väter, die ihrer Kinder zuliebe zu Hause blieben. Ein solches Wort käme Robert Habeck und Annalena Baerbock nicht über die Lippen. Beide haben die Notwendigkeit einer anderen Sprache für den Erfolg der Grünen von Beginn an betont. Neigten die Grünen früher zu Arroganz und moralisierenden Belehrungen, setzte die neue Doppelspitze einen anderen Grundton: «Wenn wir im Kampfmodus argumentieren [...], erzeugt das Widerstand», sagte Habeck 2018 in einem Interview mit der *Zeit*.[2] Einladend müsse die Ansprache stattdessen sein, nicht ausgrenzend, predigten Baerbock und Habeck. Auch mal fragend, suchend, nicht stets und jederzeit von sich selbst überzeugt. Dies gelingt ihnen in der Regel: Beide sprechen respektvoll über Andersdenkende, über konventionelle Bauern, über Kohlekumpel oder Konservative. Beide greifen oft zu dem Kniff, dem Gegenüber in einem Punkt recht zu geben und erst anschließend die eigene Argumentation zu entwickeln. Das wirkt versöhnlicher. Angriffe auf die Wettbewerber, auf CDU, SPD oder FDP, sind unter Baerbock und Habeck auf Grünen-Parteitagen seltener geworden, obwohl sie immer für Applaus gut sind. Habeck verblüffte in Talkshows manchmal Wettbewerber*innen, indem er ihnen zustimmte. Überhaupt hat er kein Problem damit, die Konkurrenz auch mal zu loben. Als CDU-Chefin Annegret Kramp-Karrenbauer und ihr Generalsekretär Paul Ziemiak im Februar 2020 die Wahl des FDPlers Thomas Kemmerich zum Ministerpräsidenten in Thüringen mit Stimmen der AfD und der CDU klar verurteilen, sagt Habeck: Die Worte Kramp-Karrenbauers und Ziemiaks hätten ihn «beeindruckt». Es sei gut, wie klar sie sich von der AfD abgrenzten. «Und auch, wie klar sie zugegeben haben, dass sie sich gegenüber der Thüringer CDU nicht durchsetzen konnten.»[3] Solch eine Geste ist nicht selbstverständlich.

In ihrem neuen Grundsatzprogramm vermeiden die Grünen den früher beliebten Weltuntergangssound. Das fällt besonders auf, wenn man in alten Papieren blättert: Die Einleitung des Programms von 1980 liest sich wie ein dystopischer Roman. Da reihte sich Giftskandal an Giftskandal, da wurden Tiergattungen ausgerottet, Flüsse und Weltmeere verwandelten sich in Kloaken.[4] Heute wollen die Grünen Optimismus ausstrahlen – und klingen manchmal wie eine hippe Werbeagentur aus Berlin-Mitte. «Wir streben nach einem solidarischen, gemeinsamen Wir in einer vielfältigen Gesellschaft», heißt es zum Beispiel im Teil zu den Grundwerten.[5] Überhaupt ist viel von «wir» die Rede, und auch das klingt inklusiver als früher, weil da nicht mehr «Wir Grüne» steht. Das eine Wort weniger macht einen großen Unterschied: Der Rest der Gesellschaft ist mitgemeint und muss nicht mehr draußen bleiben.

Aber auch Habeck und Baerbock erfinden das Rad nicht täglich neu, auch sie kommen nicht ohne Floskeln aus, und im Zweifel erfinden sie einfach neue. Da wird «der Kompass geeicht», da wird Politik «auf Ballhöhe» mit der Wirklichkeit versprochen, da wird sich «Streit zugemutet» und euphorisch «Bock auf besser» verkündet, dass einem die Ohren klingeln. Alle Zitate stammen von einer einzigen Veranstaltung, dem Startkonvent zum Grundsatzprogramm 2018, bei dem Baerbock und Habeck die großen Linien ihrer Politik erklärten, aber leider nicht auf Ballhöhe mit dem eigenen Sprachanspruch kamen.

Es ist auch nicht einfach: Der Anspruch der Gesellschaft an Politiker*innen ist widersprüchlich. Einerseits sollen sie lebendig sprechen, authentisch und klar, denn das Publikum ist der Phrasen, Floskeln und Stanzen müde, des Lavierens und ewigen Nicht-Festlegens. Wer lebendig spricht, bekommt Applaus in den Talkshows und Sälen der Republik. Ihm oder ihr hört man gerne zu. Gleichzeitig wird jeder Ausbruch aus der Konvention vom politmedialen Betrieb unerbittlich bestraft – zur Unterhaltung desselben Publikums. Zeitungen und Online-Medien spitzen in Überschriften Aussagen von Politiker*innen zu, dabei gehen Zwischentöne verloren. Sie schicken aus dem Kontext gerissene Sätze an die Agenturen, die in Echtzeit zur Nachricht werden. Im Gewitter der auf Erregung getrimmten sozialen Netzwerke droht an jeder Ecke ein Shitstorm, ein falsches Wort reicht für wüste Beschimpfungen aus. Annalena Baerbock sprach zum Beispiel im ARD-Sommerinterview 2019 von einem Rohstoff namens «Kobold», als sie über Elektromobilität und Batterien redete.[6] Sie meinte natürlich «Kobalt», ein seltenes Metall, das vor allem in der Demokratischen Republik Kongo abgebaut wird – und zur Herstellung von Akkus dient. Wusste Baerbock tatsächlich nicht, dass ein Kobold ein Fabelwesen ist und kein Metall? Das unterstellten ihr viele und gossen in sozialen Netzwerken Häme über sie aus. Oder hatte sie sich einfach nur versprochen? Das wäre meine Vermutung. Überhaupt finde ich, dass den Dauerempörten bei Twitter und Co. ein bisschen mehr Gelassenheit guttäte. Im Zweifel für den oder die Angeklagte – das wäre nicht nur bei Grünen oft angebracht, sondern auch bei Politiker*innen anderer Parteien.

Zumal die Folgen für die Demokratie unübersehbar sind: Viele Politiker*innen wollen sich nicht angreifbar machen. Das Ergebnis ist eine nichtssagende Plastiksprache. Wir züchten uns die Sprachroboter in der Politik selbst heran. Baerbock und Habeck ist natürlich klar, dass sie in einem Dilemma operieren. «Die Leute, die sozialen Medien und auch Ihre Branche, legen jedes Wort auf die Goldwaage», sagte mir Baerbock dazu einmal. Es gehe auch nicht, dass man sich ständig korrigiere. «Und gleichzeitig will ich bei mir selbst bleiben und nicht in Sätze verfallen, die man schon dreimal vor- und zurückgekaut hat. Der Grat ist schmal.»[7]

Jeder kennt sie, die «Lingua blablativa», wie der Soziologe Niklas Luhmann blutleere Politikerphrasen mal genannt hat.[8] Da wird die Lage schonungslos analysiert, das Profil geschärft, etwas in aller Deutlichkeit betont. Angela Merkel, die scheidende Kanzlerin, hat es in der Lingua blablativa zu wahrer Meisterschaft gebracht. Merkels Reden waren wie dicke, wattige Schneeflocken, die aus einem grauen Winterhimmel fielen. Sie deckten zu, dämpften, zeichneten die Konturen weich. Und am Ende stand stets dieselbe Frage: Was hat sie jetzt eigentlich gesagt? Einmal rechtfertigte sie ihre Griechenland-Politik in Europa als «alternativlos». Diese Phrase wurde zu Recht als Unwort des Jahres 2010 gekürt, schließlich gibt es in einer liberalen Demokratie immer Alternativen. Merkel klang stets, als rasple sie gesellschaftliche Großprobleme mit der Feile klein. Linien ihrer Politik blieben auch deshalb so unklar, weil sie sie nicht thematisierte. Sie verweigerte sich dem Anspruch, dass eine Kanzlerin das große Ganze anschaulich erklären müsse. Lieber zerlegte sie riesige Aufgaben in technisch anmutende Schrittchen, die Finanzkrise, die Griechenland-Krise, die Klimakrise. Selbst bei maximalen Schwenks kultivierte Merkel ihren deeskalierenden Stil. Von Zuhörer*innen verlangte das eine enorme Aufmerksamkeit, weil sich das Wichtigste im unwichtigsten Relativsatz verstecken konnte.

Es gibt für Merkels absichtsvoll diffuse Sprache ungezählte Beispiele, hier nur eines. Ein Satz von ihr bei einer Veranstaltung der Frauenzeitschrift *Brigitte* stieß 2017 die Reform zur Ehe für alle an.[9] Merkel rückte, von einem Zuschauer nach der Gleichstellung homosexueller Partnerschaften mit der Ehe gefragt, von ihrem Nein ab – auf ihre ganz eigene, unnachahmliche Weise. Sie wand sich minutenlang, bevor der entscheidende Satz fiel: «Und deshalb möchte ich gerne die Diskussion mehr in die Situation führen, dass es eher in Richtung einer Gewissensentscheidung ist, als dass ich jetzt hier per Mehrheitsbeschluss irgendwas durchpauke.»[10] In eine Situation führen. Eher in Richtung. Dann, endlich: Gewissensentscheidung. Hätte nicht eine aufmerksame dpa-Journalistin eine spitze Eilmeldung abgesetzt, wer weiß, ob die Dynamik in Gang gesetzt worden wäre, die die Union schließlich zur Aufgabe ihrer jahrelangen Blockade im Parlament zwang.

Die Grünen-ChefInnen kommunizieren ganz anders als Merkel. Furcht, historische Linien zu ziehen, kennen sie nicht, und sie lieben das große Ganze. Habeck, der seinen Alltag regelmäßig in einem Blog aufarbeitet, noch mehr als seine Co-Chefin Baerbock.[11] Ein paar Wochen vor der Landtagswahl in Bayern 2018 deutete sich ein Stimmungsumschwung an. Die Grünen standen in Umfragen blendend da, die CSU schien mit ihrem Ansatz, Angst vor Geflüchteten zu schüren, abzusacken. Was in Bayern gerade passiere, sei eine «Frischluftzufuhr für die Demokratie», schrieb der Grüne in seinem Blog.[12] Vor den ostdeutschen Wahlen 2019 betonte er, der Rechtspopulismus versuche, «den Osten» für sich zu beanspruchen – inklusive der friedlichen Revolution. Wenn es eine Aufgabe gebe, dann die, «dieses Klischee zu brechen».[13] Auch Baerbock zeichnet die Aufgabe der Grünen manchmal übergroß. Vor der Europawahl 2019 rief sie auf dem Parteitag in Leipzig, dass es auch darum gehe, die liberale Demokratie zu verteidigen, die enorm unter Druck stehe.[14] «Autoritär versus liberal», dazwischen gelte es zu wählen. Die Grünen der Inbegriff des Liberalen? Das ist, mit Verlaub, eine recht großmäulige Ansage. Es gibt ja auch noch andere Parteien jenseits der autoritären Rechtsextremen. Machte Merkel die permanente Unterdramatisierung zu ihrem rhetorischen Stilmittel, neigen die Grünen also zum Gegenteil. Sie lieben die Überdramatisierung. Alles ist groß, immer geht es ums Ganze. Die Grünen beschreiben sich unter Baerbock und Habeck als Retter der Demokratie, darunter machen sie es nicht, sei es in Amberg, Pirna oder Brüssel.

Das Sprechen der ParteichefInnen beruht auf einer interessanten Gleichzeitigkeit. Zum einen betonen sie, dass es in der Komplexität der Gegenwart keine einfachen Antworten mehr gebe. Auf jedes Einerseits folgt ein Andererseits. Journalist*innen, die wegen begrenzter Zeilenzahl oder knapper Sendezeit manchmal auf kurze Antworten angewiesen sind, kann das in die Verzweiflung treiben. Doch neben der Lust an der Differenzierung lebt das vereinfachende Pathos weiter, das die Grünen immer mochten. Entscheidet sich durch ein Kreuz bei den Grünen wirklich der Kampf zwischen autoritär und liberal, wie es Baerbock und Habeck andeuten? Darin steckt eine Überheblichkeit, die die Grünen ja eigentlich ablegen wollten. Solche Sätze klingen, als könnte unsere Gesellschaft nur unter ihrer Führung genesen.

Menschen lieben gute Geschichten, das ist so, seitdem sie sich am Lagerfeuer von ihrem Tag erzählten. Ich halte Habeck und Baerbock für begnadete Geschichtenerzähler, vielleicht die besten, die es derzeit in der deutschen Politik gibt. Sie schaffen es, ein Bild von den Grünen zu zeichnen, das viele Leute, besonders viele Junge, begeistert. Ihre Mitgliederzahl wächst stetig: Verzeichneten die Grünen im September 2017 – zum Zeitpunkt der letzten Bundestagswahl – knapp 63 000 Mitglieder, waren es im September 2020 rund 104 000. Aber diese Stärke ist auch ein Risiko. Wenn sich die Geschichten als Lügenmärchen entpuppen, ist die Enttäuschung bei den Zuhörer*innen umso größer. Aus der grünen Brandmauer gegen Rechts, die Habeck vor den ostdeutschen Wahlen beschwor, wurde ein brüchiges Mäuerchen. Die Grünen schafften 2019 in Thüringen gerade mal 5,2 Prozent. Es waren die starken Ministerpräsidenten anderer Parteien, die die AfD im Osten in die Schranken wiesen, nicht die Grünen.

Manchmal wird der Versuch, anders zu sprechen, auch zur Falle. Im September 2019 erklärte Robert Habeck im Bericht aus Berlin in der ARD die Pendlerpauschale. Oder besser: Er glaubte, sie zu erklären. Eine von der Großen Koalition geplante Erhöhung nannte er einen «Anreiz», möglichst weite Strecken zu fahren. «Wenn man den Benzinpreis um drei Cent erhöht, die Pendlerpauschale aber um fünf Cent erhöht, dann lohnt es sich eher, mit dem Auto zu fahren als mit der Bahn», sagte er. Vom Moderator darauf hingewiesen, dass die Pendlerpauschale für alle Verkehrsmittel gelte, auch für die Bahn, kam der Grünen-Chef ins Stottern: «Dann ist es ja nur die Erstattung des Bahntickets, und die… oder wird die dann… das weiß ich gar nicht.»[15] Ein solcher Lapsus ist peinlich. Ein Mann, der Minister werden will, sollte ein wichtiges Instrument im Steuerrecht kennen, zumal wenn er es selbst in einem Interview anspricht. Ich habe mit Habeck im Nachhinein über diesen Fehler gesprochen. Er habe sich vor der Schalte vorgenommen, mit dem Moderator normal zu reden wie mit einem Kumpel am Kaffeetisch, erzählte er. Als der Redakteur sagte, das stimme doch nicht, habe er wie einem Kumpel geantwortet: Das weiß ich gar nicht. Habecks Fazit: «Ein Fehler war, dass ich die genauen Regeln für die Abrechnung von Zugfahrten nicht parat hatte. Aber der zusätzliche Fehler in dieser Politik-Medienwelt war, das zuzugeben.»[16] Zu viel Ehrlichkeit also. Etwas Ähnliches wird ihm wahrscheinlich nicht noch mal passieren.

Wie bei Merkel empfiehlt es sich auch bei den Grünen, auf den genauen Wortlaut zu achten. Manchmal deuten sie eine Radikalität an, die sich in der konkreten Formulierung in Luft auflöst. So machte zum Beispiel im April 2019 ein Interview von Habeck mit der *Welt* Schlagzeilen. Angesichts der immensen Mietsteigerungen in Städten plädiere der Grüne für Enteignungen, meldeten viele Medien.[17] Ein Aufreger, gerade für Liberale und Konservative, die das Recht auf Eigentum hochhalten. Damals forderte ein Berliner Volksbegehren, private Immobiliengesellschaften wie die Deutsche Wohnen zu vergesellschaften. Stellte sich Habeck jetzt hinter diese Idee? So wurde das Interview breitflächig interpretiert. Aber die Deutung war ungenau. Habeck verteidigte in Sachen Enteignung nur ein Vorgehen gegen Bodenspekulation in Kommunen, das etwa der linker Umtriebe unverdächtige Boris Palmer in Tübingen anwandte. «Er will, dass brachliegende Grundstücke in den nächsten Jahren bebaut werden – und setzt dafür auf ein Baugebot aus dem Baurecht.» Auf die Nachfrage der Journalist*innen, ob er die Forderung nach der Enteignung der Deutsche Wohnen unterstütze, eine viel weitergehendere Vergesellschaftung, blieb Habeck vage. Ihr Ziel sei richtig, aber ob dies das probate Mittel für die Situation in Berlin sei, würden die Berliner genau prüfen. Zustimmung, gar: Begeisterung klingt anders. Durch eine zugespitzte Überschrift und die im Medienbetrieb oft zu findende Ungenauigkeit wurde aus dem Pochen auf ein kommunales Baugebot der Ruf nach Enteignungen.

Wirklich bemerkenswert ist aber etwas anderes: Ich habe aus Habecks Umfeld beide Deutungen des Interviews gehört. Als die Grünen nach dem *Welt*-Gespräch im Feuer der Kritik standen, hieß es, die mediale Zuspitzung sei übertrieben. Habeck habe ja gar keine Enteignungen gefordert. Als ich Monate später skeptisch fragte, wie radikal die Grünen überhaupt noch seien, wurde auf Habecks mutige Enteignungsforderung verwiesen. Dieses Deuten nach Bedarf ist geradezu genial. Die Grünen fordern Enteignungen, ohne Enteignungen zu fordern. Linke Wähler*innen können hoffen, dass sie ernst machen, Konservative brauchen es nicht zu fürchten.

REALITÄTSCHECK

*«Die lassen doch alle Flüchtlinge rein»
und andere beliebte Vorurteile
über die Grünen*

Verbotspartei? Verkappte Ökodiktatoren? Exklusivclub für Besserverdiener? Bestimmte Klischees begegnen mir immer wieder, wenn ich mit Freund*innen oder Verwandten über die Grünen spreche. Deshalb möchte ich in diesem Kapitel fünf beliebte Vorurteile hinterfragen. Was ist Mythos, was Realität? Achtung, hier kommt ein bisschen Empirie im Schnelldurchlauf.

1. Die Grünen sind eine Verbotspartei

Verbotspartei, das klingt unsympathisch, kleinkariert und bösartig. Nach dem peniblen Nachbarn, der einem das Leben zur Hölle macht, weil man wieder etwas Falsches in die Gelbe Tonne geworfen hat. Wahrscheinlich ist das Wort deshalb bei den Gegnern der Grünen so beliebt. Die Grünen wollten den Deutschen das Schnitzel verbieten und den Verbrennungsmotor gleich mit, wettert Christian Lindner von der FDP. Sie wollten keine neue Bundesstraße bauen, Ölheizungen sofort untersagen und erklärten das Auto zum Feind, sagt Markus Söder von der CSU. Überhaupt: «Die Grünen sind wieder eine reine Verbotspartei geworden.»[1] Der Vorwurf hat Konjunktur, auch bei der AfD und in den neurechten Nischen des Netzes. Die Wirklichkeit ist allerdings ein bisschen komplizierter.

Was stimmt, ist: Die Grünen wollen mehr untersagen als zum Beispiel die Union. Das liegt in der Natur der Sache, schließlich wollen sie mehr verändern als die Konservativen, die den Status quo beibehalten möchten. Für eine ökologischere Wirtschaft, für einen klimaneutralen Verkehrssektor oder eine grüne Agrarwende gäbe es neuen Regelungsbedarf. Fleisch würde teurer werden, weil die Grünen perspektivisch das Ende der industriellen Massentierhaltung anstreben. Mehr Platz für Schweine, mehr Tierwohl, bedeutet mehr Kosten. Aber verboten würde nichts. Jede und jeder sollen weiterhin so viele Schnitzel essen, wie er oder sie mag.

Auch anderswo löst sich bei genauem Hinsehen der Vorwurf der Verbotsversessenheit in Luft auf. Doch zuvor ein Blick zurück: Das Etikett haftet hartnäckig, seitdem es den Grünen im Bundestagswahlkampf 2013 angeklebt wurde. Anlass war ein vergleichsweise unwichtiger Satz im Wahlprogramm, der auch schon in vorherigen Programmen gestanden hatte, aber nie beachtet worden war. Öffentliche Kantinen sollten «Vorreiterfunktionen» übernehmen, lautete er. «Angebote von vegetarischen und veganen Gerichten und ein ‹Veggie Day› sollen zum Standard werden.»[2] War das radikal? Zu diesem Zeitpunkt boten ohnehin schon fast alle öffentlichen Kantinen vegetarische Gerichte an, in Dutzenden Städten gab es einen strikt vegetarischen Tag bereits, etwa in Bremen oder Straubing. Und das Wort «sollen» weist darauf hin, dass es sich um einen Vorschlag handelte. Sonst hätten die Grünen geschrieben: Wir *werden* einen Veggie Day einführen. All das scherte die *Bild*-Zeitung wenig. «Die Grünen wollen uns das Fleisch verbieten!», titelte sie.[3] Andere Medien stiegen ein. «Eine dumme Idee», kommentierte die *Welt*, der «mahnende Zeigefinger» verderbe den Geschmack.[4] Auch die Konkurrenz stürzte sich auf das willkommene Fressen. CDU-Wahlkampfchef Hermann Gröhe interpretierte den Veggie Day als Baustein einer rot-grünen «Bundes-Verbots-Republik».[5]

Aus einer Marginalie auf Seite 165 des Wahlprogramms wurde ein Politikum. Der Veggie Day verfolgte die Grünen bis zum Wahltag – als Beleg für ihre angeblich freiheitsbeschneidende Agenda.

Der Fall zeigt exemplarisch: Massenmedien und ihre Deutungen können einen Wahlkampf dominieren. Sie bestimmen, worüber geredet wird – oder eben nicht. Über tiefgreifendere Reformideen der Grünen wurde weniger berichtet, etwa die Energiewende. Die Grünen hätten in dem Wahlkampf die Deutungshoheit gleich über mehrere Themen verloren, analysierte später Barbara Unmüßig für die Heinrich-Böll-Stiftung.[6] Ein Grund, warum sich die Botschaft von der Verbotspartei so verfestigt habe, sei der Habitus mancher Grüner: «Den Zeigefinger und den konfrontativen Ton mögen viele Menschen in Deutschland nicht.» Da ist etwas dran. Wer wollte abstreiten, dass Jürgen Trittin, damals Spitzenkandidat, gelegentlich zu arroganter Besserwisserei neigt? Die Partei, die glaubt, die Welt retten zu müssen, war nie frei von Überheblichkeit.

Aber die Bereitwilligkeit, mit der sich Grüne den Schuh anzogen, hatte dann doch etwas Irritierendes. Statt die durchaus sinnvolle Forderung – esst weniger Fleisch! – cool zu verteidigen, traten sie nach dem gescheiterten Wahlkampf intellektuell den Rückzug an. Sie schworen dem Veggie Day auf einem Parteitag im November 2014 offiziell ab und scheuten danach jahrelang vor ordnungspolitischen Regeln zurück, weil sie als Verbote hätten diffamiert werden können. Die Grünen litten an einer Verbotsparanoia. Bloß keine harte Forderung in den Raum stellen, lautete das unausgesprochene Motto, sonst ziehen uns CDU und FDP im Verbund mit *Bild*, *Welt* und FAZ am Nasenring durch die Manege. Katrin Göring-Eckardt, die 2017 mit Cem Özdemir Spitzenkandidatin war, räumte sogar öffentlich ein, dass allen diese Angst im Nacken saß: «Beim Bundestagswahlprogramm haben wir uns angeschaut, sind da Verbote drin? Kommt da wieder jemand und sagt, die Grünen verbieten was?»[7]

Stattdessen hefteten sich die Grünen das Label «Freiheitspartei» ans Revers, wohl auch, um das Erbe der 2013 aus dem Bundestag geflogenen FDP zu plündern. Unzählige Besinnungsaufsätze zum doch eigentlich liberalen Kern grüner Programmatik wurden verfasst, ein von der Bundestagsfraktion ausgerichteter Freiheitskongress veranstaltet. Die Partei, rief Winfried Kretschmann den Parteitagsdelegierten damals zu, solle endlich loskommen vom «Sound» der Bevormundung – auch gegenüber der Industrie. All das wirkte recht gewollt und angestrengt. Denn die neue Lesart ignorierte ja einen wichtigen Punkt: Ökologisch orientierte Politik muss sich trauen, einer veränderungsunwilligen Industrie ordnungspolitische Ansagen zu machen – sonst verdient sie ihren Namen nicht. Die Grünen wurden in dieser Phase zu zahnlosen Tigern.

Die Übervorsicht endete erst mit dem Amtsantritt von Habeck und Baerbock Anfang 2018. Beide hielten wenig von der Taktik, eine brave Nebenregierung auf der Ersatzbank zu sein. Plötzlich hatten die Grünen keine Angst mehr vor Zuspitzungen wie einer Plastik-Steuer oder einer sanktionsfreien Grundsicherung, vor Themen also, mit denen man bei Konservativen aneckt. Die Partei atmete auf. Es sei gewesen, als hätten die beiden ein Ventil geöffnet, sagten mir damals mehrere wichtige Grüne. «Beide haben keine Scheu, alte Dogmen abzuräumen», analysiert die Bundestagsabgeordnete Katharina Dröge. «Das ist ungeheuer erfrischend.»[8] Aber wie sieht es nun unter Baerbock und Habeck aus? Würden die Grünen in einer Bundesregierung alles Mögliche verbieten?

Wie gesagt, die Grünen wollen sicher mehr neu regeln als andere Parteien. *Die Welt* wertete von der Wahl 2017 bis Oktober 2019 alle Anträge aus, die von Fraktionen im Bundestag gestellt wurden. Das Ergebnis: Die Grünen lagen in Sachen Verbotsforderungen auf Platz 2, nur die Linkspartei wollte mehr. In 26 ihrer 367 Anträge hätten die Grünen etwas untersagen wollen, etwa Mikroplastik, Fracking, die Erschließung neuer Tagebaue oder den Einsatz gentechnisch veränderter Bäume.[9] Allerdings ist die Sicht der Springer-Zeitung in dem Fall etwas unterkomplex, sie geißelt zum Beispiel auch ein Tempolimit als Verbotswahn. Und das ist mindestens Ansichtssache. Ich denke, dass der Begriff «Verbot» im öffentlichen Diskurs oft von interessierter Seite genutzt wird, um unerwünschte Vorhaben zu diskreditieren. Vermeintliche Verbote sind oft sinnvoll, werden aber trotzdem von Liberalen oder Konservativen als eine Art Freiheitsberaubung überzeichnet.

Wäre ein Tempolimit wirklich ein Verbot? Vielleicht für einige A6 fahrende Handelsvertreter, die sich das Recht auf 220 km/h auf der linken Spur nicht nehmen lassen wollen. Für die große Mehrheit der Deutschen allerdings wäre es ein Freiheitsgewinn. Jeder, der schon mal auf den Autobahnen unserer Nachbarländer dahingeglitten ist, auf denen eine Geschwindigkeitsbegrenzung selbstverständlich ist, wird das bestätigen. Dass in Deutschland auf manchen Strecken hemmungslos gerast werden darf, ist aus internationaler Sicht ein Anachronismus.

Oder wäre es schlimm, Mikroplastik in Kosmetika zu verbieten? Das Zeug gelangt übers Abwasser in die Natur, wird von Tieren aufgenommen und kommt über den Nahrungskreislauf zum Menschen zurück. Die gesundheitlichen Folgen sind unkalkulierbar. Außerdem lässt es sich problemlos durch gemahlene Nussschalen oder Tonerde ersetzen. Damit Schluss zu machen erscheint mir sehr richtig, trotzdem schaffte es die Forderung in die Verbotsliste der *Welt*.

Und ja: Muss, wer angesichts der Klimakrise den Kohleausstieg will, nicht neue Tagebaue verbieten? Eine Politik, die einerseits Kohlekraftwerke schließen, aber die Öffnung neuer Tagebaue zulassen würde, könnte man schwerlich ernst nehmen.

Meine These ist: Es hängt doch sehr von der persönlichen Einstellung ab, was man als Verbot wahrnimmt und was nicht. Oft wird der Vorwurf verwendet, um das Bestehende zu schützen, um alte Privilegien zu betonieren und Politik zu verhindern, die diese bedroht. Gerade beim Klimaschutz kann ich die selbsternannten

Verteidiger*innen der Freiheit, die das Recht auf maßlosen, billigen Konsum hochhalten, nicht für voll nehmen. Ihr eigenes Argument wendet sich gegen sie: Neue Regeln wären ja dringend nötig, um die Freiheit künftiger Generationen zu erhalten. Als wäre die Geschichte nicht voll von Beispielen, in denen sich eine Gesellschaft freiwillig für neue Verbote entschied. Die Sozialgesetzgebung ist voller Regeln, die erlassen wurden, um Schwächere zu schützen. Der Kündigungsschutz verbietet Arbeitgeber*innen brutales Hire-and-Fire, der Mindestlohn verbietet Unternehmen Ausbeutung, der Mutterschutz verbietet gefährliche Tätigkeiten für schwangere Frauen. Niemand würde von Verboten sprechen, weil die meisten Deutschen glücklich über diese sozialen Errungenschaften sind. Zeiten ändern sich, Menschen auch. Das Rauchverbot in Restaurants war bei seiner Einführung in Deutschland heftig umstritten, heute weint dem Zigarettenqualm keiner eine Träne nach. Wer bezweifelt, dass eine Gesellschaft sich neue Regeln geben darf, wenn die Mehrheit es will, stellt die Demokratie in Frage.

Habeck argumentiert ähnlich, wenn man ihn auf den angeblichen Verbotsfuror der Grünen anspricht. Verbote seien «die Bedingung für Freiheit». Sie seien nur dann unsympathisch und schlecht, wenn sie in das Private reinregulierten – «wenn man versucht, bessere Menschen zu machen statt bessere Politik».[10] Allein der Begriff «Verbot» ist ja negativ konnotiert, und weil führende Grüne das wissen, sprechen sie lieber von «Ordnungspolitik» oder «Ordnungsrecht».

Nun gehören Negativkampagnen zum politischen Alltag, auch Grüne sind da nicht zimperlich. Aber Liberale und Konservative nutzen den Vorwurf Verbotspartei so inflationär, dass es lächerlich wirkt. Angesprochen auf die aktuelle Klimapolitik, sagte Christian Lindner in einem Interview mit der *Frankfurter Allgemeinen Zeitung*: «Wir werden den Planeten nicht retten, indem wir einen Morgenthau-Plan für Deutschland umsetzen und die Deutschen zu veganen Radfahrern machen.»[11] Der Morgenthau-Plan wurde 1944 im US-Finanzministerium erwogen. Deutschland sollte – nach einem Sieg der Alliierten – in einen Agrarstaat umgewandelt werden, um künftige Angriffskriege zu verhindern. Die Idee wurde vom US-Präsidenten Franklin D. Roosevelt schnell verworfen, aber die Nazi-Propaganda stellte sie als einen Plan des Weltjudentums zur Versklavung der Deutschen dar.

An dieser Stelle hätte man sich gewünscht, dass die FAZ-Journalisten Lindner fragen, ob er noch alle Latten am Zaun habe. Sie taten es leider nicht. Lindner – und anderen – reichen ihre grünen Gegner nicht aus, wie sie sind. Sie machen sie größer, um sich selbst besser in Pose werfen zu können.

2. Die Grünen kümmern sich doch nur um Klimaschutz

Ein schwüler Tag im Juni 2020, die Grünen haben in eine Industriehalle im Berliner Wedding eingeladen, die zu einem Co-Working-Space umfunktioniert wurde. Annalena Baerbock und Robert Habeck tragen wegen Corona Mundschutz, neben ihnen hält Bundesgeschäftsführer Michael Kellner den Entwurf für das Grundsatzprogramm in die Kameras. Es ist so etwas wie die DNA der Partei, hier steht, wer die Grünen sein wollen, wofür sie stehen, wohin sie mit der Gesellschaft wollen. Frage an Baerbock: Was ist die größte Veränderung? Die Antwort kommt wie aus der Pistole geschossen: «Dieses Programm [...] ist ein Anspruch, die Breite der Gesellschaft zu erreichen.» Die Grünen sagten nicht mehr, wir kümmern uns um Klimaschutz und Biodiversität – und Sozialpolitik, Sicherheit, Familie oder Gesundheitspolitik machen eben andere. «Wir formulieren in allen Bereichen unseren Anspruch, führend die Debatte zu treiben.» Baerbock schaut ruhig in die Kameras, zwischen den Fingern dreht sie einen Kugelschreiber. Diese Botschaft ist ihr wichtig.

Keine Vorsitzende der CDU oder der SPD müsste extra betonen, dass sich ihre Partei für alle Themen zuständig fühlt. Bei den Grünen ist das anders. Umfragen zeigen, dass die meisten Bürger*innen die Grünen immer noch für eine Ein-Themen-Partei halten, die von Umwelt- und Klimaschutz viel, von vielem anderen aber nichts versteht.[12] Diese Wahrnehmung schadet den Grünen, zuletzt bei der Landtagswahl 2019 in Thüringen, wo sie mit bescheidenen 5,2 Prozent abschnitten. Das Bild, das die Bürger*innen von ihnen hatten, war katastrophal eindimensional. So trauten den Grünen laut der Forschungsgruppe Wahlen nur 3 Prozent der Wähler*innen Kompetenz bei Schule und Bildung zu. Noch schlechter waren die Kompetenzzuschreibungen bei Arbeitsplätzen (1 Prozent), sozialer Gerechtigkeit (2 Prozent) oder Wirtschaft (1 Prozent). Nur beim Klimaschutz lagen die Grünen mit 31 Prozent klar vor allen anderen Parteien.[13]

Die Grünen als Klimaschutzfreaks, die von allem anderen keine Ahnung haben: Wer so gesehen wird, braucht nicht auf Vertrauen zu hoffen.

Allerdings deckt sich diese Wahrnehmung nicht mit der Wirklichkeit. Der Blick in die Bundesländer zeigt, dass Grüne in allen möglichen Bereichen Verantwortung übernehmen. Es stimmt zwar, dass sie stets nach den Ministerien greifen, die sich um Umweltschutz, Energie, Verkehr oder Landwirtschaft kümmern. Aber das Bild ist vielfältiger: Grüne verwalten in Landesregierungen die Finanzen, etwa Edith Sitzmann in Baden-Württemberg, Monika Heinold in Schleswig-Holstein oder Dietmar Strehl in Bremen. Sie stellen Minister*innen für Soziales und Integration, etwa Manfred Lucha in Baden-Württemberg oder Kai Klose in Hessen. Die Ärztin Ursula Nonnemacher managt in Brandenburg das Gesundheitsressort, Anna Gallina in Hamburg das Justizministerium. Theresia Bauer ist Ministerin für Wissenschaft und Kunst in Baden-Württemberg, Angela Dorn in Hessen.

Nur um ein wichtiges Ressort machen Grüne bisher einen Bogen: das Innenministerium. Trotz vielfältiger Regierungsbeteiligungen hat die Republik noch nie einen grünen Innenminister oder eine grüne Innenministerin gesehen. Diese Mission gilt als besonders heikel, da hier zum Beispiel die Verantwortung für die Polizei oder für die Flüchtlingspolitik liegt. Eine Grüne, die Abschiebungen rechtfertigt – das ist für viele in der Partei eine abenteuerliche Vorstellung. Aber führende Grüne liebäugeln schon länger mit dem Amt, zumindest in der Theorie. Cem Özdemir, damals Parteichef, stellte im Sommer 2017 fest: «Islamisten, Rechtsradikale oder Linksradikale hätten sicherlich nichts zu lachen bei uns.»[14] Parteichef Robert Habeck hält es ebenfalls für «sehr» erstrebenswert, dass Grüne das symbolträchtige Ressort übernehmen. Im Gespräch mit *Zeit*-Chef Giovanni di Lorenzo argumentiert er: «Wenn wir als Partei über Einzelthemen hinauswollen, müssen wir auch Sicherheitsbelange artikulieren und Schutz organisieren.»[15] Hätten die Grünen 2012 in Schleswig-Holstein ein paar Prozentpunkte mehr bekommen, hätte er sich vielleicht um den Posten beworben. Das behauptet Habeck zumindest, ob er es tatsächlich getan hätte, ist eine andere Frage. Aber die Gedankenspiele sind nachvollziehbar. Ein grüner Innenminister wäre ein starker Beleg des republikanischen Anspruchs, fürs große Ganze zu stehen. Daher, so meine Prognose, ist es nur eine Frage der Zeit, bis ein Grüner irgendwo ein solches Amt übernimmt.

Die Grünen sind, anders als es das Klischee behauptet, keineswegs eine aufs Klima fokussierte Ein-Themen-Partei. Ihr Programm gleicht einem Supermarkt, in dem man nahezu alles finden kann. Auf den 248 Seiten des Programms für die Bundestagswahl 2017[16] sind Ideen von A wie Arbeitsmarktpolitik bis Z wie Zivile Krisenprävention aufgelistet. Ein Zehn-Punkte-Plan für grünes Regieren erklärt, welche Vorhaben ihnen besonders wichtig sind. Ganz vorne stehen Klimaschutz, E-Mobilität und nachhaltige

Landwirtschaft, so, wie man es erwarten würde. Aber unter den Topprioritäten sind eben auch «Soziale Sicherheit schaffen», «Familien stärken» oder «Europa zusammenführen». Die Grünen fordern sogar mehr Personal für die Polizei, um Beamt*innen zu entlasten, die zwei Millionen Überstunden vor sich her schieben. Es würde den Rahmen sprengen, hier alle Inhalte in Gänze vorzustellen. Die Grünen vertreten heute einen liberalen Ökologismus, den sie mit moderner Sozialpolitik kombinieren.

Als ein Beispiel sei das Umdenken beim Arbeitslosengeld II, kurz: Hartz IV, genannt. Ich erwähnte es schon am Anfang des Buches: Unter Schröder erlagen auch die Grünen dem neoliberalen Zeitgeist. Ihre Spitzenleute trugen die umstrittenen Arbeitsmarkt- und Sozialreformen aus Überzeugung mit – und waren sich sicher, dass man Arbeitslosen mehr Druck machen müsse. Wenig später, nach dem Bruch der Regierung, setzte das Umdenken ein. Seit 2005 haben sich die Grünen in der Opposition schrittweise von Hartz IV abgesetzt, schneller und radikaler als die SPD, die weiter in Regierungen saß. Der Sozialpolitiker Markus Kurth, seit 2002 im Bundestag, hat diesen Prozess von Anfang an begleitet. Er sieht den Grünen-internen Streit ums Bedingungslose Grundeinkommen 2007 als «Katalysator» für die Grünen-interne Hartz-IV-Debatte. Damals habe der Parteitag umfassende Änderungen an der Grundsicherung beschlossen. Kurths Fazit: «Arbeitslose zu motivieren und zu ermutigen ist mindestens genauso wichtig wie die Frage der Transfers.»[17] Die Grünen nahmen sich beidem an.

Ein wichtiger Schritt hin zum Abschied von Hartz IV war der Parteitag 2016 in Münster. Überraschend bekam ein Antrag des Sozialpolitikers Sven Lehmann, damals Landeschef in Nordrhein-Westfalen, eine Mehrheit, der die komplette Abschaffung der Hartz-IV-Sanktionen forderte. Der Beschluss wurde von der damaligen Grünen-Führung allerdings nicht ins Schaufenster gestellt. Es waren Baerbock und Habeck, die diese Forderung als neue Vorsitzende gezielt pushten und so einer breiteren Öffentlichkeit bekannt machten. Habeck veröffentlichte im November 2018 einen Debattenbeitrag, in dem er ausführlich argumentierte, warum sich die Grünen von Hartz IV lösen müssten. Die Reform sei einer der Gründe für ausbleibende Reallohnsteigerungen und für die Entstehung eines der größten Niedriglohnsektoren in den Industriestaaten. «Damit hat Hartz IV bis weit hinein in die Mittelschicht zu Abstiegsängsten geführt, die das gesellschaftliche Klima vergiften.»[18] Das Papier fasste die grünen Ideen zusammen und gab ihnen einen Überbau. Würden sie Wirklichkeit, veränderten sie die deutsche Grundsicherung gravierend. Arbeitslose müssten keine Strafen mehr fürchten, wenn sie etwa Jobs nicht annehmen oder Termine verpassen. Das Schonvermögen würde deutlich erhöht, auf 100 000 Euro pro Person. Die Hürden, sich etwas dazuzuverdienen, würden abgesenkt. Die Bundestagsfraktion füllte im Juni 2020 eine Leerstelle in dem Konzept, indem sie die nötigen Regelsätze berechnete. Ergebnis: Statt der 432 Euro, die die Behörden 2020 jedem Erwachsenen zugestanden, seien 603 Euro «wirklich existenzsichernd».[19] Die Grünen schlossen sich damit einer Kritik der Sozialverbände an. Jene halten die Regelsätze für zu knapp bemessen, um am sozialen und kulturellen Leben teilhaben zu können.

Man muss die grünen Ideen zu Hartz IV nicht für richtig halten. Sollte der Staat tatsächlich Leistungen zuweisen, ohne Druck auf säumige Bezieher*innen ausüben zu können? Das könnte sich empfindlich auf das Gerechtigkeitsempfinden von Menschen auswirken, die jeden Tag arbeiten gehen und wenig verdienen. Aber um richtig oder falsch geht es hier nicht, sondern um den Beleg, dass die Grünen Ideen jenseits des Klimaschutzes entwickelt haben. Auch andere Themen haben sie ähnlich detailliert durchdacht. Sollten sie bei der nächsten Regierung mitreden, lautet das Ziel: Fortschritte in allen Bereichen.

Wie wenig Lust Annalena Baerbock und Robert Habeck haben, sich als Juniorpartner einpreisen zu lassen, wurde etwa nach der Regierungsbildung in Österreich deutlich. Die dortigen Grünen koalierten Anfang 2020 mit der konservativen ÖVP (Österreichische Volkspartei) von Kanzler Sebastian Kurz. Das Konzept ist klar: Beide Parteien konzentrieren sich auf ihre Kernthemen – und dürfen sich dort ungestört vom Koalitionspartner frei ausleben. Österreichs Grüne verbuchten Fortschritte beim Klimaschutz, während die – weitaus stärkere – ÖVP Steuersenkungen und ihre harte Linie in der Flüchtlingspolitik umsetzt.

Welche Zumutungen dieses Vorgehen für Grüne bedeutet, ist im flüchtlingspolitischen Kapitel des Koalitionsvertrages nachzulesen. Dort steht eine Klausel, die es in sich hat. Wenn «besondere Herausforderungen» anstehen, sprich: sehr viele Geflüchtete nach Österreich einreisen wollen, soll ein «Modus zur Lösung von Krisen im Bereich Migration und Asyl» angewendet werden. Falls sich ÖVP und Grüne in einem solchen Fall nicht über neue Gesetze einig werden, kann jeder Koalitionspartner auf eigene Faust ein Gesetzesvorhaben in den Nationalrat, das österreichische Parlament, einbringen. Dem geplanten Gesetz könne «zugestimmt werden, auch wenn es ein unterschiedliches Abstimmungsverhalten der Koalitionspartner gibt», heißt es im Vertrag. Das ist nichts anderes als ein Freibrief. Nutzen kann diese Option nur die ÖVP. Sie hat sowohl mit der SPÖ (Sozialdemokratische Partei Österreichs) als auch mit der rechtsextremen FPÖ (Freiheitliche Partei Österreichs) eine Mehrheit, während die Grünen keine Mehrheit gegen die ÖVP zustande bringen können. Im Klartext: Die ÖVP kann gegen den Willen der Grünen härtere Asylgesetze mit Rechtsextremen beschließen.

Deutsche Grüne reagierten entsetzt auf diese Einigung. Erik Marquardt, deutscher Flüchtlingsexperte der Grünen im Europaparlament, sprach von einem «Armutszeugnis».[20] Parteichefin

Annalena Baerbock stellte klar, dass Schwarz-Grün in Österreich keine Blaupause für Deutschland sei. «Mit uns wird es keine Koalitionsverträge geben, wo wir Themenfelder ausklammern, schon gar keine so wichtigen Themen wie die Innenpolitik.» Die Grünen als Öko-App, das gehe nicht mehr, sagt auch Habeck. Das ökologische Denken müsse alle Lebensbereiche erfassen. «Dadurch wird es zum sozialen Denken. (…) Wir wollen nicht in einer Öko-Ecke verkümmern. Wir wollen die Öko-Ecke größer machen.»[21] Will heißen: Die Grünen sind vieles, aber ganz sicher keine Ein-Themen-Partei. Sie wollen in einer Regierung überall Fortschritte erreichen, nicht nur beim Klimaschutz. Wie gut ihnen das gelingt, ist eine andere Frage.

3. Die Grünen lassen alle Flüchtlinge ins Land

Die Stimmung ist aufgeheizt an diesem Donnerstag im Juni 2018, als es im Plenarsaal des Bundestages um Flüchtlingspolitik geht. Alexander Dobrindt, der angriffslustige CSU-Landesgruppenchef, zieht am Redepult über die Grünen her. Wie viele der 70 Millionen Menschen, die weltweit auf der Flucht seien, sie denn in Deutschland aufnehmen wollten? «Fünf Millionen oder zehn Millionen?» Claudia Roth, die in den Reihen der Grünen sitzt, ist wütend. «Nein! Alle, Herr Dobrindt!», ruft sie dazwischen.[22] Der Zwischenruf ist erkennbar nicht ernst gemeint. Roth wird später selbst noch einmal betonen, dass sie sich ironisch auf eine Kampagne der neuen Rechten bezogen habe. Dennoch, als die Worte einmal in der Welt sind, nimmt das Unheil seinen Lauf.

Roths flotter Spruch wird zum Renner in sozialen Netzwerken. Der Chef der BILD-Parlamentsredaktion, Ralf Schuler, postet den Auszug aus dem Plenarprotokoll auf Twitter – sein Tweet wird über 500-mal retweetet. Rechte Blogs springen auf. «Hat Claudia Roth jetzt endgültig den Verstand verloren?», titelt das rechte Onlineportal Jouwatch, ganz so, als sei die Äußerung ihr Ernst gewesen. Auch Alexander Dobrindt greift Roths Zwischenruf eine Woche später auf, wieder im Parlament. Und tut ebenfalls so, als habe Roth endlich eine Tatsache benannt. An die Grünen gerichtet, wettert er: «Sie wollen alle aufnehmen, die auf der Welt als Flüchtlinge unterwegs sind.» 70 Millionen Flüchtlinge aufnehmen, ernsthaft? Dobrindt sagte die Unwahrheit, und man darf ihm unterstellen, dass er das wissentlich tat, um einen Wettbewerber zu diffamieren. Der böse Spin hatte Folgen. Claudia Roth machte später öffentlich, dass sie nach seiner Unterstellung massenweise Hasspost und Morddrohungen bekam.[23]

Ein Blick auf grüne Regierungspraxis in den Bundesländern und eine kurze Lektüre des Wahlprogramms hätten eines Besseren belehrt. Zu dem Zeitpunkt, als Dobrindt im Parlament redete, saßen die Grünen in neun Landesregierungen. In all diesen Bundesländern wurden abgelehnte Asylbewerber*innen abgeschoben. Die Grünen setzen also, wenn sie regieren, die geltende deutsche Abschiebepraxis um.

Es ist richtig: Die Grünen unterstützten im Spätsommer 2015 Angela Merkels Entscheidung, die Grenzen für aus Ungarn anreisende Geflüchtete offen zu halten. Und sie waren in den Monaten danach die engagiertesten Befürworter einer deutschen Willkommenskultur. Aber sie waren keineswegs dafür, allen Schutz zu gewähren. Die Grünen halten zwar das Asylrecht und die Genfer Flüchtlingskonvention hoch, doch sie stehen dazu, dass nur dem geltenden Recht nach Schutzbedürftige aufgenommen werden dürfen. In der Partei gibt es viele, für die eine humanitäre Flüchtlingspolitik nicht verhandelbar ist. Aber es gibt auch wichtige Stimmen, die eine härtere Gangart gutheißen. Die Meinungen sind also geteilt.

Winfried Kretschmann stimmte im September 2014 im Bundesrat einem Gesetz zu, das Serbien, Bosnien-Herzegowina und

Mazedonien als sogenannte sichere Herkunftsstaaten deklariert. Der Baden-Württemberger half damit einer Asylrechtsverschärfung der Großen Koalition über die Hürde. Boris Palmer, grüner Oberbürgermeister in Tübingen und in der Partei sehr umstritten, meldete sich immer wieder zu Wort, um vor der Überlastung der Kommunen zu warnen. 2017 schrieb er ein Buch mit dem Titel *Wir können nicht allen helfen*.[24] Nachdem eine Freiburger Studentin 2018 nach einem Diskobesuch von mehreren Männern vergewaltigt worden war, plädierte Kretschmann dafür, «junge Männerhorden» aus Großstädten zu verbannen und «in die Pampa» zu schicken – sie zu trennen und an verschiedenen Orten auf dem Land unterzubringen.[25] Grünen-Chefin Annalena Baerbock verteidigte ihn danach explizit. In der Sache unterstreiche er das, wofür Grüne lange stritten.

Eigentlich drängt sich also ein ganz anderer Eindruck auf als der, den Dobrindt zu erwecken versuchte. Die Grünen wollen gerade nicht mehr als blauäugige Romantiker in der Flüchtlingspolitik gesehen werden. Ein neuer, härterer Sound hält Einzug. Nach den Ereignissen im Jahr 2015 veränderten die Grünen ihre Positionen langsam, aber unübersehbar. Vor der Bundestagswahl 2017 forderten Realos ein Signal, das zu verstehen gibt, dass die Grünen realistisch ticken. Das Ergebnis war ein Satz im Wahlprogramm: «Nicht jeder, der zu uns kommt, kann bleiben.» Damit war klar: Die Grünen verstehen sich zwar als weltoffene, migrationsfreundliche Partei, aber sie sagen dazu, dass es Abschiebungen geben muss – auch wenn führende Politiker*innen bis heute lieber von «Rückführungen» sprechen, die sie am liebsten «freiwillig» organisieren wollen. In der Wortwahl bleibt man dann doch lieber sanft, in der Sache nicht.

Gerade Parteichefin Baerbock bemüht sich um einen differenzierten Blick auf das Thema, der mit platten Alle-dürfen-bleiben-Sprüchen nichts zu tun hat. Der Rechtsstaat müsse bei ausreisepflichtigen Mehrfachtätern «konsequent durchgreifen», forderte sie 2018 in einem Interview in der *Süddeutschen Zeitung*, das ich schon erwähnte. Straffällige und ausreisepflichtige Asylbewerber sollten bei der Abschiebung vorgezogen werden.[26] Dies sei «ein schmerzhaftes Thema» für ihre Partei. Wer aber das Grundrecht auf Asyl erhalten wolle, komme um die Durchsetzung von Rechtsstaatlichkeit nicht herum. Das Interview ist ein feinziseliertes Kunstwerk. Einerseits referierte Baerbock präzise die grüne Programmatik, andererseits haschte sie nach konservativen Triggerwörtern. Durchgreifen, konsequent. Es war nicht das einzige Signal an besorgte Bürger*innen. Als ein islamistischer Attentäter im Oktober 2020 einen Touristen in Dresden ersticht, schaltet sich Habeck mit einem Interview in der *Welt* in die Debatte ein. «Ich finde es prinzipiell richtig, Gefährder – also Menschen, die unsere liberale Ordnung mit Gewalt bedrohen – in ihre Herkunftsländer auszuweisen.»[27] Dies allerdings ist oft unmöglich: Viele so genannte Gefährder haben die deutsche Staatsangehörigkeit. Und Abschiebungen nach Syrien sind verboten, weil dort Krieg herrscht und ein Regime, das Menschen foltern lässt.

Die Grünen wollen alle Geflüchteten aufnehmen? Auch in ihrem Programm ist nachzulesen,[28] dass das Unfug ist. Sicher, die Grünen wären generöser als Dobrindts CSU. Sie plädieren zum Beispiel für Kontingente, um Geflüchteten in lang andauernden prekären Lagen die legale Einreise zu ermöglichen. Sie fordern mehr Großzügigkeit beim Familiennachzug. Und sie lehnen Abschiebungen in Kriegs- und Krisengebiete ab, etwa nach Afghanistan. Gleichzeitig aber möchten sie schnellere Asylverfahren und eine Kontrolle der EU-Außengrenze: «Wir wollen wissen, wer nach Europa kommt.» Wie viele Geflüchtete die Grünen mehr ins Land ließen als andere Parteien, ist schwer zu beziffern. Die Kontingente, die ein «fester Bestandteil» der deutschen Flüchtlingspolitik werden sollen, werden im Programm nicht näher definiert. Schaut man allerdings auf die gelebte Praxis grüner Politik, darf man annehmen, dass sie maßvoll ausfallen würden. Baden-Württemberg hat 2015 und 2016 zum Beispiel rund 1000 Frauen und Kinder aufgenommen, die im Nordirak vom IS verfolgt worden waren.[29] Diese humanitäre Geste überfordert gewiss kein reiches Bundesland mit gut 11 Millionen Einwohnern.

Auch die Bundestagsfraktion geht bedächtig vor, obwohl sie sich in der Opposition befindet. Sie beantragte im März 2020, 5000 besonders schutzbedürftige Geflüchtete aus griechischen Flüchtlingslagern aufzunehmen: unbegleitete Kinder, Schwangere, allein reisende Frauen oder schwer Traumatisierte. Die Große Koalition lehnte die Initiative ab,[30] obwohl viele Abgeordnete von SPD und Union zu erkennen gaben, dass sie mit einer europäisch koordinierten Aufnahme sympathisieren. Egal, wie man dazu steht, dass die Grünen 5000 Schutzbedürftige aus Griechenland geholt hätten: Von Millionen, über die Dobrindt fabulierte, kann keine Rede sein. Und 5000 Menschen mehr wären natürlich keine Überforderung für die viertgrößte Volkswirtschaft der Welt – zu dem Zeitpunkt boten allein 140 deutsche Städte und Kommunen freiwillig an, Geflüchtete aufzunehmen.

Wenn sie regieren dürfen, sind die Grünen durchaus zu Härte in der Flüchtlingspolitik bereit. Ihre Kompromissbereitschaft ließ sich während der Jamaika-Sondierungen im November 2017 in Echtzeit beobachten. Ihre Verhandler*innen schluckten böse Zumutungen. So hätten sie laut CSUlern etwa zugestimmt, Algerien, Marokko und Tunesien als sichere Herkunftsstaaten zu deklarieren. Selbst eine Obergrenze von 200 000 Geflüchteten pro Jahr hätten die Grünen akzeptiert – als «atmenden Rahmen», wie sie sich rechtfertigten.[31] Dieses Angebot gelte aber nur, wenn sich auch die Union bewege. Der Familiennachzug für Geflüchtete mit eingeschränktem Schutzstatus müsse in Zukunft wieder möglich sein und dürfe nicht weiter ausgesetzt bleiben. Bei den Verhandlungen dabei und Zeuge der grünen Biegsamkeit war übrigens der Mann, der Claudia Roth absichtlich falsch verstand: Alexander Dobrindt.

4. Die Grünen sind eine Partei der Besserverdiener

Die *Bild*-Zeitung inszeniert sich gerne als Zeitung der kleinen Leute. Sie zielte im April 2019 auf eine empfindliche Stelle der Ökopartei. «Wie reich muss ich sein, um Grün zu wählen?», titelt das Blatt und listet die Kosten eines ökologischen Lebensstils auf. Ein Wasserstoff-Auto Hyundai Nexo kostet 69 000 Euro, zehn Bio-Eier 2,65 Euro (Bodenhaltung 99 Cent), ein Kilo Bio-Hackfleisch 9 Euro pro Kilo (konventionell 7,23 Euro).[32] Grün leben, so die Botschaft, ist teuer.

Sind die Grünen eine Partei der Besserverdienenden? Mit diesem Vorwurf werden die Grünen immer wieder angegriffen. SPD und Linke nutzen ihn, um den Grünen Distanz zu normalen Leuten zu unterstellen, Politolog*innen und Kommentator*innen reproduzieren ihn. Den Grünen ist die Brisanz dieser Erzählung mehr als bewusst. «Das Bild schadet», heißt es in einer internen Analyse. «Klingt nach sozialer Kälte und Status-Egoismus.» Doch nicht nur das. Ökologie wird so per definitionem als Luxusthema geframet – und Umweltschutz als etwas, das sich nur Gutverdienende leisten können. Außerdem konterkariert das Bild der Besserverdienenden-Partei Baerbocks und Habecks Versuch, eine mehrheitsfähige, in alle Milieus ausgreifende Kraft aufzubauen. Ich möchte das Klischee deshalb von zwei Seiten beleuchten. Einmal ist es sicher interessant zu wissen, ob die Grünen tatsächlich eher von Besserverdienenden gewählt werden. Noch wichtiger aber ist zu schauen, für wen sie eigentlich Politik machen, also: Wer profitieren würde, kämen sie an die Macht.

Die Grünen als Besserverdiener-Partei – dahinter steht das Bild vom gutverdienenden Großstädter, der in der abbezahlten Altbauwohnung im Trendviertel lebt, Latte macchiato mit Hafermilch schlürft, im Bio-Supermarkt einkauft und zweimal im Jahr nach Südfrankreich fliegt. Natürlich wähnt er sich moralisch bei den Guten, wählt er doch grün, weil ja nichts anderes in Frage kommt. Die Ärmeren hingegen können sich den grünen Lifestyle nicht leisten. Das ist das Klischee, und in der Wählerschaft gibt es Hinweise, die es belegen.

Dass die Grünen in Großstädten – und hier oft in gutgestellten Vierteln – am besten abschneiden, ist klar erkennbar. Bei der Bürgerschaftswahl in Hamburg erzielten sie 2020 ein starkes Ergebnis von 24,2 Prozent, holten also fast doppelt so viele Stimmen wie bei der vorherigen Wahl. In den teureren Innenstadtvierteln Sternschanze (41,2 Prozent), Eimsbüttel (40,0) oder Eppendorf (32,1) lagen sie deutlich über ihrem Hamburger Durchschnitt, im ärmeren Osten der Stadt – etwa in Billstedt (11,7 Prozent) oder Jenfeld (13,4) – deutlich darunter.[33] Ähnlich sah es bei der Bayern-Wahl im Oktober 2018 aus. Auch hier legten die Grünen deutlich zu und belegten mit 17,5 Prozent den zweiten Platz hinter der CSU. Wieder machten in bessergestellten Stimmbezirken besonders viele Bürger*innen ihr Kreuz bei den Grünen. In München-Mitte, dem Wahlkreis von Spitzenkandidat Ludwig Hartmann, holten die Grünen über 44 Prozent – und Hartmann das Direktmandat. In Starnberg, dem wohlhabendsten Landkreis Deutschlands, in dem jeder Einwohner durchschnittlich ein Einkommen von knapp 35 000 Euro zur Verfügung hat, stimmten 26,5 Prozent für die Grünen, immerhin neun Prozent mehr als im Landesschnitt. In einkommensschwachen Landkreisen wie Hof (8,8 Prozent) oder Freyung-Grafenau (8,5 Prozent) erging es den Grünen deutlich schlechter.[34]

Ähnliche Beobachtungen lassen sich auch bei anderen Wahlen und in anderen Regionen Deutschlands machen. Bei der Europawahl 2019 erzielten die Grünen in Deutschland 20,5 Prozent. In Kreisen mit hohen verfügbaren Einkommen lagen sie teils deutlich darüber, etwa in Ulm (30,7 Prozent) oder im Hochtaunuskreis (25,6 Prozent). In solchen mit niedrigen verfügbaren Einkommen schnitten sie unterdurchschnittlich ab, etwa in Herne (17,5 Prozent) oder Halle (17,0 Prozent).[35] Eine Rolle spielen wird auch, dass die Grünen in Westdeutschland besser dastehen als in Ostdeutschland – und in Städten besser als auf dem Land. Zwischen Ost und West und Stadt und Land existiert ein Einkommensgefälle. Allerdings müssen solche Blicke in die Wahlstatistik noch nichts heißen. Auch in Gegenden mit hohen Durchschnittseinkommen leben ja Normal- oder Niedrigverdienende, die für die höheren Wahlergebnisse verantwortlich sein können.

Bundesgeschäftsführer Michael Kellner hält die böse These für falsch. «Das Klischee der Besserverdiener-Partei war und ist postfaktisch. Wir sind eine Partei der Normalverdiener», betont er.[36] Die grüne Wählerschaft sei bunt und divers. «Uns wählen Menschen aus allen Berufen und Einkommenssituationen.» Selbstverständlich haben die Grünen Zahlen zur Hand, um diese These zu belegen. Die Bundestagsfraktion gab Ende 2015 eine Erhebung in Auftrag, die nie veröffentlicht wurde, mir aber in Teilen vorliegt. 44 Prozent der Wähler*innen hätten demnach ein Netto-Haushaltseinkommen unter 2000 Euro. Nur 14 Prozent lägen über 4000 Euro Netto-Haushaltseinkommen. Das gelte auch für das Potenzial, also für die Leute, die sich vorstellen können, grün zu wählen.

Klar belegt die interne Studie das höhere Bildungsniveau der Grünen-Wähler*innen im Vergleich mit denen anderer Parteien. Fast 30 Prozent haben demnach einen Hochschulabschluss, darüber hinaus hat ein weiteres Viertel das Abitur – mehr als bei allen anderen Parteien. Auch das dürfte eine Rolle spielen: Höhere Bildungsabschlüsse bedingen im Laufe des Lebens in der Regel höhere Einkommen.

Bei einer internen Grünen-Studie liegt der Gedanke nahe, dass sie interessengeleitet ist. Was sagt also die empirische Sozialforschung? Das Deutsche Institut für Wirtschaftsforschung (DIW) ist eine der wichtigsten Instanzen seiner Art in Deutschland. Es erhebt das Sozio-ökonomische Panel (SOEP), eine der größten und am längsten laufenden Panelstudien weltweit. Jährlich werden dafür etwa 30 000 Menschen nach ihren Lebensverhältnissen gefragt, etwa nach ihrem Einkommen, ihrer Wohnung und ihren Sorgen. Das Ergebnis ist ein repräsentativer Datensatz über die Deutschen. Eine 2013 auf Basis der SOEP-Daten erhobene Studie kommt zu dem Ergebnis, dass Besserverdienende und Wohlhabende zur Union und der FDP neigten, «aber auch überdurchschnittlich zu den Grünen».[37] Jene könnten im obersten Einkommensquintil – also dem Fünftel der Bevölkerung, das am meisten verdient – mit 17 Prozent einen deutlich höheren Anteil der Anhängerschaft auf sich vereinigen als in den mittleren und unteren Einkommensgruppen (jeweils 12 Prozent). Allerdings ist diese Erhebung lange her, und Wählerschaften verändern sich mit der Zeit. 2017 untersuchte das DIW noch einmal die Wähler*innenstruktur der Parteien. Ein Ergebnis: An der Spitze der monatlichen Haushaltseinkommen stünden FDP-Wähler*innen, aber auch jene von Union und Grünen hätten überdurchschnittliche Einkommen. Doch die DIW-Forscher*innen registrierten auch eine Veränderung bei den Grünen: «Sie sind inzwischen nicht mehr ganz so ausgeprägt wie früher eine Partei der Besserverdienenden.»[38]

Vielleicht lässt sich das Thema am ehesten auf diese These herunterbrechen: Je mehr die Grünen in die Breite der Gesellschaft ausgreifen, je mehr junge (oft schlecht verdienende) Menschen dazustoßen, desto normaler wird die Einkommensstreuung. Außerdem lassen sich ein paar typische Charakteristika festhalten: Besonders viele Frauen wählen die Grünen. Besonders viele Grünen-Wähler*innen sind Akademiker*innen. Besonders viele sind angestellt, besonders oft im Öffentlichen Dienst. Überdurchschnittlich viele arbeiten in Teilzeit. Und ja, viele Besserverdienende wählen die Grünen, aber eben auch Niedrigverdienende. Die gutgestellte Rechtsanwältin macht ihr Kreuz bei der Partei, Krankenpflegende, Polizist*innen oder mittellose Student*innen ebenso.

Entscheidender aber ist, wie gesagt, die Frage, wer von grüner Politik profitieren würde. Nutzt sie Besserverdienenden besonders? Dafür gibt es keine Belege, eher im Gegenteil. Die Grünen kritisieren im Programm, dass während des stetigen Wirtschaftswachstums der vergangenen Jahrzehnte das reale Einkommen von Geringverdiener*innen und Teilen der Mittelschicht gesunken sei, während Einkommen und Vermögen der Topverdiener*innen wuchsen.[39] Sie wollen Steuervermeidung bekämpfen und fordern eine Finanztransaktionssteuer, die vermögende Spekulant*innen treffen würde. Sie möchten eine «ergiebige und umsetzbare Vermögenssteuer», die besonders schwerreiche Familiendynastien treffen würde. Kleinere und mittlere Einkommen sollen durch einen höheren Grundfreibetrag entlastet, die Gegenfinanzierung durch einen höheren Spitzensteuersatz sichergestellt werden. Außerdem stemmen sich die Grünen gegen die Abschaffung des Solidaritätszuschlags, den CDU, CSU und FDP auch den oberen 10 Prozent der Spitzenverdiener*innen erlassen wollen. Der Soli wirkt progressiv, wer mehr verdient, zahlt mehr. Kurz: Ein Programm für Topverdiener*innen und Reiche sieht anders aus.

Auf der anderen Seite würden die Grünen einiges für Leute tun, die wenig Geld haben. Sie möchten die Hartz-IV-Sätze deutlich erhöhen (603 Euro statt 432 Euro im Monat für einen allein lebenden Erwachsenen), ebenso den Mindestlohn (von derzeit 9,19 Euro auf 12 Euro die Stunde). Sie fordern ein engagierteres Entgeltgleichheitsgesetz, mehr Geld für Pfleger*innen und wollen Minijobs in sozialversicherungspflichtige Arbeit umwandeln. Wenn Dinge durch eine ökologische Preispolitik teurer werden, planen die Grünen Ausgleichszahlungen, um Niedrigverdiener*innen nicht zu benachteiligen. So sollen etwa die Einnahmen des Staates durch eine höhere CO_2-Steuer über ein Energiegeld wieder an die Bürger*innen ausgeschüttet werden. Es ist unmöglich vorherzusagen, was ihr Programm in Euro und Cent für jeden Einzelnen bedeuten würde. Aber unter dem Strich scheint mir klar: Unter ihren Wähler*innen mögen zwar Besserverdiener sein, aber Besserverdiener-Politik machen die Grünen nicht.

Ihr Kurs wird von ihren Anhänger*innen übrigens breit unterstützt. 81 Prozent der Grünen-Wähler*innen sind für die Einführung einer Vermögenssteuer.[40] 70 Prozent finden es richtig, den Solidaritätszuschlag für höhere Einkommen beizubehalten.[41] 91 Prozent sind für den Mindestlohn von 12 Euro,[42] und rund zwei Drittel wollen Hartz IV abschaffen[43].

Selbst wenn es also vielen Grünen-Wähler*innen sehr gutgehen mag: Sie haben auf jeden Fall Empathie für Leute, denen es schlechter geht.

5. Die Grünen setzen auf ein Wünsch-dir-was

Der Wünsch-dir-was-Vorwurf ist bei allen Parteien beliebt, um Wettbewerber schlechtzumachen. Er meint: Ihr habt Pläne, aber wie ihr sie umsetzen wollt, weiß kein Mensch. Ich erwähne ihn, weil er bei den Grünen in einem wichtigen Punkt zutrifft, nämlich beim lieben Geld. Kein Mensch weiß, wie sie all ihre kostspieligen Pläne bezahlen wollen.

Es gehört in der Politik zum kleinen Einmaleins, sich Gedanken über die Gegenfinanzierung teurer Wünsche zu machen. Dank der in der Verfassung verankerten Schuldenbremse darf sich der Staat nicht unbegrenzt Geld leihen. Seriöse Vorschläge beinhalten deshalb möglichst eine Idee zur Finanzierung. Bei den Grünen ist dieses Verhalten, vorsichtig gesagt, nicht mehr sehr ausgeprägt. Feststeht, dass sie für die nächsten Jahre Ausgaben von Hunderten

Milliarden Euro planen. Ein kurzer Überblick, ohne Anspruch auf Vollständigkeit:

In den nächsten zehn Jahren wollen die Grünen 500 Milliarden Euro in die Infrastruktur investieren, also in marode Brücken, Schulen, Schwimmbäder und so weiter. Allein in den Kommunen bestehe ein Sanierungsstau von 138 Milliarden Euro, heißt es in einem Beschlusstext, den sie während der Corona-Pandemie verfassten.[44] In dem 500-Milliarden-Euro-Plan gehen die anderen milliardenschwere Pläne auf, die sie davor verkündeten. Sie forderten in jüngerer Vergangenheit etwa einen Bundesinvestitionsfonds von 35 Milliarden Euro.[45] Einen staatlichen Klimafonds für nationale Klimaprojekte von mindestens 100 Milliarden Euro.[46] Und einen Eine-Milliarde-Euro-Zukunftsfonds für den kränken Wald.[47] Man kann leicht den Überblick verlieren. Manchmal wirkt es, als bastelten sich die Grünen einen neuen Fonds vor allem deshalb zusammen, weil sie damit verlässlich in die Schlagzeilen kommen.

Außerdem stecken im Grünen-Programm teure Wünsche, die noch darüber hinausgehen – und dauerhaft Kosten verursachen. Die Kindergrundsicherung, die Annalena Baerbock im Sommer 2019 vorstellte, soll zehn Milliarden Euro pro Jahr kosten.[48] Für die sanktionsfreie Grundsicherung, die den Grünen vorschwebt, veranschlagte Robert Habeck in einem ersten Papier 30 Milliarden Euro pro Jahr. Der Abschied von Hartz IV könnte aber auch noch kostspieliger werden: Das ifo-Institut hat den Umbau des Hartz-IV-Systems zu einem Garantiesystem durchrechnen lassen – in mehreren Varianten. Die günstigste läge bei 7,5 Milliarden Euro pro Jahr, die teuerste bei 52,4 Milliarden.[49] Hinzu käme eine grüne Garantierente, die mit gut sechs Milliarden Euro zu Buche schlüge. So weit nur die großen Brocken aus dem Sozialbereich. Ausgaben für Klimaschutz, Digitalisierung, Verkehr und anderes kämen noch obendrauf.

Alldem stehen auch Einsparungen durch grüne Politik gegenüber. Die Grünen möchten zum Beispiel klimaschädliche Subventionen abschaffen, eine Digitalsteuer einführen oder Steuerschlupflöcher schließen. Sehr tragfähig sind solche Pläne aber nicht: Über eine Digitalsteuer für Facebook, Amazon und Co. wird seit einer gefühlten Ewigkeit gestritten. Sie existiert bis heute nicht, allerdings will die EU-Kommission 2021 notfalls einen eigenen Vorschlag machen, falls es keine internationale Einigung gibt.[50] Die Erträge lägen wahrscheinlich eher nicht im Milliardenbereich. Frankreich plant im Alleingang eine nationale Digitalsteuer und erwartet jährliche Einnahmen in dreistelliger Millionenhöhe. Die Steuer soll auf Umsätze aus Werbung oder der Nutzung von Daten erhoben werden.[51] Steuerschlupflöcher schließen? Auch das ist eher ein Projekt für den St. Nimmerleinstag, da dafür oft internationale Abkommen nötig sind. Bleiben die umweltschädlichen Subventionen. Sie belaufen sich laut Umweltbundesamt auf über 57 Milliarden Euro pro Jahr, eine Zahl aus dem Jahr 2012[52] – aktuellere Schätzungen liegen dem Amt nicht vor. Aber die Grünen würden das Subventionswesen wohl nicht radikal und sofort beenden. In einem Antrag im Parlament taxierte die Fraktion die mittelfristigen Steuermehreinnahmen auf etwa 12 Milliarden Euro jährlich.[53] Kurz: Die Erträge aus diesen drei Maßnahmen reichten hinten und vorne nicht, um die grünen Pläne zu finanzieren. In der Fraktion ist die Finanzlücke längst aufgefallen. «Wenn man unsere Ideen übereinanderlegt, ist das im Haushalt nicht darstellbar», sagt ein Abgeordneter. Deshalb denken die Grünen darüber nach, wie man zumindest Einstiege in die genannten Themen schaffen kann.

Der Bundestagsabgeordnete Sven-Christian Kindler ist für Haushaltspolitik zuständig. Die Grünen seien seriöser als die anderen Parteien, etwa die CDU mit ihren massiven Steuersenkungen, sagt er. Die Grünen wüssten und sagten auch, dass neue Finanzierungswege gebraucht würden. Aber gleichzeitig räumt er ein: «Keine Partei hat all ihre Forderungen komplett gegenfinanziert.

Das geht auch gar nicht, weil die Haushaltslage sich immer wieder abhängig von der Konjunktur ändert.»[54]

Das sahen die Grünen mal anders. Im Bundestagswahlkampf 2013 setzten die Grünen auf ein Experiment. Als wohl erste Partei überhaupt in Deutschland traten sie mit einem komplett gegenfinanzierten Programm an, das moderat linke Steuererhöhungen enthielt. Während sie das steuerfreie Existenzminimum von 8130 auf 8700 Euro anzuheben planten, wovon viele Niedrigverdiener*innen profitiert hätten, wollten sie im Gegenzug den Spitzensteuersatz von 42 auf 49 Prozent erhöhen. Jener sollte schon ab einem zu versteuernden Einkommen von 80 000 Euro greifen. Das Ehegattensplitting, von dem Alleinverdiener-Paare stark profitieren, wollten die Grünen durch eine Individualbesteuerung mit übertragbarem Existenzminimum ersetzen. Ihre Pläne hätten auch Teile ihrer eigenen Wählerschaft empfindlich getroffen. Ärztinnen und Oberstudienräte, Architektinnen und Unternehmer, die nicht nur in München-Schwabing oder in Berlin-Prenzlauer Berg leben, sondern auch in der Kleinstadt nebenan. Die ökologisch bewusste Bioboheme, grüne Gutverdiener*innen. Ein *taz*-Team und ich haben im Sommer 2013 solche Leute gefragt, ob sie bereit wären, mehr zu zahlen. Es war eine denkwürdige Recherche. Ich weiß noch, wie sich ein Gesprächspartner, der vorher fest zugesagt hatte, telefonisch von seiner Frau verleugnen ließ, als der Fotograf und ich schon in Potsdam am Bahnhof standen. Mit dem Chef einer Marktforschungsagentur rechneten wir in seinem Haus in Dortmund durch, was die grünen Steuerpläne ihn kosten würden. Sein Kommentar am Ende: «Boah. Ich glaub, es hackt.»[55] Er war sich dann doch nicht mehr sicher, ob er grün wählen würde. Beim Geld, das wurde deutlich, hört der Spaß auf. Interessant war auch die Selbsteinschätzung unserer Gesprächspartner*innen. Sie alle gehörten statistisch zur Oberschicht, sahen sich aber als Teil der Mitte – und schon gar nicht als reich. Das Wahlergebnis der

Grünen blieb 2013 mit 8,4 Prozent (2009:10,7 Prozent) weit hinter den Erwartungen zurück. Schuld waren aber nicht nur die Steuerpläne, sondern auch andere Faktoren, die Pädophiliedebatte oder der Veggie-Day.

Seit dieser Nahtod-Erfahrung schweigen die Grünen am liebsten über Steuererhöhungen, obwohl sie dem Staat mehr Einnahmen verschaffen könnten. Zwar stehen eine Vermögenssteuer und eine fairere Erbschaftssteuer im Programm, aber Baerbock und Habeck meiden das Thema wie der Teufel das Weihwasser. Die Grünen wissen sehr genau, dass solche Vorstöße bei mächtigen Wirtschaftsverbänden verhasst sind. Sie träfen schwerreiche Unternehmerdynastien besonders hart. Würden sich die Grünen klar zu mehr Verteilungsgerechtigkeit bekennen, wäre die liberalkonservative Gegenkampagne gewiss. Entsprechend vorsichtig handeln sie: Als sie 2013 eine schwarz-grüne und 2017 eine Jamaika-Koalition mit Union und FDP sondierten, war die grüne Steuerpolitik das Erste, das in den Papierkorb wanderte. Im politischen Alltag hüllen sie sich lieber in Schweigen, anstatt für Steuererhöhungen zu kämpfen. Bemerkenswert war die Reaktion auf den während der Corona-Pandemie gemachten Vorschlag der SPD-Vorsitzenden Saskia Esken, eine krisenbedingte Vermögensabgabe für sehr reiche Menschen einzuführen. Esken hatte gute Argumente auf ihrer Seite: Die Krise kostete die Steuerzahlenden Hunderte Milliarden Euro, viel Geld floss, um Großkonzerne zu stützen. Der Autobauer BMW schickte seine Beschäftigten in Kurzarbeit, der Staat übernahm durch das Kurzarbeitergeld einen Teil der Lohnkosten. Gleichzeitig schüttete der Konzern eine Dividende von über 1,6 Milliarden Euro an seine Aktionär*innen aus. Er halte das «für einen Skandal», kritisierte der Armutsforscher Christoph Butterwegge in einem *taz*-Interview. «Davon hat das reichste Geschwisterpaar unseres Landes, Susanne Klatten und Stefan Quandt, mehr als 750 Millionen Euro eingestrichen.»[56] Esken stellte nun eine einfache Frage: Warum sollten mehrfache Milliardär*innen, deren Firmen gerade vom Staat mit Konjunkturpaketen abgesichert wurden, nicht später eine Vermögensabgabe leisten? Nur der Parteilinke Jürgen Trittin kämpfte wacker an der Seite Eskens, die in einem liberalkonservativen Shitstorm stand. Aus der engeren Grünen-Führung meldete sich nur Fraktionschef Anton Hofreiter zu Wort – mit einem Ablenkungsmanöver. Wenn Esken etwas für eine solidarische Lösung bewegen wolle, solle sie Finanzminister Olaf Scholz dazu bringen, europäischen Coronabonds grünes Licht zu geben.[57] Frei übersetzt: «Vermögensabgabe?! Schaut mal dort hinten, ein weißer Elefant!» Der Rest der Grünen schwieg, Annalena Baerbock und Robert Habeck eingeschlossen. Ähnlich lief es bei anderen verteilungspolitischen Vorstößen der Konkurrenz.

Ich halte dieses grüne Wegducken bei der Verteilungsfrage für ein großes Problem. Strategisch ist der Reflex nachvollziehbar, keiner hat gerne mächtige Feinde. Intellektuell redlich ist er jedoch nicht. Deutschland ist ein extrem ungleiches Land. Die oberen zehn Prozent besitzen laut dem Deutschen Institut für Wirtschaftsforschung (DIW) gut zwei Drittel des Nettovermögens. Entsprechend besitzen die unteren 90 Prozent nur ein Drittel des Vermögens. Viele Menschen haben gar nichts. Besonders krass ist der Reichtum einer Handvoll Leute: Allein das reichste Prozent der Deutschen vereint rund 35 Prozent des Vermögens auf sich.[58]

Die harsche Spaltung in Arm und Reich zu ignorieren ist aus meiner Sicht auch demokratietheoretisch schwer zu rechtfertigen. Viel Geld bedeutet viel Macht. Reiche und Superreiche, die meist Unternehmen besitzen, haben mehr Einfluss und mehr Möglichkeiten, ihre Interessen durchzusetzen. Armut wiederum prägt und mindert nachweislich Lebenschancen, auch die der Kinder und Kindeskinder. Eine gleichere Gesellschaft wäre zudem glücklicher. Das haben die Epidemiologin Kate Pickett und der Wirtschaftshistoriker Richard Wilkinson in ihrer empirischen Studie «The Spirit

Level» gezeigt. Menschen in Ländern mit einer weniger schroffen Spaltung sind zufriedener. Sie werden älter, sind gesünder und vertrauen sich gegenseitig eher. Es gibt weniger Drogenabhängige, weniger Mörder, weniger Übergewichtige.[59] Etwas mehr Gleichheit wäre also sehr im grünen Sinne.

Auch, weil sie sonst in einen heiklen Selbstwiderspruch geraten. Ihr Kernthema, die Ökologie, geht ja alle an. Und ökologischer Fortschritt ist nur möglich, wenn alle mit anpacken. Die Klimakrise trifft die ganze Gesellschaft. Wer sie bekämpfen will, kommt nicht um die Tatsache herum, dass Wohlhabende am meisten konsumieren, am meisten reisen und am meisten zur Erderwärmung beitragen. Dafür sollten sie einen fairen Ausgleich zahlen. Und wer die ökologische Landwirtschaft möchte, muss sich auch darum sorgen, dass Hartz-IV-Empfänger*innen, Armutsrentner*innen und Niedrigverdienende genug Geld für Bio-Lebensmittel haben. Wer internationale Ungleichheit und zu wenig Ausgaben für Entwicklungspolitik geißelt, kann Ungleichheit im eigenen Land nicht ignorieren.

Doch die Grünen handeln anders, als sie reden. Ein weiterer Hebel, um Reichtum fairer zu verteilen, ist die Erbschaftssteuer. Um es klar zu sagen: Ich plädiere keineswegs für absolute Gleichmacherei, natürlich muss sich – um diese Floskel mal ernst zu nehmen – «Leistung lohnen». Aber was hat ein reicher Erbe geleistet, der aus dem Nichts mehrere Millionen Euro vermacht bekommt? Nichts. Er hatte nur das Glück, in der richtigen Familie geboren zu werden. Vielleicht ist ein reicher Firmenerbe viel unfähiger als eine Start-up-Unternehmerin, die im gleichen Geschäft operiert – dennoch profitiert er von einem immensen Startvorteil. 2016 brachte die große Koalition eine Erbschaftssteuer auf den Weg, die auf groteske Weise Privilegien äußerst reicher Familiendynastien festschreibt. Wer einen Konzern erbt, der Millionen-, gar Milliardenbeträge wert ist, zahlt oft keinen Cent Erbschaftssteuer. Erben aus der oberen Mittelschicht müssen die Steuer aber sehr wohl berappen, wenn sie zwei oder drei Häuser vermacht bekommen. Eindrucksvoll in jeder Hinsicht war das Verhalten der Grünen. Im Bundestag geißelten sie die Reform mit großer Geste als ungerecht. Kretschmanns Landesregierung kämpfte derweil hinter den Kulissen für die Besserstellung großer Familienunternehmen. Und im Bundesrat winkten die Grünen die Reform schließlich durch, obwohl sie sie hätten stoppen können.

Ihr Verhältnis zu Geld kann man also als bigott bezeichnen. Sie möchten dreistellige Milliardenbeträge ausgeben, aber ihre Gegenfinanzierung ist brüchig. Sie trauen sich aus taktischen Gründen nicht, dem Staat über Steuererhöhungen mehr Geld zu verschaffen. Und sie kritisieren gerne die Spaltung in Arm und Reich, scheuen aber im Konkreten vor Gegenmaßnahmen zurück. Stattdessen gehen sie den einfachsten Weg, nämlich den der Verschuldung. Die programmatischen Voraussetzungen haben sie geschaffen. In einem von Habeck organisierten Prozess einigten sie sich im Herbst 2019 darauf, die in der Verfassung verankerte Schuldenbremse zu lockern – und an die großzügigeren Maastricht-Kriterien der EU anzupassen. Außerdem forderten sie, eine verbindliche Investitionsregel einzuführen. Der Staat könne so «antizyklisch gegen die Konjunkturschwäche investieren und die notwendigen Maßnahmen zum Klimaschutz voranbringen», argumentierte Habeck damals.[60] Damit hier keine Missverständnisse aufkommen: Mehr Schulden aufzunehmen, um die Infrastruktur in Deutschland zu erneuern, ist klug. Schulen, Schwimmbäder, Bibliotheken und Theater nutzen allen. Und durch die fortgesetzte Nullzins-Politik der Europäischen Zentralbank kosten den Staat neue Schulden nichts.

Selbst Union und SPD lernten in der Corona-Pandemie dazu und warfen ihr Mantra von der Schwarzen Null über Bord. Dennoch ist zweifelhaft, dass die Grünen mit ihrem Ansatz, über steuerpolitische Baustellen zu schweigen, durchkommen. Die Corona-Krise, zu deren Bekämpfung der Staat einen dreistelligen Milliardenbetrag ausgab, hat den Spielraum der nächsten Bundesregierung verengt. In Olaf Scholz' Finanzplanung für die Jahre 2022 bis 2024 klafft laut *Handelsblatt* eine Lücke von 131 Milliarden Euro.[61] Auch Grünen-Haushälter Kindler ist sich sicher: «Die Haushaltslage wird in den nächsten Jahren angespannt sein.» Wer sich einer Reform der Schuldenbremse verweigere, erzeuge einen «gefährlichen Spardruck».[62] Egal, in welcher Koalition die Grünen künftig regieren könnten – über allem schwebt die Frage, woher das Geld kommen soll. Das in der Opposition kultivierte grüne Wünsch-dir-was dürfte in sich zusammenfallen wie ein Kartenhaus.

VERZICHT

*Die Gretchenfrage: Rettet uns das
grüne Wachstum?*

Mit Anton Hofreiter durch den Tiergarten in Berlin zu gehen, den großen Park hinter dem Reichstag, führt unweigerlich zu botanischen Erkenntnissen. Vor einem Beet saugt er die trockene, nach Kräutern duftende Luft in die Nase und weist mit dem Zeigefinger nach unten. Allium, Storchenschnabel und dort, im Halbschatten, Schwertlilien. Vor dem Steppengarten, 1953 im vom Krieg zerstörten Gelände angelegt, ist Anton Hofreiter, Fraktionschef und Doktor der Biologie, in seinem Element. Mit ihm möchte ich zentrale Fragen besprechen, von denen, etwas dramatisch formuliert, das Überleben der Menschheit abhängt: Gibt es klimaneutralen Wohlstand? Ist permanentes Wachstum mit den planetaren Grenzen vereinbar? Oder brauchen wir eine Verringerung von Produktion und Konsum, wie sie in Degrowth-Konzepten gefordert wird?

Die Kritik an der herrschenden Wirtschaftsordnung gehörte zum Gründungsmotiv der Grünen. Ihr erstes Grundsatzprogramm, verabschiedet im Jahr 1980, ist durchzogen von Kapitalismuskritik. Ein völliger Umbruch des kurzfristig orientierten wissenschaftlichen Zweckdenkens sei notwendig, steht dort. Es sei ein Irrtum, dass die Verschwendungswirtschaft das Glück und die Lebenserfüllung fördere. «Im Gegenteil, die Menschen werden immer gehetzter und unfreier.»[1] Mit einer Reihe radikaler Ideen wollten die grünen Gründerväter und -mütter eine ökologisch und sozial ausgerichtete Wirtschaft einrichten. Großkonzerne wollten sie etwa in überschaubare Betriebe entflechten, «die von den dort

Arbeitenden demokratisch selbstverwaltet werden». Die Familie Quandt, der BMW gehört, hätte unter den Grünen nichts zu lachen gehabt. Im Jahr 1983 druckten sie eine Kinderzeichnung auf ihre Wahlplakate. Eine lachende Sonne, ein Haus auf einer Wiese, daneben Bäume und Blumen, darunter das grüne Glaubensbekenntnis: «Wir haben die Erde von unseren Kindern nur geborgt.» Wie sehen die Grünen das heute?

Wir sind gerade mal ein paar Meter im Tiergarten gelaufen, da räumt Hofreiter schon mit einem beliebten Spruch vieler Grüner auf. «Auf einem endlichen Planeten ist unendliches Wachstum nicht möglich? Das ist ein starker Satz.» Hofreiter schnaubt, offenbar hält er ihn für Unfug.[2]

«Aber was heißt das für konkrete Politik?» Er wischt mit der Rechten durch die Luft.

«Was soll im Gesetzentwurf stehen?» Wisch.

«Sorry, wir haben echt keine Zeit mehr für lange Debatten, sondern müssen es endlich anpacken.» Wisch.

Hofreiter hebt die Stimme. Es blieben noch 15 Jahre, um das Ruder herumzureißen. Die Energie müsse zu 100 Prozent aus erneuerbaren Quellen kommen, das komplette Verkehrssystem müsse umgebaut werden, die Landwirtschaft, Hauptursache fürs Artensterben, ebenso. Die Chemieproduktion müsse weg vom Erdöl und auf Wasserstoff umstellen, die Stahlproduktion klimaneutral werden. «Das wird massive Investitionen und Wachstum in einigen Bereichen bedeuten, Schrumpfung in anderen.» Es gehe um qualitatives Wachstum, das Ökonomie, Ökologie und Soziales vereine. Hofreiter schnaubt noch einmal.

Um seine Genervtheit an dieser Stelle zu verstehen, muss man wissen, dass sich bei der Frage nach einer ökologischen Wirtschaftsweise, grob gesagt, zwei Denkschulen gegenüberstehen. Seit 50 Jahren steht die These im Raum, dass der Mensch nicht immer mehr konsumieren kann, ohne die Erde zu zerstören. 1972 erschien die prophetische Studie «Die Grenzen des Wachstums» des Ökonomen Dennis Meadows. Manche Annahmen waren falsch, aber die Kernthese teilen angesichts der Dramatik der Klimakrise mehr und mehr Wissenschaftler*innen. Der bekannteste Wachstumskritiker in Deutschland ist Niko Paech, dessen Thesen eine brutale Kritik an den Grünen beinhalten. Paech geht von einer einfachen Rechnung aus. Wenn das Zwei-Grad-Ziel von Paris erreicht werden solle, dürfe die Menschheit bis 2050 nur noch eine bestimmte Menge CO_2 emittieren. Verteilt man diese Menge – mitdenkend, dass jede und jeder gleich teilhaben sollen – auf die 7,8 Milliarden Erdbewohner*innen, darf jeder nur ungefähr zwei Tonnen pro Jahr verbrauchen. In Mitteleuropa liege der Verbrauch aber bei 12 Tonnen pro Kopf.[3] Von diesem Gedanken ausgehend und dem, dass andere nicht erweiterbare Grenzen bestehen (seien es planetare Grenzen, etwa bei Rohstoffen wie Seltenen Erden, bei fruchtbaren Böden oder bei überfischten Meeren, oder menschliche, etwa in der vom Konsum überforderten Psyche), schlägt er eine Postwachstumsökonomie vor. Diese beruht auf kreativer Schrumpfung und Suffizienz, auf weniger Konsum und weniger Ressourcenverbrauch. Statt globaler Wertschöpfungsketten empfiehlt Paech Regional-, Lokal- oder Selbstversorgung. Die industrielle Produktion könnte heruntergefahren werden, wenn lang haltende, qualitativ hochwertige Produkte gefertigt würden – und Menschen sie sich teilten. Paech wirbt für eine 20-Stunden-Woche und ein entschleunigtes Leben. Die frei werdende Zeit könnten Menschen für Reparaturen, für den Anbau von Obst oder Gemüse oder gemeinnützige Arbeit verwenden. Weniger Einzelhandel und Flagship-Stores in den Fußgängerzonen, stattdessen Produktionsgenossenschaften, Änderungsschneidereien, Tausch- oder Verschenkmärkte. Paech will Autobahnen und Flughäfen schließen, stattdessen gäbe es autofreie Innenstädte, Gärten auf ehemaligen Straßen, viele Busse und Lastenfahrräder. Das Ergebnis: «Ein bescheidener Lebensstil, aber vielleicht ein beglückender.»[4] Es ist ein entschleunigtes, aber modernes Bullerbü, ein Gegenentwurf zum globalisierten Kapitalismus.

Heilige Kühe der Grünen, etwa die Energiewende, hält Paech für schlichte Verlagerungen des Problems. Auch Windräder, argumentiert er, verbrauchten knappe Ressourcen, Metalle, Kunststoffe, Kabel – und vor allem Naturfläche. In Deutschland gibt es längst Akzeptanzprobleme: Vielerorts wehren sich Bürger*innen gegen die Ausweisung neuer Windkraftflächen, sei es aus ästhetischen, Lärm- oder Tierschutzgründen. Paechs Vorwurf an die Verfechter grünen Wachstums lautet: Liebgewonnener Konsumkomfort solle wachsen dürfen, «nur eben ersetzt durch grünere Substitute mit serienmäßig eingebauter Gewissensberuhigung».[5] Grünen-Wähler*innen hält er vor, einem modernen Ablasshandel zu frönen, bei dem etwa eine Karibik-Reise durch den Kauf von Bionade oder Demeter-Brühwürfeln ausgeglichen werde.[6] Kurz: Das moderne Individuum lüge sich in die Tasche.

Nun könnte man meinen, dass Paechs Entwurf für Grüne anschlussfähig sein müsste – ist er aber nicht. Hinter vorgehaltener Hand und manchmal auch öffentlich stellen Grüne Paech als Romantiker hin, der von Politik keine Ahnung habe. Solche Theorien seien in der realen Welt nicht durchsetzbar, heißt es – und angesichts der konsumhungrigen, weltweit wachsenden Mittelschichten rein virtuell.

Aber wäre ein wenig Verzicht nicht hilfreich im Kampf gegen die Klimakrise, etwa beim Fliegen? Paech würde das bejahen. Er war noch niemals in New York, fährt lieber Fahrrad oder Bahn. Schließlich gibt es kaum eine Möglichkeit, sein Geld klimaschädlicher auszugeben als für ein Flugticket. Ein Flug von Berlin nach New York setzt pro Kopf 2,5 Tonnen CO_2 frei. Zum Vergleich: Die Jahresemission eines Inders oder einer Inderin beträgt 1600 Kilogramm.[7] Aber Hofreiter argumentiert auf den sandigen Wegen des Tiergartens ganz anders – und verweist auf die Segnungen des Fortschritts. «Fliegen ist ein tolles Produkt», schwärmt er. «Es verbindet Menschen, es befördert den Austausch der Kulturen.» Nur müssten die Flugzeuge eben mit synthetischen Kraftstoffen betrieben – und bis dahin der CO_2-Ausstoß reguliert werden.

Fliegen ein tolles Produkt: Was für eine Aussage von einem grünen Spitzenpolitiker! Hofreiters Satz bringt die Haltung der Grünen von heute auf den Punkt. Sie setzen auf Technologie, nicht auf Verzicht. Sie glauben, dass sich Wachstum und Wohlstand vom Ressourcenverbrauch entkoppeln lassen. Das Instrument dazu: eine sozial-ökologische Marktwirtschaft. Von der früheren Systemskepsis ist wenig übrig geblieben. «Die Kräfte von Märkten und Kapital können beeindruckend sein», bekräftigte ein Parteitag 2019. Jene hätten die Gesellschaften und den Planeten in den letzten Generationen fundamental verändert.[8] «Wir müssen ein Scheißleben führen, um die Klimakrise in den Griff zu kriegen?», fragt Hofreiter und gibt die Antwort selbst: «Diese Vorstellung ist falsch.»

Ein Vordenker der Sicht, die sich bei den Grünen durchgesetzt hat, ist Ralf Fücks. Fücks, lange Vorstand der Heinrich-Böll-Stiftung und Gründer des grünliberalen Thinktanks Zentrum Liberale Moderne, beschrieb in seinem Buch *Intelligent Wachsen* schon 2013 ausführlich, wie eine solche grüne Revolution aussehen könnte.[9] Unermüdlich weist er auf Podien, in Interviews oder Vorträgen darauf hin, dass Wohlstand und Klimaneutralität zusammengehen. Wachstum, glaubt er, sei angesichts wachsender Mittelschichten in China, Indien oder anderswo eine gegebene Größe. Und Verzicht und Schrumpfung weltweit kein attraktives Vorbild. Deshalb müsse es nicht darum gehen, *ob* es Wachstum gebe – sondern *welches*. Fücks argumentiert: «Grünes Wachstum oder Kollaps, das ist die Alternative.»[10] Der Grüne sieht «handfeste Hinweise» darauf, dass die Entkopplung von wirtschaftlicher Wertschöpfung und CO_2-Emissionen möglich ist.[11] Die Bundesrepublik habe ihre CO_2-Emissionen seit 1990 um 30 Prozent reduziert, gleichzeitig sei das Sozialprodukt um etwa die Hälfte gewachsen. «Wir haben schon eine reale Entkopplung, wenn auch nicht schnell genug.» Er wirbt für mehr erneuerbare Energien, mehr Energieeffizienz, mehr Kreislaufwirtschaft und mehr Recycling – und setzt auf Technikoptimismus, indem er die Substitution von Öl und Gas in der Chemieindustrie durch nachwachsende Rohstoffe beschreibt oder Hightech-Stadtfarmen, die urbane Zentren mit regional angebautem Gemüse und Obst versorgen. Ein gutes Leben, so Fücks These, ist auch klimaschonend möglich. Alles, was Hofreiter mir im Berliner Tiergarten erzählt, baut auf diesen Argumenten auf.

Wer sich für diesen Diskurs interessiert, findet zu beiden Ansätzen viel Literatur. Auf YouTube gibt es ein, sagen wir: sehr lebendiges Streitgespräch von Paech und Fücks, in dem die Entwürfe ungebremst aufeinanderprallen.[12] Paech wirft Fücks vor, dass die Ökopartei heute aus den Menschen bestünde, «vor denen die Grünen vor 30 Jahren gewarnt haben». Fücks koffert zurück, Paech befördere eine «Erziehungsdiktatur», einen «Ökototalitarismus», der den «neuen Menschen» erforderlich mache.

Es ist nachvollziehbar, dass sich die Grünen auf die Fücks-Linie verständigt haben. Mit Verzicht gewinnt man keine Wahlen in Deutschland, mit klimaneutralem Wohlstand sehr wohl. Nicht ohne Grund begeistert die Idee auch Strateg*innen anderer Parteien, CDU und FDP setzen ebenfalls auf Technologie, um die Klimakrise zu entschärfen. Ich bin kein Volkswirtschaftler und maße mir nicht an, zu behaupten, dass die eine Sicht absolut falsch und die andere absolut wahr sei. Allerdings gibt es, scheint mir, bei der Theorie des grünen Wachstums ein paar Probleme. In Degrowth-Kreisen machte eine Studie des Anthropologen Jason Hickel und des Umweltökonomen Giorgos Kallis Furore. Beide untersuchten diverse Erhebungen und historische Trends – und kommen zu zwei Schlüssen. Es gebe erstens keinen empirischen Beweis, dass global gesehen eine komplette Entkopplung von fortgesetztem Wirtschaftswachstum und Ressourcenverbrauch möglich sei. Und es sei zweitens «sehr unwahrscheinlich», dass eine Entkoppelung von CO_2-Emmissionen schnell genug erreicht werde, um eine Erderwärmung über 1,5 Grad oder 2 Grad zu verhindern. Ihre Schlussfolgerung: Politische Entscheider*innen müssten alternative Strategien zu grünem Wachstum entwickeln.[13]

Was Hofreiter und andere Grüne verschweigen, ist, dass manche ihrer Versprechen bisher Science-Fiction sind. Ein Beispiel ist das Fliegen, das in der kosmopolitischen Grünen-Wählerschaft sehr beliebt ist. Die Grünen hoffen auf synthetische Kraftstoffe – kurz: SynFuels –, mit denen Jets irgendwann klimaneutral fliegen sollen. Das Tolle ist, dass die Technik für die Herstellung bereits existiert: Mit sogenannten Power-to-liquid-Verfahren (in etwa: «Elektrische Energie zu Flüssigkeit») kann man heute schon aus CO_2 und Wasser flüssige Kraftstoffe machen, etwa mittels Elektrolyse. Das Problem: Man braucht dafür immense Mengen Strom. Jener müsste komplett aus erneuerbaren Energien kommen, damit das Ergebnis klimafreundlich ist. Wie unrealistisch das in naher Zukunft ist, hat der Klimaforscher Jakob Graichen vom Öko-Institut in einem Interview im Sommer 2019 vorgerechnet:[14] Wenn der gesamte deutsche Luftverkehr, also alle Flüge, die in Deutschland abheben, klimaneutral sein soll, müsste man die komplette deutsche Stromerzeugung aus erneuerbaren Energien dafür einsetzen. Alle existierenden Windräder, Solarzellen und Wasserkraftwerke würden also nur für den Flugverkehr arbeiten. Aber woher kommt dann die viel größere Energiemenge für Privathaushalte, Industrie oder E-Mobilität auf den Straßen? Aus Kohle- oder Gaskraftwerken? Schwierig. Ein weiteres Problem: Auch mit synthetischen Kraftstoffen betriebene Jets schädigen das Klima erheblich. Ein Grund sind die Kondensstreifen, künstliche Wolken in großer Höhe. Sie verhindern, dass nachts Wärme von der Erde in den Weltraum abgegeben wird.

SynFuels sind für die Politik verführerisch, weil sie einfache Abhilfe versprechen. Wären sie in großen Mengen verfügbar, könnte zum Beispiel die Autoindustrie weitermachen wie bisher – und auf Kolben, Nockenwellen und Tankstellen setzen. Aber die *Wirtschaftswoche* hält die Idee eines Autoverkehrs, der auf ihnen beruht, für verrückt. Derzeit würden pro Jahr in Deutschland rund 600 Terawattstunden (TWh) Strom hergestellt, rechnet sie vor. Für alles, wohlgemerkt: Industrie, Gewerbe, private Haushalte, Transport und Verkehr. Es gebe in Deutschland rund 47 Millionen Pkws, die zusammen etwa 650 Milliarden Kilometer pro Jahr führen. Jene, so die *Wirtschaftswoche* weiter, bräuchten rund 40 Milliarden Liter SynFuels im Jahr. Um diese Menge herzustellen, benötige man rund 1100 TWh Ökostrom. Also fast das Doppelte des heutigen Gesamtverbrauchs, nur für die Autos. Man müsse, folgert die Zeitung, sich ernsthaft fragen, ob Politikern wie Friedrich Merz, die das propagierten, «das rudimentäre physikalische Verständnis fehlt».[15] Kurz: Ökostrom wird in naher Zukunft ein knappes Gut sein.

Eines fernen Tages werden dann hoffentlich riesige Solarfelder in Wüstengebieten so viel Strom produzieren, dass damit Wasserstoff und synthetische Kraftstoffe für den Rest der Welt hergestellt werden können. Die Sonneneinstrahlung, die täglich auf die Erde trifft, stellt so riesige Energiemengen bereit, dass die Menschheit ihren Bedarf problemlos decken könnte. In diesem Bereich ist die Entkoppelung also möglich, irgendwann. Aber rechtzeitig genug, um das Pariser Klimaschutzziel einzuhalten? Es bleiben Fragezeichen. In anderen Bereichen wird es sowieso schwieriger, etwa beim Fleischverbrauch. Alle Menschen werden nie so viele Steaks, Schnitzel oder Burger essen können wie der durchschnittliche US-Amerikaner oder Mitteleuropäer. Hier geht es nicht ohne Verzicht.

Ein weiteres Problem des grünen Wachstums sind die sogenannten Rebound-Effekte. Das sind Effekte, die Effizienzsteigerungen konterkarieren, da sie zu mehr Verbrauch führen. Ein Beispiel des Umweltbundesamtes[16]: Ein Autokäufer, der sich ein spritsparendes Modell zulegt, neigt dazu, mehr Wege mit dem Auto zurückzulegen – und öfter aufs Fahrrad zu verzichten. Das wäre ein direkter Rebound. Oder er könnte das Geld, das er an der Tankstelle spart, anderswo investieren – und sich etwa einen Zusatzurlaub auf Mallorca gönnen. Das wäre ein indirekter Rebound. Solche Effekte mindern auch die Klimaschutztauglichkeit von grünen Ideen. Die taz-Kollegin Ulrike Herrmann erklärt das anhand ihres Modells für eine CO_2-Bepreisung.[17] Seit Januar 2021 gilt ein von der GroKo eingeführter CO_2-Preis von 25 Euro pro Tonne Kohlendioxid, danach soll er schrittweise ansteigen.[18] Ginge es nach den Grünen, hätte ab 2021 schon ein Preis von 60 Euro pro Tonne gegolten. Sie sind ambitionierter als die GroKo, was nur richtig ist. Die Einnahmen des Staates möchten sie als «Energiegeld» an alle Bürger*innen ausschütten – 100 Euro pro Kopf und Jahr. Vor allem arme Familien hätten so mehr auf dem Konto, weil sie wenig Energie verbrauchen, aber das gleiche Energiegeld bekämen wie Gutverdiener*innen. Diese Umverteilung wäre sinnvoll, analysiert Herrmann, aber ganz sicher keine ökologische Revolution, wie die Grünen behaupten. Wieder kommt der Rebound ins Spiel. Denn die Armen würden sich mit dem Geld langgehegte Wünsche erfüllen, einen Urlaub, mehr Kleidung, einen neuen Fernseher, Produkte also, die wieder Energie und Ressourcen fressen.

Unterm Strich würde durch einen höheren CO_2-Preis also etwas weniger CO_2 emittiert. Aber es spricht einiges dagegen, dass so innerhalb kurzer Zeit Nullemissionen erreicht werden können. All das heißt: Eigentlich müssten die Industrieländer ihren Verbrauch schrumpfen, zumindest in relevanten Bereichen. Herrmann denkt deshalb darüber nach, wie das gelingen könnte – und nennt als historisches Modell die britische Kriegswirtschaft zwischen 1940 und 1945. Damals stellten die Briten innerhalb kürzester Zeit ihre Friedenswirtschaft auf den Krieg um, ohne dass die Bevölkerung hungerte. Die Fabriken seien in privater Hand geblieben, aber die Produktionsziele von Waffen und Konsumgütern staatlich vorgegeben worden – und die Verteilung der Lebensmittel wurde öffentlich organisiert. «Es gab keinen Mangel, aber es wurde rationiert», schreibt Herrmann. Die verordnete Gleichmacherei habe sich als Segen erwiesen: «Ausgerechnet im Krieg waren die unteren Schichten besser versorgt als je zuvor.»[19]

Auch der Soziologe Harald Welzer hält das Vertrauen auf Wachstum und Technik für magisches Denken. In seinem Buch *Selbstdenken. Eine Anleitung zum Widerstand* entwirft er ein Zukunftsszenario für das Jahr 2033: Es gelte als cool, schreibt er, nur noch so viel wie nötig und so wenig wie möglich zu haben. Ein «Lifestyle des Loslassens» greife um sich. Tauschbörsen hätten sich ausgebreitet, jemand renoviere einem das Wohnzimmer und bekomme dafür eine Homepage eingerichtet und so weiter. Reisen würden fast ausschließlich mit von Wasserstoff-Brennstoffzellen und Segeln angetriebenen Schiffen abgewickelt, alle hätten ja mehr Zeit als früher. «Diese Geschichte ist, wie mir scheint, nicht so schlecht, als dass man sie nicht über sich erzählen können wollte.»[20] Es ist die Geschichte, die die Grünen auf keinen Fall erzählen wollen.

Dabei sind manchen Grünen die Schwächen ihres Narrativs durchaus bewusst. Es stehe in den Sternen, ob sich durch technische Innovationen die negativen Folgen des Wachstums stark bremsen ließen – und wann es so weit sein werde, schrieb Gerhard Schick 2014 zu Fücks Thesen.[21] Schick, ein ehemaliger Bundestagsabgeordneter, der heute die «Bürgerbewegung Finanzwende» managt, empfahl, beide Konzepte zusammenzudenken. Die Grünen dürften dem Wachstumsfetisch keinen Anti-Fetisch entgegenstellen, nämlich den Ruf nach einer Schrumpfung der Wirtschaft. Stattdessen warb er für konkrete Schritte in eine Postwachstumsgesellschaft, für eine öko-soziale Steuerreform, den Abbau umweltschädlicher Subventionen und Arbeitszeitverkürzungen.

Dieses Denken, die Fusion von Wachstum und Postwachstum, findet sich auch im Parteiprogramm – zumindest zarte Ansätze davon. Die Grünen machen sich Gedanken über Zeitpolitik und fordern, dass Menschen für Kinderbetreuung, Pflege oder Weiterbildung finanziell abgesichert ihre Arbeitszeit reduzieren dürfen. Sie werben für Preise, die die ökologische Wahrheit sagen – und langlebige Produkte begünstigen. Und für ein Wertstoffgesetz, das hohe Verwertungsquoten vorschreibt. Hofreiter sagt bei unserem Spaziergang im Tiergarten: «Ein Kupferatom geht nicht kaputt. Das können Sie zehn Millionen Mal hintereinander in einen Elektromotor einbauen.» Wenn es genügend Erneuerbare Energien gebe und Rohstoffe im Kreislauf geführt würden, «dann können wir als Menschheit diese Erde bewohnen, ohne sie weiter zu zerstören.»

Aber offen ausgesprochene Konsumkritik ist selten geworden, wenn nicht tabu. Die Grünen lassen die Chancen, die ein Weniger bedeuten könnte, lieber weg. Das Versprechen des klimaneutralen Wohlstandes ist nicht nur für uns Konsument*innen verheißungsvoll. Sondern auch für diejenigen, die Wahlen gewinnen wollen.

CORONA

Welche Schlüsse die Grünen aus der Pandemie ziehen

In der Krise zeigt sich, wer man wirklich ist. Deshalb lohnt ein Blick auf das grüne Wirken während der Corona-Pandemie. Diese historische Krise, die eben noch weit weg in China schien, hat das ganze Land im März 2020 kalt erwischt. Es war eine seltsame Zeit. Wenn ich morgens ins *taz*-Verlagshaus an der Friedrichstraße radelte, lagen die Straßen ruhig im Morgenlicht wie an einem Sonntagvormittag. Der Alexanderplatz: wie ausgestorben. Die Trams: fast leer. Viele Leute arbeiteten schon im Homeoffice. Wir bereiteten uns – wie viele andere Familien – darauf vor, unsere kleine Tochter zu Hause zu betreuen, falls die Kita geschlossen werden würde. Würde das gutgehen mit zwei Jobs? Überhaupt, waren unsere Jobs sicher? Und wann würden wir wieder unsere Eltern besuchen können, die weit weg wohnten? Die Neuinfektionen, die das Robert-Koch-Institut für Berlin meldete, stiegen und stiegen.

Auch die Grünen suchten Antworten auf völlig neue Fragen. Habeck räumte ein, die Corona-Pandemie habe den von Umfragen verwöhnten Grünen «in vollem Lauf die Beine weggehauen». Urplötzlich wurde ihre Agenda im gesellschaftspolitischen Diskurs irrelevant. Die Gefahr der Erderhitzung rückte in den Hintergrund, stattdessen überschlugen sich die Medien mit Berichten über Infektionsraten, Kontaktbeschränkungen, einen möglichen Lockdown und eine drohende Rezession. Vor der Krise schienen grüne Themen Debatten zu bestimmen, Klimaschutz war in der Priorisierung vieler Bürger*innen nach oben gerückt, auch wegen der bedrohlichen Dürresommer in Deutschland. Bei der Europawahl im Mai 2019 gelang den Grünen mit 20,5 Prozent ein sensationeller Erfolg. Nichts schien die wachsende Partei stoppen zu können. Sogar die darauf folgenden Landtagswahlen in Sachsen, Brandenburg und Thüringen brachten respektable Ergebnisse, obwohl Ostdeutschland für die Grünen wegen ihrer westdeutschen Prägung lange eine Diaspora war.

Aber dann kam Corona. Es schlug, wie es in ungezählten Kommentaren hieß, «die Stunde der Exekutive». Die Grünen sackten in Umfragen deutlich ab, unter die symbolträchtige 20-Prozent-Marke. Gleichzeitig legte die Union stark zu. Schien vor der Krise ein Rennen um die Führung im Land denkbar zu sein, ein Wettkampf zwischen Schwarz und Grün, zeigte sich während der Pandemie, wie sehr die Bürger*innen in unsicheren Zeiten auf das Altbewährte setzen – und wie sehr sich die Grünen mit überraschenden Neuerungen schwertun.

Die Pandemie ließ die Grünen verstummen. Nicht im Wortsinn, denn Habeck und Baerbock gaben weiter Interviews, redeten in Hintergrundrunden per Videoschalte mit Journalist*innen und organisierten einen der ersten komplett digitalen Parteitage in Deutschland. Aber sie fanden nicht die richtige Sprache für diese Systemkrise. Sie legten eine vorsichtige Zurückhaltung an den Tag, die ihrer sonstigen Rhetorik widersprach. Radikale Antworten, nun, da das ganze System zu wanken schien? Davon konnte bei den Grünen keine Rede sein, nirgends, obwohl es richtig ernst wurde. In Italien waren die Intensivstationen überfüllt, Menschen starben einsam, ein Bild aus Bergamo geht Ende März um die Welt: Militärlastwagen transportieren im Konvoi Särge mit Corona-Toten ab, weil das Krematorium überlastet ist.

Die Pandemie vertauschte Rollen. Fühlten sich CDU und SPD seit Jahren dem vorsichtig austarierten Pragmatismus verpflichtet, handelten sie plötzlich radikal, und die Grünen standen mit offenem Mund daneben. Am 22. März beschlossen Merkel und die

MinisterpräsidentInnen beispiellose Maßnahmen zum Schutz der Bevölkerung. Feiern wurden untersagt, Restaurants und Friseursalons geschlossen. Man durfte nur noch mit einer einzigen Person in der Öffentlichkeit unterwegs sein, die nicht zum eigenen Hausstand gehörte. Es galt ein Mindestabstand von 1,5 Metern zu anderen Menschen. Deutschland isolierte sich. Kliniken räumten hektisch Betten frei, Schutzmasken waren Mangelware, die Deutschen deckten sich mit Klopapier, Spaghetti und Konservendosen ein. Den Grünen fiel keine Alternative zur Krisenpolitik der Kanzlerin ein, was ja durchaus verständlich war. Die in Sachen Bürgerrechte liberal tickende Oppositionspartei konnte keine restriktiveren Maßnahmen fordern, als sie die Groko umsetzte. Auch der andere Weg war verbaut: Die Grünen als wissenschaftsskeptische Lockerungsfans, die die reale Gefahr anzweifeln – das hätte ihnen niemand geglaubt. Bei der Klimakrise vertrauten sie ja auch der Wissenschaft. Maß und Mitte, das Mantra der bundesrepublikanischen Ordnung, schienen vergessen, alles, was Merkels Regierung bisher abgelehnt hatte, war plötzlich möglich. Verbote, massive Investitionen, Eingriffe in den individuellen Lebensstil, der Tod der Schwarzen Null. Nie zuvor agierte eine Regierung so radikal, um Normalität wiederherzustellen. Der starke Staat breitete schützend seine Arme aus. Nicht nur, dass die große Koalition rigide Freiheitsbeschränkungen beschloss, sie schnürte auch das größte Konjunkturpaket, das je in der Bundesrepublik verabschiedet wurde, 130 Milliarden Euro schwer. Bei der SPD gehört der Eingriffe des Staates in das Wirtschaftssystem gutheißende Keynesianismus zur DNA, die Union rang sich in höchster Not dazu durch. Viel Geld floss in die ökologisch verträgliche Wirtschaft und in Zukunftstechnologie. Für ein europäisches Investitionsprogramm warf Merkel sogar ihren seit der europäischen Schuldenkrise gepflegten Grundsatz über Bord, dass es in der EU keine gemeinsamen Schulden geben dürfe. Ihr in Stein gemeißeltes: keine Eurobonds, «solange ich lebe»[1], aus dem Jahr 2012, es löste sich in Luft auf.

Und die Grünen? Nun ja, sie redeten. Am 30. März war Robert Habeck in einer Schalte der ARD-Sendung «Bericht aus Berlin» zu sehen. Den Wind im Haar, die Sonne im Gesicht, sprach der Grünen-Chef über Einsamkeit in der Corona-Krise, über sozialen Stress, über Depressionen, über Großeltern, die ihre Enkel knuddeln wollten, sie aber nur über Videos und Skype zu sehen bekämen. Das, sagte Habeck, ersetze keine Liebe. SPD-Bundesvize Klara Geywitz kommentierte den Auftritt auf Twitter: «Der Kampf der Grünen gegen die eigene Vereinsamung», schrieb sie. Die Häme war unfair, weil Habeck ein reales Problem ansprach, aber sie traf einen wunden Punkt. Die Grünen standen kommentierend an der Seitenlinie, das Spiel machten andere.

Anfang April, ein paar Tage, nachdem der Bundestag eine «epidemische Lage von nationaler Tragweite» festgestellt hatte, postete Habeck auf Instagram ein Foto von sich. Mit Sweatshirt und Brille saß er lesend vor dem heimischen Bücherregal, auf dem Tisch *Die Pest* von Albert Camus. «Joggen ist das eine – aber in der Birne will man ja auch fit bleiben», schrieb Habeck daneben. Wenig später veröffentlichte er einen Schnappschuss, der zeigt, wie er sich vor einem auf einem Terrassenstuhl platzierten Kosmetikspiegel kniend mit einer Haarschneidemaschine die Haare stutzte. Auf dem Pflaster dahinter lag ein Basketball. Seine freiwillig dargebotenen Einblicke ins Privatleben hatten etwas Unernstes. Nutzte der Parteichef die Krise zur persönlichen Erbauung? Man konnte auf die Idee kommen. Entscheidender als solche Performance-Patzer aber war die Tatsache, dass das Versprechen der Grünen, diejenigen mit den radikalen Antworten zu sein, von der Realität widerlegt worden war. Radikal gehandelt wurde nämlich woanders, im Kanzleramt und in den Ministerien.

Die Grünen verlegten sich auf die unoriginelle Strategie, ein bisschen mehr vom Gleichen zu fordern. Selbst ihren richtigen Hinweis, dass Corona die Klimakrise nur überlagere, hatten sie nicht exklusiv. Den Klügeren in der Union schwante, dass es nicht allein um eine Wiederherstellung des alten Systems gehen könne. Entwicklungsminister Gerd Müller (CSU) sagte im Mai 2020: «Der Immer-Weiter-Schneller-Mehr-Kapitalismus der letzten 30 Jahre muss aufhören.»[2] Die Corona-Krise sei ein «Weckruf an die Menschheit», mit Natur und Umwelt anders umzugehen. Wo Müller gerade dabei war, bog er den Deutschen eine unbequeme Wahrheit bei. Lebten alle Menschen auf der Welt wie sie, «mit einer ständigen Steigerung des Verpackungsmülls und der bisherigen Art zu wirtschaften, bräuchten wir zwei Erden». Es gebe aber nur eine. Eine solch harte Wachstumskritik hatte man von den Grünen schon lange nicht mehr gehört. Kurz: Die Grünen wurden von der Regierung in atemberaubendem Tempo überholt. Jene setzte Dinge um, die zu fordern sie nie gewagt hätten.

Was die Oppositionspartei intellektuell auf die Beine stellte, fand ich vergleichsweise konventionell. Annalena Baerbock entdeckte früh das Leid der zu Hause arbeitenden Eltern, die gleichzeitig ihre Kinder betreuen und beschulen sollten. Die Grünen wiesen auf die Nöte der Kulturschaffenden und der Solo-Selbständigen hin, von denen wahrscheinlich viele grün wählen. Berechtigte Punkte, aber nicht besonders einfallsreich. Außerdem setzten sie auf die allenfalls mittelgrüne Idee, die Bürger*innen zu mehr Konsum zu ermutigen. Mehrere Abgeordnete um Fraktionschef Anton Hofreiter erarbeiteten ein Konzept für Kauf-vor-Ort-Gutscheine: Jeder Einwohner und jede Einwohnerin Deutschlands sollten vom Staat 250 Euro erhalten, um damit im lokalen Handel zu shoppen.[3] Explizit ließen die Grünen offen, was konsumiert werden sollte. Zigaretten, Schnaps, ein neuer Gasgrill – alles war erlaubt.

Winfried Kretschmann erstaunte die interessierte Öffentlichkeit mit einem Vorschlag, der den Kurs der eigenen Bundespartei torpedierte. Gemeinsam mit Bayerns Regierungschef Markus Söder (CSU) und Niedersachsens Ministerpräsident Stephan Weil (SPD) kämpfte er für eine Kaufprämie für Diesel-Autos und Benziner. Statt den Kern grüner Programmatik voranzutreiben, den ökologischen Umbau der Wirtschaft, wollte er den Konzernen helfen, ihr veraltetes Geschäftsmodell mit Staatshilfen zu verlängern.[4] Manchmal sind die Interessen von Daimler offenbar wichtiger als intellektuelle Redlichkeit. Peinlich berührt, aber machtlos sahen die Bundesgrünen dem Treiben in Stuttgart zu.

Von Habecks und Baerbocks Parole, Radikal sei das neue Realistisch, blieb im Ernstfall also nicht viel übrig. Alles in allem setzten die Grünen auf konservative, wenig inspirierte Politik und nicht auf Systemveränderung.

Bernd Ulrich, der stellvertretende Chefredakteur der *Zeit*, hat vor einigen Jahren die Ökologie ins Zentrum seiner politischen Berichterstattung gerückt. Er wies in einem Essay zur Corona-Krise zu Recht darauf hin, dass es auch ein paar erfreuliche gesellschaftliche Erfahrungen gab – und die Grünen erstaunlich wenig damit anfangen konnten: «Verlangsamung, Solidarität, Konsumverzicht (für jene, die genug haben, um überhaupt verzichten zu können), verstärkte Familiarität, verringerte Mobilität, leisere Städte, weniger Kohlendioxidausstoß.» Lebensweltlich, stellte Ulrich fest, müssten «doch gerade die Grünen mit diesen wenigen positiven Aspekten einer im Großen und Ganzen deprimierenden Krise etwas anfangen können».[5] Tatsächlich entdeckten viele Menschen, dass es möglich ist, aus dem Hamsterrad der allgegenwärtigen Verwertungslogik auszusteigen. Sie verbrachten mehr Zeit mit ihren Kindern, erledigten Einkäufe mit dem Rad und stellten fest, dass ein langes Wochenende in der Uckermark erholsamer sein kann als der Kurztrip nach Barcelona. Dieses brachliegende Feld hätten die Grünen politisch bestellen können, aber sie taten es nicht. Es fehlte an klugen Ideen jenseits der während der Krise populären naiv-romantischen Essays, die unterstellten, dass die Menschheit in der Post-Corona-Ära auf wundersame Weise alle Egoismen ablegen würde. Natürlich würde nach Corona nicht alles anders werden. Aber dass es ein bisschen anders werden könnte, so viel Vorstellungskraft hätte man sich von den Grünen schon gewünscht. Vergeblich, die Grünen schwiegen. Ihnen fehlte der Mut, sich die Krise als Katalysator für eine genügsamere Gesellschaft vorzustellen, oder präziser: Vielleicht war ihnen ganz grundsätzlich die Fähigkeit dazu abhanden gekommen. Auch von CDU, SPD oder Linkspartei kamen solche Ideen nicht, Stimmen wie die von Entwicklungsminister Müller waren die Ausnahme. Es fehlte eine Partei, die erklärte, warum weniger mehr sein kann. Warum maßloser Konsum nicht glücklich macht. Oder warum ein maßvolleres Wirtschaften unter Resilienz-Gesichtspunkten krisenfester ist.

Wieso stellten die Grünen dem Versuch, die alte, im Grunde ja sehr unnormale Normalität wiederherzustellen, nicht die Idee einer besseren Welt gegenüber? Eine Erklärung liegt in der Akzeptanz des Wachstumsparadigmas, die ich im vorherigen Kapitel beschrieben habe. Die Grünen wollen so sehr Teil des Systems sein, dass sie mit grundsätzlicher Systemkritik nichts mehr anfangen können. Da sie sich darauf verständigt haben, Wachstum als Naturgesetz zu akzeptieren, haben sie einen blinden Fleck. Ihnen fehlt die Vorstellung, wie es ganz anders sein könnte. Wenn aber der Kapitalismus ohne jegliches Zutun einer ökologischen Partei im vollen Lauf ausgebremst wird, wenn klarwird, dass der König nackt ist, wird diese analytische Schwäche ebenso klar sichtbar.

Ausgehend von der Frage, warum die Grünen in der Corona-Pandemie so leise waren, kam der *Zeit*-Journalist Bernd Ulrich zu einer ganzen Reihe von Schlüssen. «Was ökologisch und vor allem klimapolitisch notwendig war und ist, das ging und geht erkennbar über das hinaus, was die grüne Realpolitik den Menschen äußerstenfalls glaubte, zumuten zu können.» Ferner sagte er voraus, dass dies den Wähler*innen auf Dauer nicht verborgen bleiben werde.[6] «Die Leute sind nicht blöd.» Sie hätten schon vor Corona gewusst, dass die Grünen ihnen etwas vormachten, wenn sie behaupteten, man könne mit den gewöhnlichen Instrumenten der Politik die fundamentale Krise im Verhältnis zwischen Mensch und Natur bewältigen. Ulrichs Fazit: «Die Grünen sind an diesem Punkt einfach unauthentisch.»

Der Schlussfolgerung, dass Wähler*innen die Grünen irgendwann für ihre Inkonsequenz bestrafen, würde ich nicht zustimmen. Ich denke, dass die grüne Strategie wunderbar zur Ambivalenz des modernen Individuums passt. Mehr noch, diese Strategie begründet den Erfolg der Habeck-Baerbock-Grünen. Wir retten zusammen das Klima, aber ihr müsst auf nichts verzichten – diese Botschaft ist eine geniale Erfindung. Aber in der Sache hat Ulrich völlig recht. Die Grünen sagen ihren Wähler*innen nicht die ganze Wahrheit. Wir hatten das Thema schon: Viel spricht dafür, dass die Klimakrise zu rasant fortschreitet, als dass sie sich mit technologischem Fortschritt allein aufhalten ließe.

Aber den Grünen ist klar, dass hier eine diskursive Falle lauert. Wer in Deutschland auch nur vorsichtig darauf hinweist, dass es mit dem dauerhaften Wachstum knifflig werden könnte, wird als realitätsfremder Ökodogmatiker in die Ecke gestellt. Niko Paech kann ein Lied davon singen. Wenn die Grünen aber irgendwo nicht sein wollen, dann dort. Ihre große historische Leistung besteht ja gerade darin, sich aus der Nische herausgearbeitet zu haben. Die ganze Erzählung, die Baerbock und Habeck aufgebaut haben, fußt darauf, im Mainstream akzeptiert und anerkannt zu sein. So gesehen ist es für die Grünen fast unmöglich geworden, in Sachen Wachstum freier zu denken.

Sie haben aus der Corona-Krise andere Lehren gezogen, unbestreitbar richtige, aber zurückhaltendere. Sie überdachten beispielsweise ihre Forderungen in der Gesundheitspolitik. So forderten sie etwa als Konsequenz, die Fallpauschalen zu reformieren und um eine strukturelle Finanzierung zu ergänzen. Kliniken sollten nicht nur nach erbrachter Leistung, sondern nach ihrem gesellschaftlichen Auftrag finanziert werden, heißt es im neuen Grundsatzprogramm. Durch das Papier, das während der Corona-Krise fertig geschrieben wurde, zieht sich das Vorsorgeprinzip. Bei neuen Technologien wollen die Grünen zum Beispiel stets Nutzen und Schäden abwägen und auf Umkehrbarkeit achten.[7] Ein weiterer, zentraler Gedanke: Politik müsse Krisen vorbeugen, bevor sie entstünden. Baerbock und Habeck bemühten in dieser Zeit gerne das Bild einer Feuerwehr. Eine solche leiste man sich, obwohl man hoffe, dass es nicht brennt, argumentierten sie.[8] Kurz: Vorsorge schafft Sicherheit. Mit diesem Kurs versuchen die Grünen, zwei widersprüchliche Dinge unter einen Hut zu bekommen, nämlich das tiefsitzende Normalitätsbedürfnis der Deutschen und den eigenen Veränderungsdrang.

Der Erfolg scheint ihnen recht zu geben, wenn man die Kommunalwahl in Nordrhein-Westfalen als ersten Testlauf nimmt. Im September 2020 holten die Grünen im bevölkerungsreichsten Bundesland 20 Prozent, 8,3 Prozentpunkte mehr als bei der Wahl vor sechs Jahren. Ausschlaggebend war, dass die Wähler*innen Klimaschutz als sehr wichtig einschätzten. Jener lag in Umfragen auf Platz 1 der wahlentscheidenden Themen, noch vor Wirtschaft und Bildung, trotz Corona, das nicht nur zu geschlossenen Geschäften, sondern auch zu geschlossenen Schulen geführt hat. Der Kurs der Grünen, kleine Verbesserungen im Kampf gegen Corona zu fordern, aber weiter die Klimakrise zu thematisieren, kam gut an. Sicherheit durch Wandel: Ich habe mich mit Robert Habeck im August 2020 darüber unterhalten, ob das ein Narrativ für den Bundestagswahlkampf sein könnte. Er antwortete, dass die Grünen nicht umsonst «Veränderung schafft Halt» über das Grundsatzprogramm geschrieben hätten. «Wir müssen Dinge grundlegend ändern, damit wir unser gutes Leben erhalten können.» Wenn man das ernst nehme, brauche es grundsätzlich andere Strukturen, nicht nur ein Rumdoktern an den alten.[9]

Es ist alles eine Frage der Sicht: Was ich anzweifle, nehmen die Grünen für sich in Anspruch, nämlich völlig neue Strukturen zu schaffen. Oberstes Ziel ist, unser gutes Leben zu erhalten – ein Satz wie aus dem Manufactum-Katalog.

FRIDAYS FOR FUTURE
*Was die Klimaaktivistin Luisa Neubauer
den Grünen vorwirft*

Blitze zucken am Himmel über Berlin-Mitte, der Donner rollt durch die Häuserschluchten. Neben den Bürgersteigen rauschen reißende Bäche, Autos pflügen langsam durch tiefe Pfützen, eine junge Frau klammert sich an ihren absurd verdrehten Regenschirm. Ein paar Minuten später ist alles vorbei. Die Sonne kommt heraus, nur noch ein paar dicke Tropfen fallen von den Linden. Da kommt Luisa Neubauer auf dem Fahrrad um die Ecke, mit geradem Rücken, auf wundersame Weise trocken und von dem Chaos unberührt. Wir quetschen uns auf die Bank vor dem Café Keyser Soze, August, Ecke Tucholsky.

Und, wie läuft es so zwischen Fridays for Future und den Grünen?

Feines Lächeln.

«Das Verhältnis ist ambivalent.»

Kunstpause.

«Die Grünen waren lange die Partei, die sich als einzige Bundestagspartei mit ökologischen Fragen in einer Intensität beschäftigte, die zumindest vage in eine Richtung geht, die aus wissenschaftlicher Sicht nicht total daneben ist.»[1]

Was für ein Satz. Man muss ihn mehrmals lesen, um zu verstehen, dass darin eine ganze Welt von Kritik steckt. Luisa Neubauer, Jahrgang 1996, Autorin mit Geographie-Abschluss, ist eine Ikone der jungen Klimaschutzbewegung Fridays for Future (FFF). Seit 2018 gehen Schüler*innen freitags auf die Straße, um die Regierung an die Pariser Klimaschutzziele zu erinnern. Neubauer ist das prominenteste Gesicht der Bewegung in Deutschland. Wir haben uns verabredet, um über die komplexe Beziehung von Fridays for Future und den Grünen zu sprechen. An Tagen wie diesen, erst Starkregen, dann brütende Schwüle, bekommt man eine Ahnung davon, wie eine erhitzte Erde aussehen könnte. Sind die Jugendlichen die natürlichen Verbündeten der Grünen? Oder sind sie, umgekehrt, enttäuscht von der aufs Regieren zielenden Kompromissbereitschaft?

Keiner wird bestreiten, dass Neubauers Wort Gewicht hat. Sie hat Angela Merkel getroffen, Wirtschaftsminister Peter Altmaier und Springer-Chef Mathias Döpfner. Sie sitzt regelmäßig in den wichtigsten Talkshows des Landes, bei Anne Will, Markus Lanz oder Plasbergs «Hart aber fair». Und sie hat in einem sehr coolen Move einen Aufsichtsratsposten bei Siemens abgelehnt, den ihr Konzernchef Joe Kaeser nach einem Treffen angeboten hatte. Neubauer ahnte, dass ein solcher Job sie unglaubwürdig machen würde – und retournierte kühl, Siemens könne statt ihrer ja eine Wissenschaftlerin oder einen Wissenschaftler von Scientists for Future in das Gremium berufen.

Einen Gesprächstermin mit Neubauer zu bekommen ist schwieriger als mit manchem Bundesminister. Wenn man ihr eine Mail schreibt, erhält man erst mal eine automatisierte Antwort. Sie melde sich so bald wie möglich – «spätestens in zwei Wochen» – zurück. Dann folgt ein lakonischer, ziemlich lustiger Satz: Falls sie gar nicht antworte, bitte sie jetzt schon um Verständnis. Es ist nicht einfach, eine solche Prominenz mit den Mitteln einer Aktivistin zu managen. Schließlich spricht Neubauer für eine Bewegung, die die Klimaschutzdebatte weltweit beeinflusst hat und es bis heute tut. Fridays for Future sind die bemerkenswerteste soziale Bewegung der Neuzeit, sie haben die Klimapolitik mit Wucht in den gesellschaftspolitischen Mainstream gspült.

Am 20. August 2018 setzte sich Greta Thunberg, eine 15-Jährige mit braunen Zöpfen und klaren Augen, mit einem Schild vor den schwedischen Reichstag in Stockholm. Darauf die Aufschrift: «Skolstrejk för klimatet» («Schulstreik für das Klima»). Es war der erste Schultag nach den Ferien, ganz Europa litt unter dem historischen Dürresommer.

Gretas Protest ist von existenzieller Ernsthaftigkeit durchdrungen, er verbreitete sich wie ein Lauffeuer, eine globale Jugendbewegung entstand. Allein in Deutschland gibt es heute über 500 Ortsgruppen, die sich über soziale Netzwerke und Messenger-Dienste organisieren. Die Schüler*innen gehen erstaunlich ausdauernd auf die Straße, ignorieren Debatten über Schulschwänzen und Sanktionen und skandieren gut gelaunt «Wer nicht hüpft, der ist für Kohle». Die Bewegung ist hierarchiefrei und basisdemokratisch, es gibt keinen legitimierten Vorstand. Allerdings existieren sehr wohl informelle Hierarchien wie in den meisten sozialen Bewegungen. Promis wie Thunberg und Neubauer sind zu Persönlichkeiten des öffentlichen Lebens geworden, was in der Bewegung durchaus kritisch gesehen wird. Die junge Schwedin ist wie Neubauer eine begehrte Gesprächspartnerin. Sie trat auf der UN-Klimakonferenz in Katowice auf oder dem Weltwirtschaftsforum in Davos, sie fuhr mit einem Segelboot über den Atlantik zum UN-Klimagipfel in New York und schmetterte den Regierungschef*innen ihr «How dare you!» entgegen. Die Wut stand ihr ins Gesicht geschrieben.

Luisa Neubauer ist solche Emotionalität eher fremd. Sie bestellt Kaffee und Apfelschorle, spricht gewählt, in langen, verschachtelten Sätzen – und ihr Blick auf die Grünen ist ein sehr kalter. Auch diese, sagt sie, hätten Fridays for Future nötig gemacht, weil sie in Regierungen nicht das Notwendige täten. «Die Grünen sind bei Fridays for Future eine Partei, die geliebt und gehasst wird.» Natürliche Verbündete? Neubauer, obwohl selbst Grünen-Mitglied, wischt diese Vermutung mit ein paar Sätzen beiseite.

Ein Grund ist, dass die Grünen – anders als Union oder SPD –

eine große Bürde tragen. Wer sich Ökologie auf die Fahne schreibt, muss seine Politik an der wissenschaftlichen Realität messen lassen. Diese Messlatte hängt angesichts der dramatischen Zuspitzung der Klimakrise enorm hoch. Weiten Teilen der FFF-Bewegung sind die Grünen nicht radikal genug. Fridays for Future haben ihre eigenen Forderungen mit Wissenschaftler*innen entwickelt, oberstes Ziel ist die Einhaltung des Pariser Klimaschutzabkommens. Die völkerrechtlich bindende Vereinbarung fast aller Staaten der Erde, 2015 in Frankreichs Hauptstadt unterschrieben, war ein historischer Schritt: Die Unterzeichnenden verpflichteten sich, die CO_2-Emmissionen zu senken, um die menschengemachte Erderwärmung auf unter zwei Grad Celsius und möglichst unter 1,5 Grad Celsius gegenüber vorindustriellen Werten zu beschränken.[2] Fridays for Future pochen auf die 1,5 Grad, orientieren sich also an der ehrgeizigeren Zahl von Paris. Sie verlangen zum Beispiel die Verringerung der CO_2-Emmissionen bis 2035 auf «nettonull», den Kohleausstieg bis zum Jahr 2030, 100 Prozent erneuerbare Energieversorgung bis 2035 und eine CO_2-Steuer in Höhe von 180 Euro pro Tonne CO_2.[3] So teuer sind laut dem Umweltbundesamt die Schäden für eine Tonne CO_2 in der Atmosphäre. Diese Ziele liegen deutlich über dem, was die Grünen fordern – von Kompromissen, die sie in Koalitionen mit CDU, SPD oder Linkspartei eingehen, ganz zu schweigen.

Die Grünen haben den von der Kohlekommission vereinbarten Kohleausstieg bis 2038 als «klimapolitisch zu spät»[4] (Baerbock) kritisiert. Aber in einer Koalition ab 2021 werden sie es nicht wagen, den Kohlekompromiss in Frage zu stellen – zu weitgehend wären die gesellschaftlichen Verwerfungen. Bei den Verhandlungen über einen CO_2-Preis forderten die Grünen 40 Euro pro Tonne, nicht die von Fridays for Future gewünschten 180. Der Fairness halber sei dazu gesagt, dass manche Wissenschaftler*innen und selbst das Umweltbundesamt für einen moderateren Einstieg in die CO_2-Bepreisung plädierten als die Klimaaktivist*innen. Auch das grüne Bekenntnis zu Paris fällt nicht so klar aus, wie es sich Fridays for Future wünschen. «Zu viele Stimmen in den Grünen verabschieden sich zunehmend vom 1,5-Grad-Ziel und mainstreamen das 2-Grad-Ziel», sagt Neubauer. «Das Programm der Grünen reicht nicht aus, um die Pariser Klimaschutzziele zu erreichen.» Wenn schon sie anfängen, ökologische Ziele aufzugeben, sei das ein fundamentales Problem. Luisa Neubauers Kritik ist die brutalste, die man an einer ökologisch ausgerichteten Partei üben kann.

Fridays for Future haben gute Argumente für ihre Sicht. Im Oktober 2020 veröffentlichte das Wuppertal-Institut, ein Thinktank für Nachhaltigkeitsforschung, eine von der Bewegung in Auftrag gegebene Studie. Die Wissenschaftler*innen stellten «Eckpunkte» vor, wie Deutschland die 1,5-Grad-Grenze einhalten könnte. Dafür, so die Annahme, müsste die Republik bis etwa zum Jahr 2035 CO_2-neutral werden. Um das zu verwirklichen, schlägt die Studie ein radikales Umsteuern vor: Der Autoverkehr müsste bis 2035 halbiert, innerdeutsche Flüge verboten werden. Der CO_2-Preis müsste auf 180 Euro erhöht, viel mehr Windräder und Solarparks gebaut werden. Auch weniger Wohnfläche pro Kopf halten die Wissenschaftler*innen für wünschenswert.[5] Das Gutachten leuchtete wie ein Scheinwerfer eine Tatsache aus, die von Politiker*innen gerne verschwiegen wird. Keine Partei in Deutschland hat einen konkreten Plan, was echter Klimaschutz in Deutschland bedeuten würde – auch die Grünen nicht. Das drückte sich auch in ihrer Reaktion auf die 1,5-Grad-Studie aus. Fridays for Future mache «zu Recht Druck», sagte Lisa Badum, die klimapolitische Sprecherin der Bundestagsfraktion. Aber: «Für einige Vorschläge aus der Studie sind Fragen nach sozialen und ökonomischen Folgen sowie der technischen Machbarkeit noch offen.»[6] Die allermeisten tonangebenden Grünen schweigen gleich ganz.

Die Diskrepanz zwischen Anspruch und Wirklichkeit wird für

die Grünen zunehmend zum Problem: Das Vertrauen der Klimaschützer*innen in sie erodiert zusehends. In Berlin hat sich eine neue Klimaschutzpartei namens radikal:klima gegründet – eine tragende Rolle haben Fridays-for-Future-Leute. Sie werfen dem rot-rot-grünen Senat «Symbolpolitik und leere Lippenbekenntnisse» vor, wollen die Hauptstadt bis 2030 zur Null-Emission-Stadt machen und bei der Abgeordnetenhauswahl im Herbst 2021 antreten.[7] Ähnlich sieht es in ganz Deutschland aus, überall gründen sich neue Klimalisten. Auch in Baden-Württemberg droht den Grünen Konkurrenz bei der Landtagswahl im März 2021. Winfried Kretschmann schätzt das als «ernste Angelegenheit» ein. «Es kann gravierende Folgen haben – zum Beispiel, dass es nicht für eine Regierung reicht, weil es sich zersplittert.»[8] Sind die dunkelgrünen Absplitterungen erfolgreich, ereilt die Grünen das Schicksal der SPD. Was für die einen die Linkspartei ist, wäre für die anderen eine neue, radikale Klimaschutzpartei mit engen Kontakten zu den jungen Demonstrant*innen.

Aber es gibt auch umgekehrte Bewegungen. Jakob Blasel, einer der Gründer von Fridays for Future in Deutschland, kandidiert als Grüner für den Bundestag – und argumentiert, dass die Bewegung den direkten Draht in die Politik brauche. «Ich habe erkannt, dass es enorm an Leuten fehlt, die im Parlament aus Überzeugung für das Klima kämpfen.»[9]

Luisa Neubauer verbindet inhaltliche Kritik mit einem strategischen Vorwurf. «Die Frage des Klimaschutzes wurde in Deutschland zu lange an die ökologische Linke outgesourct.» Das sei offensichtlich realitätsfern. Da johlten dann die Volksparteien und bashten Klimamaßnahmen, weil es opportun sei, während verantwortliche Politik in einer Nische verhandelt werde. «Dabei flutet die Klimakrise die Arena, sie muss parteiübergreifend bekämpft werden.» Eins ist gewiss: Dank Fridays for Future wird keine Partei im Bundestagswahlkampf an dem Thema vorbeikommen.

In diesem Moment summt Neubauers Smartphone. «Hi, I'm still in an interview, sorry.» Neubauer setzt sich wieder. Die Patentante von Greta Thunberg sei dran gewesen, man plane nächste Woche eine Reise nach Brüssel. Wie war noch mal die Frage?

Nun, was haben die Grünen verbockt?

Sie hätten die Zuschreibung als Ökopartei zelebriert, sagt Neubauer. «Sie haben lieber ihr Label poliert, als dafür zu sorgen, dass die ökologische Frage im Mainstream landet.»

In der Tat leisteten sich die Grünen den Luxus, gesellschaftliche Mehrheitsfähigkeit lange zu ignorieren. Wobei auch Neubauer in einem Widerspruch argumentiert. Sie will radikalere Grüne, aber je radikaler Klimapolitik ist, desto weniger taugt sie für den Mainstream. Kretschmann, der mehrheitsfähigste Grüne überhaupt, verteidigt die Interessen der Autoindustrie – und seine Regierung macht beim Einhalten der selbstdefinierten Klimaschutzziele keine gute Figur.[10] Neubauer sieht naturgemäß auch grüne Kompromissbereitschaft kritisch. Bei den Jamaika-Sondierungen 2017 erkämpften die Grünen nach wochenlangen, beinharten Gesprächen einen Kompromiss zum Kohleausstieg – von Grünen-Chefin Baerbock, damals einfache Abgeordnete, mitverhandelt. Kraftwerke mit einer Leistung von sieben Gigawatt sollten stillgelegt werden. Merkel akzeptierte, Armin Laschet aus dem Kohleland Nordrhein-Westfalen auch. Bis heute sind Grüne stolz auf diesen klimapolitischen Leuchtturm – doch Neubauer zertrümmert die Story mit einem lässigen Satz. Bei den Sondierungen habe man gesehen, was dabei herauskomme, wenn das alte, bundesrepublikanische Kompromissdenken auf die Klimakrise angewendet werde, sagt sie. «Die einen wollten Klimaschutz, die anderen nicht. Da hat man gesagt, okay, machen wir ein bisschen was. Das reicht aber aus wissenschaftlicher Sicht nicht.» Neubauer ist jetzt in Fahrt. Prominente Akteure belegten mit ihrem Verhalten den Vorwurf, «dass Grüne ihre Vorsätze aus dem Fenster werfen, sobald sie an der Regierung sind». Siehe Kretschmann. Dessen Kampf für eine Kaufprämie für Diesel-Autos während der Corona-Krise «halte [sie] in mehreren Dimensionen für verantwortungslos».

Neubauer springt plötzlich von der grob abgeschliffenen Holzbank auf, reckt die Arme über den Kopf. Sie müsse kurz ein paar Dehnübungen machen, sorry, sie habe den ganzen Tag gesessen. Kein Problem, reden wir halt im Stehen weiter.

Liberale und Konservative werfen den Jugendlichen gerne vor, besonders moralisch zu argumentieren. Aus meiner Sicht ist das Gegenteil der Fall: Eine Stärke von Fridays for Future ist, dass sie gerade keine utopischen Ideen in den Raum stellen. Die Jugendlichen erinnern die Politik auf einer harten, wissenschaftlichen Basis an ihr eigenes Versprechen, das sie mit dem Pariser Klimaschutzabkommen völkerrechtlich bindend abgegeben haben. Was Fridays for Future fordert, ist deshalb Realpolitik pur.

Für die Grünen hat die Bewegung – trotz aller Differenzen – eine nicht zu unterschätzende Funktion. Fridays for Future organisieren im vorpolitischen Raum Aufmerksamkeit für Klimaschutz, schaffen also einen Resonanzraum. Es ist kein Zufall, dass Klimaschutz nach oben wandert, wenn Institute Bürger*innen nach den wichtigsten Themen fragen. Am Abendbrottisch wird inzwischen in vielen Familien, auch von CDU-Wähler*innen, über das Klima diskutiert, weil der Nachwuchs darauf beharrt. Auch die hohen Zustimmungswerte für Grüne bei jungen Wähler*innen sprechen für sich. Bei der Europawahl 2019 gaben knapp 30 Prozent der 18- bis 29-Jährigen ihre Stimme der Ökopartei.[11] Ähnlich lief es bei Landtagswahlen. Das junge Deutschland wählt also grün. Aber wird es dabei bleiben? Neubauer hält die Erwartungen an die Grünen in der Klimaschutzszene für «gigantisch». Jene, schiebt sie nach, könnten sie gar nicht erfüllen.

Neubauer nimmt den letzten Schluck Apfelschorle, springt auf. Sie muss zum nächsten Termin. «Die große Frage ist: In wen können wir Hoffnung setzen? Welche Akteure haben es gecheckt und arbeiten konsequent an einer Lösung? Die Liste ist leider nicht lang.» Dann ist sie weg. Ich fahre mit gemischten Gefühlen auf dem Rad durch den warmen Dunst nach Hause. Offenbar ist da eine ganze Generation – oder zumindest ein Teil von ihr – bitter enttäuscht von einer Politik, die berechtigten Protest zwar gönnerhaft lobt, aber zu wenig tut. Für die Grünen dürfte gelten: Sie sind für die Jugendlichen nicht die Partei, der sie vertrauen. Sie sind das kleinste wählbare Übel. Mehr nicht.

AUSBLICK

Was wäre, wenn:
Annalena Baerbock im Kanzleramt und
eine intellektuelle Flurbegradigung

Stellen wir uns vor, die Grünen erringen bei der Bundestagswahl völlig überraschend die absolute Mehrheit. Annalena Baerbock wird die erste grüne Kanzlerin der Republik (fügen Sie hier, je nach Präferenz, den Namen von Robert Habeck ein). Was würde sich ändern? Meine These ist: weniger, als viele denken.

Die Flugzeuge landeten weiter im Minutentakt in Frankfurt oder München, der Verkehr rauschte weiter durch die Innenstädte und über Autobahnen, an der Beliebtheit der SUVs, dieser übermotorisierten Stadtgeländewagen, änderte sich nichts. Die Menschen würden in viel zu heißen Sommern weiter Nackensteaks aus dem Discounter auf den Holzkohlegrill legen, als gäbe es kein Morgen. Zu viel CO_2 entweiche in die Atmosphäre, unsichtbar, aber tödlich, weil es die Erde noch mehr erhitzt. Ein jeder könnte weiter so viel konsumieren, wie er oder sie will. Niemand störte sich daran, dass Sie sich abends Sushi aus überfischten Meeren in einer absurd überdimensionierten Plastikbox per Lieferando nach Hause bestellten.

Stellen wir uns als Nächstes vor, wie grüne Politik unter Regierungsbedingungen aussähe. Vielleicht so: Baerbock, frisch vereidigt, kündigt in einer Rede im Parlament eine ökologische Politik «mit Maß und Mitte» an, die niemanden ausklammert. Als erste Amtshandlung lässt sie auf dem Balkon des Kanzleramtes Bienenstöcke aufstellen. Ganz vorn in ihrem Sofortprogramm «Gut und grün leben» steht ein Tempolimit von 130 Stundenkilometern auf

Autobahnen. Ulf Poschardt, Chef der Welt-Gruppe und Porsche-Fan, wütet in einem Leitartikel gegen das «linksgrüne Gängelprojekt». Sonst hat keiner was dagegen, selbst der ADAC lobt die Entscheidung. Die allermeisten Deutschen bekommen von der Reform nichts mit, da auf den meisten Strecken sowieso schon eine Geschwindigkeitsbegrenzung gilt.

In der Sozialpolitik bleibt die neue Regierung hinter den Erwartungen der Sozialverbände zurück. Eine großangelegte Hartz-IV-Reform bläst Sozial- und Arbeitsministerin Katrin Göring-Eckardt ab, weil alle Wirtschaftsverbände und wichtige Konzernchef*innen dagegen sind. Statt auf Sanktionen gegen Arbeitslose zu verzichten und eine völlig neue Grundsicherung einzuführen, wie es die Grünen im Wahlkampf verlangten, werden die Regelsätze etwas erhöht, um knapp 50 Euro. Forderungen nach mehr Geld lehnt Finanzminister Robert Habeck mit Verweis auf die «arg angespannte Haushaltslage» ab. Überhaupt, das Geld fehlt überall. Die Ausgaben während der Corona-Pandemie waren immens, die Wirtschaft hat sich noch nicht erholt, und die Grünen tun sich schwer, dem Staat neue Einnahmen zu verschaffen. Von der Idee einer Vermögenssteuer für Superreiche hatte sich Baerbock schon vor der Wahl verabschiedet – aus Sorge um den Wirtschaftsstandort Deutschland. Milliardenschwere Familienunternehmen hatten im Falle einer Einführung mit der Abwanderung ins Ausland gedroht.

Die Flüchtlingspolitik ist progressiver als zu Zeiten der großen Koalition. Ab und zu genehmigt die grüne Regierung die Einreise von ein paar hundert, sorgfältig ausgesuchten Geflüchteten. Es sind Frauen, Kinder und schwer Traumatisierte, immer nur so viele, wie deutsche Kommunen freiwillig aufnehmen. Pro Asyl fordert angesichts der katastrophalen Lage in griechischen Flüchtlingslagern großzügigere Kontingente, doch Cem Özdemir, Chef des neu geschaffenen Ministeriums für Integration und Antirassismus, wehrt ab. Die demokratische Mitte des Landes dürfe nicht überfordert werden. Ansonsten achtet Kanzlerin Baerbock auf den Schutz der EU-Außengrenzen und setzt sich – wie ihre Vorgängerin Angela Merkel – vergeblich für eine europäische Verteilung Geflüchteter ein.

Grüner Lifestyle ist angesagt. Tüten und Strohhalme aus Plastik werden verboten, was niemanden stört, weil es gute Ersatzprodukte gibt. Langsam und vorsichtig machen die Grünen Preise ökologisch ehrlicher. Sie streichen einige klimaschädliche Subventionen und senken die Mehrwertsteuer für ökologische Produkte. Fliegen wird teurer, Bahnfahren günstiger. Besonders stolz ist die Bundesregierung auf die schnelle Erhöhung des CO_2-Preises auf 70 Euro pro Tonne Kohlendioxid. Wissenschaftler*innen und Fridays-for-Future-Aktivist*innen fordern wegen der Dramatik der Klimakrise einen größeren Aufschlag, werden aber geflissentlich überhört. Ökologische Reformen, betont Baerbock, müssten von der Mehrheit akzeptiert werden. Der Liter Benzin wird durch die grüne Reform ein paar Cent teurer. Die Deutschen fahren so viel Auto wie zuvor.

So, oder so ähnlich, sähe es wohl aus, das grüne Deutschland.

Liebe Leserinnen und Leser, Sie dürften es schon gemerkt haben: Ich halte die oft kolportierte These, die Grünen planten eine Art Ökodiktatur, für heillos übertrieben und falsch. Die Grünen sind keine Revolutionäre, auch wenn Annalena Baerbocks und Robert Habecks Reden manchmal anderes nahelegen. Warum denken trotzdem so viele, dass die Grünen radikale Antworten bieten? Ein Grund liegt darin, dass man sich die Grünen als den einäugigen König unter Blinden vorstellen kann. Sie haben in Sachen Ökologie bis heute ein Alleinstellungsmerkmal, weil die Performance anderer Parteien so schlecht ist. Die Bilanz der GroKo beim Klimaschutz ist mehr als dürftig. Auch ihre Gegner sind dafür verantwortlich, dass sie als radikal durchgehen. Liberale, Konservative und manche Medien beschreiben die Grünen nach wie vor als verbotsfixierte Klimaschutzfetischisten. Baerbock und Habeck, auf den Mainstream zielende Pragmatiker, werden von manchen Interviewer*innen befragt, als planten sie den Umsturz. So wird aus den Grünen ein Scheinriese wie in dem Kinderbuch *Jim Knopf und Lukas der Lokomotivführer*. Aus der Ferne erscheinen ihre Pläne riesengroß – aber je näher man herankommt, desto kleiner werden sie.

Die Grünen führen keinen «Kulturkampf gegen das Auto», wie es Christian Lindner behauptet. Stattdessen warb Baerbock während der Corona-Pandemie dafür, Autozulieferer mit staatlichen Hilfen zu unterstützen. Und der grünen Forderung, auf klimafreundliche Motoren umzustellen, kommen die Konzerne freiwillig nach, weil sie gemerkt haben, dass Geld in Zukunft elektrisch verdient wird. Chinas strikte Pro-E-Auto-Politik erneuert die Autoindustrie schneller, als es die Grünen tun. Wenn CSUler Alexander Dobrindt und die *Bild*-Zeitung den Grünen vorwerfen, sie wollten alle Menschen aufnehmen, die sich weltweit auf der Flucht befinden, hat das mit der Wirklichkeit nichts zu tun. Von Grünen mitregierte Länder schieben munter ab, daran würde sich auch unter einer grünen Bundesregierung nichts ändern. Und dass Markus Söder nach Habecks vorsichtigen Einlassungen zu Enteignungen «grünen Sozialismus» witterte, ist angesichts der grünen Marktverliebtheit so realitätsfern, dass es schon fast lustig ist. Die Pointe: Mit ihren grotesken Überzeichnungen erreichen Lindner, Dobrindt oder Söder das Gegenteil von dem, was sie bezwecken. Für die Grünen ist solch überdrehte Kritik nicht gefährlich, sondern hilfreich, weil sie sie ins aufregende Licht unbeugsamer Konsequenz rückt.

Dabei muss vor der grünen Charmeoffensive keiner Angst haben. Baerbock und Habeck verkörpern das moderne Deutschland, wie es kaum ein Politiker oder eine Politikerin der Konkurrenz tut. Nett, lässig, grundvernünftig und auf beinahe penetrante Art zugewandt. Aber ganz bestimmt nicht links, gar radikal. Oder glaubt tatsächlich ein relevanter Teil der Deutschen, der kumpelhafte Robert würde ihnen ihr Schnitzel verbieten? Eher nicht, denke ich. Die Zeiten sind vorbei, die Grünen von heute kommen zu versöhnlich daher. Habeck reicht doch noch das Dosenbier dazu.

Die Grünen adressieren sehr geschickt eine verbreitete Gefühlslage in der gestressten Mittelschicht. Man gibt sich gerne offen für Neues, will aber auch nicht zu viel Veränderung. Denn eigentlich ist man ja froh, das Leben zwischen Job, Einkauf und Elternabend ohne größere Verwerfungen geregelt zu kriegen. Die Geschichte vom grünen Wachstum ist dafür ideal. Wir müssen auf nichts verzichten, können weiter konsumieren wie bisher, nur eben ökologisch. Mit einer solchen Story gewinnt man Wahlen, aber sie hat eine Kehrseite: Die Grünen werden sie wohl nicht schnell genug organisieren, die Transformation hin zu einer ökologischen Gesellschaft. Denn ihre Radikalität findet dort ihre Grenzen, wo die Konsumwünsche der Deutschen beeinträchtigt würden. Sie verschweigen unbequeme Wahrheiten, zum Beispiel die, dass es an der ein oder anderen Stelle nicht ohne Verzicht oder Mäßigung gehen wird.

Wir werden eher früher als später kein Fleisch mehr essen können, wenn wir die Klimakrise begrenzen und alle Menschen auf der Erde am Wohlstand teilhaben lassen wollen. Der Flächen- und Ressourcenverbrauch sind einfach zu groß.

Wir werden nicht mehr aus Spaß überall hinfliegen können, wohin wir wollen, weil die Umweltschäden und der Energieverbrauch zu immens sind, auch wenn die Jets mit synthetischen Kraftstoffen fliegen, produziert mit erneuerbaren Energien.

Mit dem auf dem Auto basierenden Individualverkehr wird es schwierig, elektrisch hin oder her. Die Städte werden auch durch E-Autos verstopft, und der meiste Feinstaub wird durch Reifenabrieb verursacht, nicht durch Abgase.

Ein ehrlicher, an Ökologie orientierter Politiker müsste sagen: Sorry, Leute, es hilft nichts, aber ihr müsst euch euer Kotelett verkneifen. Die Massentierhaltung muss schnell abgeschafft werden, nicht schrittchenweise. Denn eine Gesellschaft, die abends noch in den Spiegel schauen können möchte, darf keine industrielle Tierquälerei dulden. Und auch bei anderen Themen wären ehrlichere Ansagen nötig. Wo ist der Grüne, der ausspricht, dass SUVs in Städten verboten gehören, dass zweieinhalb Tonnen Stahl für den Transport eines kleinen Menschleins nicht mehr zeitgemäß sind? Dass große Teile der Businessfliegerei überflüssig sind in Zeiten von Zoom-Konferenzen? Dass das Verpackungsunwesen, viel Plastik um wenig Produkt zu hüllen, sofort gestoppt werden muss? Dass weniger Wohnfläche pro Mensch machbar und nicht lebensbedrohlich wäre? Dass wir dringend eine fairere Reichtumsverteilung brauchen? Die Liste ließe sich fortsetzen.

Die Grünen scheuen vor solchen Ansagen und den nötigen Gesetzen zurück, aus verständlichen Gründen. Verzicht, das böse V-Wort, ist der Tod jeder Wahlkampagne. Doch so tragen die Grünen dazu bei, eine Glaswand um die Dilemmata der Moderne zu errichten, unsichtbar, aber undurchdringlich. Denn auch wenn man meinen könnte, die Lebenslügen einer 20-Prozent-Partei seien ja eigentlich irrelevant, zumal die Grünen nicht die Einzigen sind, die die Augen vor Teilen der Realität verschließen: Der Schaden, den sie anrichten, ist größer. Die *Zeit*-Kollegin Elisabeth Raether weist auf das Diskursproblem hin, das sich daraus ergibt: «Etwas Grüneres als die Grünen kann sich derzeit niemand vorstellen, während eine effektive Klimaschutzpolitik nicht weniger dringend notwendig wird, nur weil die Grünen bei den nächsten Bundestagswahlen vielleicht erfolgreich sind.»[1] Das ist ein entscheidender Punkt: Die Grünen gelten als radikalste Instanz in Sachen Klimaschutz. Alles jenseits von grün ist irre, und irre will keiner sein. Das Schlimme ist, dass sie diesen Mythos selbst pflegen, weil er ihnen Exklusivität garantiert. Aber die Grünen sorgen so für eine intellektuelle Flurbegradigung.

Nehmen wir die Degrowth-Debatte. Es gibt zu viele seriöse Studien, die die Idee des grünen Wachstums hinterfragen, um sie nicht ernst zu nehmen. Bisher fehlt der empirische Beweis, dass sich Wachstum von Ressourcenverbrauch entkoppeln lässt – und viel spricht dagegen, dass es in Zukunft gelingen wird. Die Grünen verschleiern diese Tatsache. Man muss nicht alle Verästelungen der Wachstumskritik sinnvoll finden und auch nicht die brutalen Schrumpfungsszenarien befürworten, die manche ihrer Vertreter*innen fordern. Aber sie ins diskursive Niemandsland zu verbannen, wie die Grünen es tun, ist gefährlich. Damit wird ohne Not ein Tabu produziert in einer Zeit, in der es doch so wichtig wäre – Achtung, Marketingsprech – «out of the box» zu denken.

Etwas Mäßigung kann dem überforderten Individuum der Gegenwart guttun, nicht umsonst ist sie Bestandteil aller Weltreligionen. Von der antiken bis zur modernen Philosophie, überall findet sich der Gedanke, dass der Mensch freier und auch glücklicher wird, wenn er nicht allen Begierden nachgibt. Wenn nicht alles per Mausklick gefühlt in Echtzeit verfügbar ist. Eine Partei, die um die Ökologie kreist, müsste hier freier denken, experimenteller und mutiger. Die Grünen haben sich im Laufe der Jahre so perfekt in die Welt der Realpolitik eingefügt, dass sie ihren utopistischen Überschuss verloren haben.

Meine Vermutung wäre: So, wie sie sind, wird ihnen keine große ökosoziale Wende gelingen, sondern nur eine kleine, die sie aber sehr groß verkaufen werden. Da die Grünen an der realen Welt gemessen werden, an der unerbittlichen Physik, wird sich dieser Ansatz mit der Zeit von selbst entzaubern. Spätestens dann, wenn nach Jahren des Regierens klarwird, dass der CO_2-Ausstoß in Deutschland nicht schnell genug sinkt, dass weiter zu viel grüne Wiese zubetoniert, weiter zu viel Gülle auf die Felder gekippt wird.

Und nun? Ich könnte das Buch hier enden lassen, aber es ist ja so: Jammern hilft nicht. Und da die Grünen gerne auf ein Einerseits ein Andererseits folgen lassen, kommen hier noch ein paar versöhnliche Sätze.

Ja, die Grünen tun aus meiner Sicht zu wenig. Aber vieles, was Annalena Baerbock und Robert Habeck in der deutschen Politik etabliert haben, ist zukunftstauglich: die andere Sprache, die Weigerung, Mitbewerber*innen für taktische Geländegewinne herabzusetzen, der Versuch, der allgemeinen Bereitschaft, sich zu empören, einen republikanischen Mach-mit-Pragmatismus entgegenzusetzen, und der Ansatz, die ökologische Frage als die größte des 21. Jahrhunderts anzuerkennen. Vielleicht ist der einladende Gestus, der auf die ganze Gesellschaft zielt, ihr wichtigster Verdienst. Weg von der Besserwisserei hin zur Akzeptanz von Widersprüchlichkeit. Spätestens mit dem Erstarken der Fridays-for-Future-Bewegung, als die Klimakrise plötzlich an den Abendbrottischen diskutiert wurde und streikende Jugendliche ihren Eltern kritische Fragen stellten, spätestens da öffnete sich ein Fenster. Vielen Leuten wurde klar: Klimaschutz geht uns alle an, keiner kommt um ihn herum.

Ökologie ist ein Querschnittsthema, das nicht nur die Landwirtschafts- und Verkehrspolitik beschäftigen muss, sondern auch die Sozial- und Wirtschaftspolitik. Im Rahmen der Bundestagswahl 2021 könnte die Mehrheitsgesellschaft die Parteien erstmalig an diesem Anspruch messen. Die Grünen verfolgen im Spannungsverhältnis zwischen physikalischer Realität und dem politisch Machbaren eine kluge Strategie: Sie versuchen, die Geschichte einer besseren Zukunft zu erzählen. Keine, die abschreckt oder verstört, sondern eine, die hoffen lässt – und auf die sich das aufgeklärte Bürgertum von konservativ bis linksliberal einigen kann. In der deutschen Politik sind die Grünen diejenigen, die die engagiertesten Maßnahmen gegen die Klimakrise im Angebot haben.

Wer die ökologische Frage für das wichtigste Zukunftsthema hält, wird sich gut überlegen müssen, ob er sie weiterhin als unrealistische Träumer oder radikale Verbotsfanatiker abtut.

Was die Grünen wollen, ist nicht die Lösung aller Probleme, manchmal nicht durchdacht und oft nicht ausreichend. Aber es ist ein Anfang.

DANK

Ein Buch schreibt niemand allein. Ich danke allen meinen Gesprächspartner*innen für kluge Anregungen, viele Hinweise und die Zeit, die sie sich für mich nahmen. Außerdem danke ich meinen Kolleg*innen von der taz, die mir die Auszeit für das Schreiben ermöglichten – besonders Anna Lehmann und Tobias Schulze.

Ricarda Saul vom Rowohlt Verlag bin ich zu Dank verpflichtet für das Mitdenken und das großartige Redigat. Lars Seefeldt und Kristina Pezzei für die Lektüre und das Thesen-Pingpong. Meiner Agentin Barbara Wenner danke ich für ihre Coolness und die Ermutigung zur rechten Zeit, wobei ich die Bezeichnung «männliche Hysterikerin» selbstverständlich zurückweise.

Gudrun Künnemann danke ich dafür, dass ich während der Schreibzeit oft anwesend abwesend sein durfte – und auch sonst für alles. Für alle Fehler in diesem Buch bin ich selbstverständlich allein verantwortlich.

ANMERKUNGEN

EINLEITUNG – *Stage Diving ein Besuch im Schweinestall und eine These*

1. https://taz.de/Wahlkampf-in-Schleswig-Holstein/!5096136/
2. https://taz.de/Gruene-in-der-Jamaika-Sondierung/!5460692/
3. https://taz.de/Angekommen/!564644/
4. https://taz.de/Sie-kann-auch-anders/!495680/

GESCHICHTE – *Von der Latzhose zum Einreiher: Wie die Grünen wurden, was sie sind*

1. Gespräch des Autors mit Reinhard Bütikofer, Juni 2020
2. Gespräch des Autors mit Eva Quistorp, Dezember 2019
3. https://www.youtube.com/watch?v=0e6q6tLRzGM
4. https://taz.de/Die-Gruenen-werden-40-Jahre-alt/!5651277/
5. https://www.spiegel.de/geschichte/die-gruenen-sind-40-wie-die-partei-1979-gegruendet-wurde-a-1257396.html
6. https://www.boell.de/sites/default/files/uploads/2008/08/bdk_1979-1993_die_gruenen.pdf
7. Jürgen Gottschlich (1998): Mit dem Herzen denken, erschienen im *taz*-Journal «Die grüne Gefahr. Eine Partei auf dem Weg zur Macht», Januar 1998, taz Verlags- und Vertriebs GmbH
8. https://taz.de/Guenter-Bannas-ueber-Politikjournalismus/!5510890&s/
9. https://www.youtube.com/watch?v=7jsKCOTM4Ms
10. https://www.bundespraesident.de/SharedDocs/Reden/DE/Frank-Walter-Steinmeier/Reden/2020/01/200110-Gruenes-Jubilaeum.html

ANNALENA BAERBOCK – *Senkrechtstarterin ohne Höhenangst*

1. Gespräch des Autors mit Reinhard Bütikofer, Juni 2020
2. Gespräch des Autors mit Elisabeth Schroedter, November 2017
3. Gespräch des Autors mit Katharina Dröge, Juni 2020

4 Gespräch des Autors mit Tarek Al-Wazir, August 2020
5 Gespräch des Autors mit Annalena Baerbock, August 2020
6 https://www.hessen.de/sites/default/files/media/staatskanzlei/koalitions vertrag_20._wahlperiode.pdf
7 https://www.proasyl.de/hintergrund/sichere-folterstaaten-hintergruende-zur-einstufung-der-maghreb-staaten-als-sicher/
8 https://www.sueddeutsche.de/politik/baerbock-interview-abschiebung-1.4257978
9 https://www.spiegel.de/politik/deutschland/annalena-baerbock-zittern-von-angela-merkel-haengt-mit-klimawandel-zusammen-a-1274955.html
10 https://www.youtube.com/watch?v=4zjcWWOAM0M
11 https://www.welt.de/wirtschaft/article194746063/Tag-der-Deutschen-Industrie-Baerbock-punktet-auf-fremdem-Platz.html

ROBERT HABECK – *Weltdeuter, der anders sein will als andere*

1 Camus, Albert (1985): Camus Lesebuch. Unter dem Zeichen der Freiheit, Rowohlt: S. 84
2 https://www.welt.de/kultur/literarischewelt/article164475856/Die-zehn-Buecher-die-mich-praegten.html
3 https://www.youtube.com/watch?v=kBEvif_yjdM
4 Habeck, Robert (2016): Wer wagt, beginnt. Die Politik und ich, Kiepenheuer & Witsch: S. 97 ff.
5 Gespräch des Autors mit Robert Habeck, August 2020
6 Gespräch des Autors mit Daniel Günther, Dezember 2019
7 Gespräch des Autors mit Tarek Al-Wazir, August 2020
8 Gespräch des Autors mit Katharina Dröge, Juni 2020
9 https://taz.de/Gruene-in-Ostdeutschland/!5619435/
10 Gespräch des Autors mit Lorenz Marckwardt, September 2020
11 Gespräch des Autors mit Peter Ewaldsen, September 2020
12 Bubrowski, Helene/Soldt, Rüdiger (2019): Bis zur letzten Kommastelle, erschienen in Frankfurter Allgemeine Zeitung, 17.6.2019
13 https://www.robert-habeck.de/texte/blog/bye-bye-twitter-und-facebook/
14 Gespräch des Autors mit Robert Habeck, August 2020
15 https://www.handelsblatt.com/meinung/kommentare/kommentar-lockerung-der-schuldenbremse-die-gruenen-haben-verstanden/25260762.html?ticket=ST-4381240-xUIHzJ95OHibv7UYKPiR-ap6

TEAMPLAY – *Leiden und Leidenschaften in einer Doppelspitze*

1 https://www.stern.de/politik/deutschland/robert-habeck-und-annalena-baerbock--gruenen-chefs-setzen-auf-vertrauen-8684130.html
2 https://www.spiegel.de/spiegel/print/d-147594772.html
3 https://taz.de/Gruenen-Chefs-ueber-Macht/!5651653/
4 Gespräch des Autors mit Tarek Al-Wazir, August 2020
5 https://www.faz.net/aktuell/politik/baerbock-und-habeck-das-erste-gruene-prinzenpaar-15420128.html
6 https://www.spiegel.de/politik/deutschland/robert-habeck-laut-politbarometer-wichtigster-politiker-in-deutschland-a-1260077.html
7 https://taz.de/Gruenen-Chefs-ueber-Macht/!5651653/
8 Jörges, Hans-Ulrich (2019): «Zwischenruf aus Berlin. Kanzler in Grün», erschienen in *Stern*, 25.4.2019
9 Stern, erschienen am 29.5.2019
10 Müller, Ann-Katrin (2019): «Grüne Wurzel», erschienen in *Der Spiegel*, 25.5.2019

KONKURRENZ – *Das Brodeln unter der polierten Oberfläche*

1 https://taz.de/Gruenen-Chefs-ueber-Macht/!5651653/
2 Müller, «Grüne Wurzel» (siehe Anm. 50)
3 Beyer, Susanne / Rosenbach, Marcel (2019): «Gemischte Doppel», erschienen in *Der Spiegel*, 23.11.2019

KONTROLLE – *Umgeschriebene Interviews, ängstliche Abgeordnete und eine sehr angestrengte Lässigkeit*

1 Reckwitz, Andreas (2017): *Die Gesellschaft der Singularitäten*, Suhrkamp Verlag Berlin: S. 9
2 Von Schirach, Ariadne (2014/4. Auflage): *Du sollst nicht funktionieren. Für eine neue Lebenskunst*, Cotta'sche Buchhandlung: S. 26
3 https://www.youtube.com/watch?v=Juf0LAnsIpY
4 https://www.youtube.com/watch?v=X-_Kwi80anE
5 https://sz-magazin.sueddeutsche.de/instakram/robert-habeck-instagram-87257
6 Gespräch des Autors mit Daniel Günther, Dezember 2019

7 https://www.spiegel.de/politik/deutschland/gruene-robert-habeck-und-annalena-baerbock-wollen-den-streit-a-1204700.html
8 https://taz.de/Gruene-und-Homoeopathie/!5629256&s=glaubenskrieg+um+globuli/
9 https://cms.gruene.de/uploads/documents/Verschiedenes-Gruene-Gesundheitspolitik-Beschluss-BDK-11-2019.pdf
10 https://taz.de/Die-Gruenen-und-die-umstrittenen-Pillen/!5645243/
11 https://www.tagesspiegel.de/politik/sollen-kassen-globuli-zahlen-gruene-streiten-ueber-homoeopathie-kommission/25347574.html
12 https://www.gruene.de/beschluesse-und-programme
13 https://taz.de/Gruenen-Konflikt-ueber-Homoeopathie/!5702645&s
14 Gespräch des Autors mit Michael Kellner, August 2020
15 https://www.sueddeutsche.de/politik/baerbock-interview-abschiebung-1.4257978
16 https://www.boell.de/de/2017/10/27/der-g-kamin-gruenes-politikmanagement-im-foederalen-verbund
17 https://cms.gruene.de/uploads/documents/BAG-Statut.pdf
18 Facebook-Post von Michael Kellner, veröffentlicht am 5. August 2020
19 https://www.bundestag.de/dokumente/textarchiv/2019/kw20-de-bds-642892

ALLIANZEN – *Ein Gespräch mit dem Soziologen Armin Nassehi über Fortschritt, Systemlogiken und stolze Porsche-Cayenne-Fahrer*

1 Soboczynski, Adam (2019): «Schönes neues System der Widersprüche», erschienen in *Die Zeit*, 27.6.2019
2 Habeck, Robert (2016): *Wer wagt, beginnt. Die Politik und ich*, Kiepenheuer & Witsch: S. 276, 277
3 https://www.stern.de/politik/deutschland/kampf-um-parteivorsitz-fuer-oezdemir-geht-es-um-alles-oder-nichts-3305984.html
4 Luhmann, Niklas (2004/4. Auflage): *Ökologische Kommunikation. Kann die moderne Gesellschaft sich auf ökologische Gefährdungen einstellen?*, VS Verlag für Sozialwissenschaften: S. 175
5 Ebd.
6 Soboczynski, Adam (2019): «Schönes neues System der Widersprüche», erschienen in *Die Zeit*, 27.6.2019
7 https://kursbuch.online/kursbuch-197-editorial/

8 Habeck, Robert (2010): Patriotismus. Ein linkes Plädoyer, Gütersloher Verlagshaus: S. 91
9 https://taz.de/Gruenen-Chef-Habeck-ueber-Koalitionen/!5516387/
10 https://taz.de/Robert-Habeck-und-seine-Kandidatur/!5465066&s=Interview+ulrich+schulte+habeck/
11 https://cms.gruene.de/uploads/documents/20190328_Zwischenbericht_Gruenes_Grundsatzprogramm.pdf
12 https://www.spd.de/fileadmin/Dokumente/Beschluesse/Grundsatzprogramme/hamburger_programm.pdf

KARRIEREN – *Warum man sich die Wege ehemaliger Grüner genau anschauen sollte*

1 https://taz.de/Gruene-geht-zu-Energieverband/!5614873/
2 https://taz.de/Gruenen-Fraktionschefin-ueber-Lobbyismus/!5618126&s=-ulrich+schulte+kerstin+andreae/
3 https://www.gruene-bundestag.de/fraktion/der-wirtschaftsbeirat/die-mitglieder-des-wirtschaftsbeirats
4 Gespräch des Autors mit Danyal Bayaz, Juni 2020
5 https://www.gruene-bundestag.de/themen/soziales/gruener-gewerkschafts-und-sozialbeirat
6 Gespräch des Autors mit Anton Hofreiter, Juni 2020

EIGENSTÄNDIGKEIT – *Alles kann, nichts muss oder das grüne Strategie-Einmaleins*

1 https://www.welt.de/politik/article6691367/Geburtsort-der-schwarz-gruenen-Pizza-Connection.html
2 Habeck, Robert (2016): *Wer wagt, beginnt. Die Politik und ich*, Kiepenheuer & Witsch: S. 134
3 https://www.youtube.com/watch?v=HSxFW7bvHfM
4 Gespräch des Autors mit Jürgen Trittin, August 2020
5 https://taz.de/Sondierungen-gescheitert/!5465454/
6 https://www.sueddeutsche.de/politik/katrin-goering-eckardt-interview-1.4116618-2

LECHTS ODER RINKS – *Die grüne Selbstverortung und die ominöse Mitte der Gesellschaft*

1 https://www.zeit.de/2018/19/robert-habeck-gruenen-parteichef-interview
2 Gespräch des Autors mit Jürgen Trittin, September 2020.
3 https://taz.de/Vor-Gruenen-Parteitag-zu-Corona/!5678804/
4 https://www.afd.de/weidel-gauland-mitte-studie-belegt-die-verankerung-der-afd-in-der-gesellschaft/
5 Marg, Stine (2014): Mitte in Deutschland. Zur Vermessung eines politischen Ortes, transcript Verlag: S. 11
6 https://www.presseportal.de/pm/72183/4636047
7 https://www.frankfurter-hefte.de/media/Archiv/2009/Heft_11/2009-11_Al-Wazir_web.pdf
8 https://www.boell.de/de/demokratie/parteiendemokratie-4524.html
9 https://energiewende.baden-wuerttemberg.de/news-1/newsdetailseite/kabinett-gibt-neues-klimaschutzgesetz-zur-landtagsbefassung-frei
10 https://www.bundesregierung.de/breg-de/themen/energiewende/co$_2$-kohlenstoffdioxid-oder-kohlendioxid-emission-614692
11 https://www.bund-bawue.de/service/meldungen/detail/news/kommentar-die-gruen-schwarze-mehrheit-ist-nicht-in-der-lage-der-klimakrise-entgegenzutreten/

SCHWARZ-GRÜN – *Chancen und Grenzen einer sehr angesagten Koalitionsoption*

1 Gespräch des Autors mit Jens Spahn, September 2020
2 Habeck, Robert (2010): Patriotismus. Ein linkes Plädoyer, Gütersloher Verlagshaus: S. 33
3 https://www.faz.net/aktuell/politik/inland/glueckwuensche-der-gruenen-liebe-cdu-alles-gute-zum-geburtstag-16832217.html
4 https://www.zeit.de/2020/42/buendnis90-die-gruenen-hessen-regierung-autobahn-umweltschuetzer-protest
5 https://www.gruene-hessen.de/landtag/pressemitteilungen/untersuchungsausschu-43/
6 https://www.welt.de/politik/deutschland/article182068850/Landtagswahl-Bayern-2018-An-diese-Parteien-verlor-die-CSU-die-meisten-Stimmen.html
7 https://taz.de/Klimaschutz-bei-der-CSU/!5609851/

AMBIVALENZ – *Warum es den Grünen nützt, entschieden unentschieden zu sein*

1 Heyer, Julia Amalia (2019): «Der Quasi-Kanzler», erschienen in *Der Spiegel*, 16.11.2019
2 https://www.zeit.de/politik/deutschland/2019-12/annalena-baerbock-gruene-klimaschutz-energiewende-grosse-koalition/komplettansicht
3 https://www.welt.de/politik/deutschland/article195122183/Christian-Lindner-zu-CO2-Das-Schnitzel-sollte-nicht-verboten-werden.html
4 https://taz.de/Kommentar-Strategie-der-Gruenen/!5581599/
5 Beste, Ralf (2013): «Jeden Zauber eingebüßt», erschienen in *Der Spiegel*, 25.9.2013
6 https://taz.de/Gruenen-Parteitag-in-Berlin/!5068443/
7 https://www.stuttgarter-zeitung.de/inhalt.interview-winfried-kretschmann-wer-bessere-vorschlaege-hat-soll-kommen.0e7c252e-087a-4dd8-a8cc-493d54c05733.html?reduced=true

VERFASSUNGSSCHÜTZER – *Ein Lob der Polizei: Wie aus den Straßenkämpfern Patrioten wurden*

1 Habeck, Robert (2010): Patriotismus. Ein linkes Plädoyer, Gütersloher Verlagshaus: S. 33
2 Reckwitz, Andreas (2017, 4. Auflage): Die Gesellschaft der Singularitäten, Suhrkamp Verlag Berlin: S. 275
3 Reckwitz, Andreas (2017, 4. Auflage): Die Gesellschaft der Singularitäten, Suhrkamp Verlag Berlin: S. 293
4 https://taz.de/Gruene-und-Union/!5661287/
5 https://taz.de/Gruenen-Chef-Habeck-ueber-Koalitionen/!5516387/
6 https://taz.de/Gruenen-Chef-Habeck-ueber-Koalitionen/!5516387/
7 https://taz.de/Gruene-Jugend-Sprecherin-ueber-Heimat/!5520444/
8 Habeck, Robert (2010): *Patriotismus. Ein linkes Plädoyer*, Gütersloher Verlagshaus
9 https://www.merkur.de/politik/nach-koeln-was-heikle-arbeitsbegriff-nafri-wirklich-heisst-7187009.html
10 https://taz.de/Kontrollen-in-der-Silvesternacht-in-Koeln/!5371518/
11 https://www.amnesty.de/presse/2017/1/2/koelner-polizeieinsatz-ist-eindeutiger-fall-von-racial-profiling

12 https://www.bild.de/politik/inland/die-gruenen/chefin-peter-und-die-nafri-debatte-49571068.bild.html
13 https://www.spiegel.de/politik/deutschland/irene-mihalic-ueber-die-polizei-und-die-gruenen-hauptsache-hart-das-kann-nicht-sein-a-1231635c-6897-4d3f-8d94-5a5986575ffc

BÜNDNIS 90/DIE WEISSEN – *Von wegen bunte Vielfalt: Warum die Grünen ihrem eigenen Anspruch nicht genügen*

1 Gespräch des Autors mit Aminata Touré, Juni 2020
2 https://www.sueddeutsche.de/politik/grundgesetz-deutschland-begriff-rasse-1.5085426
3 https://mediendienst-integration.de/artikel/abgeordnete-mit-migrationshintergrund.html
4 Gespräch des Autors mit Michael Kellner, August 2020
5 https://gruene.berlin/sites/gruene-berlin.de/files/benutzer/anja.feth/frauenstatut.pdf
6 https://glossar.neuemedienmacher.de/glossar/people-of-color-poc/
7 Gespräch des Autors mit Cem Özdemir, Dezember 2016
8 https://www.spiegel.de/politik/deutschland/gruenen-chef-oezdemir-kritik-wegen-haltung-zu-waffenlieferungen-a-989412.html
9 https://cms.gruene.de/uploads/documents/20200626_Ergebnisse-AG-Vielfalt.pdf
10 https://www.svr-migration.de/presse/presse-forschung/parteipraeferenzen2018/

PLASTIKSPRACHE – *Über politische Sprechroboter und den Versuch, es anders zu machen*

1 Habeck, Robert (2018): Wer wir sein könnten, Kiepenheuer & Witsch: S. 11, S. 17
2 https://www.zeit.de/2018/19/robert-habeck-gruenen-parteichef-interview
3 https://www.stern.de/news/habeck-lobt-auftreten-kramp-karrenbauers-und-ziemiaks-in-der-thueringen-krise-9125640.html
4 https://www.boell.de/sites/default/files/assets/boell.de/images/download_de/publikationen/1980_001_Grundsatzprogramm_Die_Gruenen.pdf?dimension1=division_agg

5 https://www.gruene.de/beschluesse-und-programme
6 https://www.focus.de/politik/deutschland/versprecher-oder-unwissenheit-rohstoff-kobold-bei-ard-sommerinterview-leistet-sich-annalena-baerbock-ein-eigentor_id_10973026.html
7 https://taz.de/Gruenen-Chefs-ueber-Macht/!5651653/
8 https://www.spiegel.de/spiegel/spiegelspecial/d-9157557.html
9 https://www.zeit.de/politik/deutschland/2017-06/ehe-fuer-alle-cdu-csu-spd-bundestag-angela-merkel/komplettansicht
10 https://www.youtube.com/watch?v=aUnzOA_Nlww
11 https://www.robert-habeck.de/texte/blog/
12 https://www.robert-habeck.de/texte/blog/frischluftzufuhr-fuer-die-demokratie/
13 https://www.robert-habeck.de/texte/blog/sachsen-und-brandenburg-klischee-brechen/
14 https://www.youtube.com/watch?v=bkHp0EcO3u0
15 https://www.spiegel.de/politik/deutschland/robert-habeck-wegen-wissensluecke-bei-pendlerpauschale-in-der-kritik-a-1288130.html
16 https://taz.de/Gruenen-Chefs-ueber-Macht/!5651653/
17 https://www.welt.de/newsticker/dpa_nt/afxline/topthemen/article191469071/Gruenen-Chef-Habeck-haelt-Enteignungen-notfalls-fuer-denkbar.html

REALITÄTSCHECK – *«Die lassen doch alle Flüchtlinge rein» und andere beliebte Vorurteile über die Grünen*

1 https://www.t-online.de/nachrichten/deutschland/innenpolitik/id_86856076/markus-soeder-csu-chef-die-gruenen-sind-eine-verbotspartei-geworden.html
2 https://cms.gruene.de/uploads/documents/BUENDNIS-90-DIE-GRUENEN-Bundestagswahlprogramm-2013.pdf
3 https://www.bild.de/politik/inland/vegetarisch/gruene-wollen-einmal-die-woche-in-kantinen-fleisch-verbieten-31661266.bild.html
4 https://www.welt.de/debatte/kommentare/article118713752/Der-Veggie-Day-der-Gruenen-eine-dumme-Idee.html
5 https://www.cdu.de/artikel/nein-zur-rot-gruenen-bundes-verbots-republik-0
6 https://www.boell.de/sites/default/files/boell_thema_13_kommentierbar.pdf

7 https://www.spiegel.de/politik/deutschland/katrin-goering-eckardt-im-interview-wir-muessen-radikaler-werden-a-1221148.html
8 Gespräch des Autors mit Katharina Dröge, Juni 2020
9 https://www.welt.de/print/die_welt/politik/article202402314/Und-sie-wollen-doch-verbieten.html
10 https://www.deutschlandfunk.de/gruenen-chef-habeck-verbote-sind-die-bedingung-fuer-freiheit.694.de.html?dram:article_id=463652
11 Interview mit Christian Lindner, erschienen in Frankfurter Allgemeine Zeitung, 26.9.2019
12 https://www.spiegel.de/politik/deutschland/gruene-bleiben-ein-themen-partei-umfrage-a-1289288.html
13 https://wahltool.zdf.de/wahlergebnisse/2019-10-27-LT-DE-TH.html?i=17
14 https://rp-online.de/politik/deutschland/interview-mit-cem-oezdemir-gruene-koennen-auch-innenminister_aid-19482811
15 Interview mit Robert Habeck, erschienen in Die Zeit, 2. Mai 2018
16 https://cms.gruene.de/uploads/documents/BUENDNIS_90_DIE_GRUENEN_Bundestagswahlprogramm_2017_barrierefrei.pdf
17 https://taz.de/Antworten-auf-Hartz-IV/!5548404&SuchRahmen=Print/
18 https://www.gruene.de/artikel/anreiz-statt-sanktionen-bedarfsgerecht-und-bedingungslos
19 https://www.gruene-bundestag.de/themen/soziales/gruene-garantiesicherung-statt-hartz-iv
20 https://taz.de/Schwarz-Gruen-in-Oesterreich/!5654235/
21 https://www.deutschlandfunk.de/neues-grundsatzprogramm-der-gruenen-wir-wollen-nicht-in.694.de.html?dram:article_id=415268
22 https://dserver.bundestag.de/btp/19/19042.pdf
23 https://www.spiegel.de/politik/deutschland/claudia-roth-gegen-alexander-dobrindt-eine-richtige-sauerei-a-1220503.html
24 Palmer, Boris (2017): Wir können nicht allen helfen. Ein Grüner über Integration und die Grenzen der Belastbarkeit, Siedler Verlag
25 https://www.spiegel.de/politik/deutschland/winfried-kretschmann-will-maennerhorden-in-die-pampa-schicken-a-1237739.html
26 https://www.sueddeutsche.de/politik/baerbock-interview-abschiebung-1.4257978
27 https://www.welt.de/politik/deutschland/article218519830/Robert-Habeck-Die-Zeit-fuer-einsame-Entscheidungen-ist-abgelaufen.html

28 https://cms.gruene.de/uploads/documents/BUENDNIS_90_DIE_GRUENEN_Bundestagswahlprogramm_2017_barrierefrei.pdf
29 https://www.stuttgarter-zeitung.de/inhalt.sonderkontingent-erfolgreich-jesidinnen-fassen-langsam-fuss-im-suedwesten.3ef184cc-3b51-4585-8abb-0e3055d2e28b.html
30 https://www.spiegel.de/politik/deutschland/bundestag-lehnt-aufnahme-von-5000-fluechtlingen-aus-griechenland-ab-a-75d31458-676a-4b5e-9159-e408d21adb32
31 https://taz.de/Gruene-zu-Obergrenze-in-der-Sondierung/!5465384/
32 https://www.bild.de/politik/inland/politik-inland/strom-auto-essen-fliegen-wie-reich-muss-ich-sein-um-gruen-zu-waehlen-61149566.bild.html
33 https://interaktiv.abendblatt.de/buergerschaftswahl-hamburg-2020-wahlkarte/
34 https://www.landtagswahl2018.bayern.de/
35 https://www.tagesschau.de/inland/deutschland-wahlkarte-europa-wahl-101.html
36 Gespräch des Autors mit Michael Kellner, August 2020
37 https://www.diw.de/documents/publikationen/73/diw_01.c.427214.de/13-37-3.pdf
38 https://www.diw.de/documents/publikationen/73/diw_01.c.562052.de/17-29-1.pdf
39 https://cms.gruene.de/uploads/documents/BUENDNIS_90_DIE_GRUENEN_Bundestagswahlprogramm_2017_barrierefrei.pdf
40 https://www.tagesschau.de/inland/deutschlandtrend-1897.html
41 https://www.tagesschau.de/inland/deutschlandtrend-1797.pdf
42 https://www.dgb.de/themen/++co++dea24b1c-ac0b-11ea-b18f-52540088cada
43 https://www.spiegel.de/wirtschaft/soziales/hartz-iv-grosse-mehrheit-will-grundsaetzliche-aenderung-beim-arbeitslosengeld-ii-a-1201002.html
44 https://antraege.gruene.de/1LR20/Eindaemmung_Erholung_und_Erneuerung-4466
45 https://www.sueddeutsche.de/wirtschaft/gruene-investitionen-grundgesetz-1.4587471
46 https://www.faz.net/aktuell/politik/katrin-goering-eckardt-fordert-staatlichen-klimafonds-16239123.html
47 https://www.zeit.de/politik/deutschland/2019-08/klimawandel-wald-deutschland-kathring-goering-eckardt-zukunftsfonds

48 https://www.tagesspiegel.de/politik/mehr-geld-fuer-klima-kinder-und-soziales-das-kosten-die-versprechen-der-gruenen/24484820.html
49 https://www.ifo.de/DocDL/ifo_Forschungsberichte_97_2018_Peichl_Bloemer_Garantieeinkommen.pdf
50 https://www.wiwo.de/politik/ausland/digitalkonzerne-eu-kommission-will-2021-notfalls-eigenen-digitalsteuer-plan-vorlegen/26182216.html
51 https://www.deutschlandfunkkultur.de/gruenen-politiker-sven-giegold-die-digitalsteuer-ist-gerecht.1008.de.html?dram:article_id=442898
52 https://www.umweltbundesamt.de/themen/wirtschaft-konsum/wirtschaft-umwelt/umweltschaedliche-subventionen#direkte-und-indirekte-subventionen
53 https://dipbt.bundestag.de/doc/btd/18/104/1810419.pdf
54 Gespräch des Autors mit Sven-Christian Kindler, September 2020
55 https://taz.de/Archiv-Suche/!460898&s=ulrich%2Bschulte%2BJ%C3%BCrgen%2BTrittin%2BEhegattensplitting&SuchRahmen=Print/
56 https://taz.de/Armutsforscher-zu-Folgen-von-Corona/!5722689&s/
57 https://taz.de/Die-steile-These/!5675232/
58 https://www.diw.de/de/diw_01.c.793891.de/vermoegenskonzentration_in_deutschland_hoeher_als_bisher_bekannt.html
59 Pickett, Kate/Wilkinson, Richard (2010): The Spirit Level. Why greater Equality makes Societies stronger, Bloomsbury Press
60 https://taz.de/Gruene-und-Oekonomie/!5637038/
61 https://www.handelsblatt.com/politik/deutschland/finanzierungsluecke-in-der-haushaltsplanung-von-olaf-scholz-klafft-ein-131-milliarden-loch/26206624.html?share=twitter
62 Gespräch des Autors mit Sven-Christian Kindler, September 2020

VERZICHT – *Die Gretchenfrage: Rettet uns das grüne Wachstum?*

1 https://www.boell.de/sites/default/files/assets/boell.de/images/download_de/publikationen/ 1980_001_Grundsatzprogramm_Die_Gruenen.pdf?dimension1=division_agg
2 Gespräch des Autors mit Anton Hofreiter, Juni 2020
3 https://taz.de/Nachhaltigkeit-und-Klimapolitik/!5609132/
4 https://www.sueddeutsche.de/wissen/oekonomie-und-oekologie-gruenes-wachstum-gibt-es-nicht-1.1865075-2

5 https://taz.de/Nachhaltigkeit-und-Klimapolitik/!5609132/
6 https://srv.deutschlandradio.de/dlf-audiothek-audio-teilen.3265.de.html?mdm:audio_id=805340
7 https://www.atmosfair.de/de/kompensieren/flug/
8 https://cms.gruene.de/uploads/documents/Wirtschaft-Zukunftsfaehig-wirtschaften-fuer-nachhaltigen-Wohlstand-Beschluss-BDK-11-2019.pdf
9 Fücks, Ralf (2013): Intelligent wachsen. Die grüne Revolution, Carl Hanser Verlag, München
10 Fücks, Ralf (2013): Intelligent wachsen. Die grüne Revolution, Carl Hanser Verlag, München: S. 36
11 https://www.deutschlandfunkkultur.de/hohe-co2-emissionen-gruenes-wachstum-oder-verzicht-wie.976.de.html?dram:article_id=460047
12 https://www.wiwo.de/technologie/umwelt/themenwoche-talk-streitgespraech-brauchen-wir-eine-gruene-revolution/8301514.html
13 https://www.researchgate.net/publication/332500379_Is_Green_Growth_Possible
14 https://www.deutschlandfunk.de/fliegen-ohne-co2-ausstoss-synthetische-kraftstoffe-sind.697.de.html?dram:article_id=456884
15 https://www.wiwo.de/technologie/forschung/synthetische-kraftstoffe-warum-friedrich-merz-irrt/26253836.html
16 https://www.umweltbundesamt.de/themen/abfall-ressourcen/oekonomische-rechtliche-aspekte-der/rebound-effekte
17 https://taz.de/Abschied-vom-Wachstum/!5629125/
18 https://www.bundesregierung.de/breg-de/themen/klimaschutz/nationaler-emissionshandel-1684508
19 https://taz.de/Abschied-vom-Wachstum/!5629125&s/
20 Welzer, Harald (2013): Selbstdenken. Eine Anleitung zum Widerstand, S. Fischer Verlag: S. 154 ff.
21 https://www.degrowth.info/de/2014/07/grune-revolution-und-post-wachstumsgesellschaft-zusammen-denken/

CORONA – *Welche Schlüsse die Grünen aus der Pandemie ziehen*

1 https://www.tagesspiegel.de/politik/kanzlerin-knallhart-merkel-keine-eurobonds-solange-ich-lebe/6802298.html
2 https://rp-online.de/politik/deutschland/mueller-fordert-zum-erdueberlastungstag-abkehr-von-kapitalismus_aid-50338885

3 https://www.gruene-bundestag.de/themen/wirtschaft/lokalen-einzelhandel-staerken-innenstaedte-retten
4 https://taz.de/Autolaender-verlangen-Kaufpraemien/!5682923/
5 https://www.zeit.de/politik/deutschland/2020-05/corona-krise-die-gruenen-systemkrise/komplettansicht
6 https://www.zeit.de/politik/deutschland/2020-05/corona-krise-die-gruenen-systemkrise/komplettansicht
7 https://www.gruene.de/beschluesse-und-programme
8 https://www.zeit.de/2020/28/die-gruenen-politische-positionierung-grundsatzprogramm-sozialpolitik-corona-krise/seite-2
9 Gespräch des Autors mit Robert Habeck, August 2020

FRIDAYS FOR FUTURE – *Was die Klimaaktivistin Luisa Neubauer den Grünen vorwirft*

1 Gespräch des Autors mit Luisa Neubauer, Juli 2020
2 https://web.archive.org/web/20160117141004/http://newsroom.unfccc.int/unfccc-newsroom/finale-cop21/
3 https://fridaysforfuture.de/forderungen/
4 https://www.deutschlandfunk.de/baerbock-gruene-zum-kohleausstieg-da-sind-viele-kleine.694.de.html?dram:article_id=479843
5 https://fridaysforfuture.de/wp-content/uploads/2020/10/FFF-Bericht_Ambition2035_Endbericht_final_20201011-v.3.pdf
6 https://www.lisa-badum.de/2020/10/13/klimastudie-fridays-for-future-macht-zu-recht-druck/
7 https://www.radikalklima.de/ueber-uns
8 https://www.stuttgarter-zeitung.de/inhalt.winfried-kretschmann-vor-der-landtagswahl-klimaliste-koennte-gravierende-folgen-fuer-gruene-haben.5d09c83c-680e-4be7-b4e2-fdc647ae2c51.html
9 https://www.zeit.de/campus/2020-08/fridays-for-future-jakob-blasel-klimaaktivismus-radikal-kandidatur-bundestag
10 https://www.stuttgarter-nachrichten.de/inhalt.zuviel-verkehr-und-kohle-kraftwerke-land-verfehlt-ziele-beim-klima-deutlich.e7270eb3-a77b-42e4-b182-000b5dca0de4.html
11 https://www.sueddeutsche.de/politik/gruene-europawahl-junge-1.4463996

AUSBLICK – *Was wäre, wenn: Annalena Baerbock im Kanzleramt und eine intellektuelle Flurbegradigung*

1 https://www.zeit.de/2019/33/gruene-grundsatzprogramm-klimaschutz-tierschutz-robert-habeck/komplettansicht